大学教育科学发展学思录

杜作润 著

巴蜀书社

复旦大学文科科研推进计划"金秋"项目成果

目 录

我所认识的杜作润教授(代序)……………………熊庆年(1)
前　言………………………………………………………(1)

第一部分

如何认识我国高等教育的科学发展………………………(3)
关于研究教育规律的附议…………………………………(15)

第二部分

大学教育的文化视阈………………………………………(27)
大学精神,如何才能有?……………………………………(41)
提高道德教育实效的若干方法……………………………(55)
大学教育"德育为先"学思录………………………………(66)
大学教育要明德、向善………………………………………(78)
新一轮院校改革:问题讨论…………………………………(87)

大众化时代的大学之道 ……………………………… （96）
试论我国高等院校目标的调适 …………………………（105）
漫话教育反思与反思教育 ………………………………（113）
智慧与智育漫话 …………………………………………（123）
浅论教育的素质 …………………………………………（138）
境外高校内部的民主管理——特征、案例及启示 ………（159）
试论我国高校的自主办学 ………………………………（172）
21世纪我国大学改革的动力分析 ………………………（184）
大学精神：我的学习思路 ………………………………（196）
试论"研究型大学"及其中国指标 ………………………（204）
论我国民办高等院校的管理 ……………………………（214）
让"研究型大学"可望又可即 ……………………………（225）
大学综合课程刍议（上）…………………………………（234）
大学综合课程刍议（下）…………………………………（241）
首要的是质量和水平——为我校的发展再进言 ………（249）
依法治教和依理治惰 ……………………………………（262）
未来大学之道 ……………………………………………（270）
复旦大学实施创新教育之我见 …………………………（279）

第三部分

普通高校如何正视老年教育？ …………………………（293）
试论老年教育之以人为本——我的学习、思考和建议 ……（307）
试论老年教育的使命 ……………………………………（317）
再说广义大学——人类文明化的视阈 …………………（328）

我所认识的杜作润教授

（代序）

熊庆年

不久前，杜作润教授找到我，说希望我给他的新著《大学教育科学发展学思录》写篇序。世上向来是前辈给后生作序、尊者为下者作序、学高者为追随者作序，岂有颠倒之理。我不敢如命，又不忍逆意，故为此文。

我与杜作润教授相识于1996年8月30日。那时我还是华东师范大学的博士研究生，陪同导师李国钧教授与夫人雷尧珠教授参加国际儒学联合会主办的"儒家教育理念与人类文明国际研讨会"。是日，会议由长沙移师岳阳，岳阳宾馆客房不足，与会者内宾只能两人一间，主办方把我安排与另一参会者同住。当晚我陪导师与师母同日本客人平坂谦二先生及其长子会面，近22点才进客房。到那儿才知道，同住的是复旦大学高等教育研究所常务副所长杜作润教授。杜老师不以与后生同住为忤，天南海北神侃，到半夜才歇息。第二天一早，他又把我介绍给《教育发展研究》杂志的执行主编黄焱老师，一起同游君山。会议结束，各奔回程。杜老师邀约到复旦大学再见，我以为不过是寒暄之辞。未料返沪不到数月，即接到杜老师电话，请我到复旦相聚，约我参加《中华人民共和国教育制度》的撰写。之后便有了数次的书稿大纲讨论，来往渐密。忽有一日，杜老师告知，有华东师范大学高等教育学博士研究生某某来求职，不欲接纳，准备把岗位编制留给我。我半信半疑，并未当真。1998年春节，大年三十晚上，在南昌家中过年的我，突然接到杜老师电话，一祝贺我生日快乐、新年快乐，二通报复旦大学人事部门已经批准接收我就职。这是迄今为止，最让我兴奋的生日之夜、新年之夜。能接受我这样一个四十好几、有家有小的"老"毕业生，且专业并不对口，应当说是非常不易的。事后我才知道，杜老师玩了次先斩后奏的把戏，前副校长兼高等教育研究所所长强连庆起初并不知情。这也是杜老师唯一的一次自作主张。在那个年月，有博士头衔的人在江西还十分稀有。摆在我面前的是种种诱惑和可能的美好前景。可是，为了杜老师的这份诚意，我舍弃了其它，不顾一切，决定加盟复旦。

来到复旦大学的第一年，我的家属还在江西，平时多呆在办公室。而杜老师夫人已故，以所为家，每天工作到晚上十点方归。所以我们就有了越来越多的聊天机会，慢慢也就知晓了杜老师的生涯历程。他出身四川农家，上个世纪50年代末考进复旦大学数学系，是山沟里飞出的金凤凰。毕业后留校教书，改革开放后研究飞行器设计中空气动力分析的数学模型，与师兄王文亮先生合作的成果"动态子结构方法的改进和推广应用"，曾经获得过上海市1986年度科技进步一等奖。他做过苏步青校长的秘书，后又在教务处搞教材建设管理和教学研究。1986年复旦大学高等教育研究所成立，副校长强连庆兼所长，杜老师为常务副所长。看看书柜里摆放的一本本著作，观览资料室一架架国内外书籍、期刊，眼见来来往往的国际学者，想想在上海非师范院校建立的第一个高等教育学硕士点，就会明白杜老师在位的十几年里，是如何的苦心经营。尤其让我钦佩不已的是，作为一个学数学出身的教授，写出来的文章气若长虹、文采斐然。不信大家去读读他写的《世界著名大学概览》前言，一定会为其绰约的风韵所吸引。我硕士研究生学的专业是汉语史，博士研究生学的专业是中国古代教育史，虽然拿了个教育学博士学位，但是学术研究的对象主要还是古汉语文献，在纯粹的教育学领域实际上还是个门外汉，更不要说从来没有接触过高等教育研究。所以，初来复旦时一点底气也没有。杜老师则不止一次地告诉我，中外高等教育研究领域有成就的人，大抵都不是教育学专业出身的人。并引用某名家的话，一切社会科学都是历史的科学，你能研究汉语史、古代教育史，就能够研究高等教育。正是有他的鼓励，我才有胆在高等教育研究中一试身手。

我在复旦工作一年多后，杜老师年届六十，高等教育研究所面临常务副所长的"接班人"问题。我对于行政工作向来厌恶，离开江西来上海攻读博士学位，初衷即是逃"官"。我一直认为自己禀性不适合搞行政，更当不了官，喜欢闲云野鹤的生活。在江西工作的那些年里，不求"进步"，一次又一次放弃了走上仕途的机会。后来因为某种原因，迫不得已服从组织安排，当了主持工作的副系主任。干了一年多就在想法扔掉"乌纱帽"，最后成功通过攻博逃离。我从来没有想过要再踏仕途，更没有想过要在复旦大学干个什么长。听说组织部门将要来进行干部遴选群众测试时，我的第一反应是要拒绝接受成为候选人。可万万没有料到的是，居然是杜老师来劝说我改变态度。这使我不得不怀疑，他要我来复旦是蓄谋已久的"圈套"。就这样，后来我一步一步地"被"成为了他的

"接班人"。我不知道该感谢他还是该埋怨他,好不容易冲出了"围城",又再次被拖进了"围城"。或许这是一种性格的宿命,也是一种人生的缘分。

杜老师在延聘两年后正式退休,原本以为他会坐下来写小说。因为刚认识的时候,他就跟我谈过退休写小说的梦想。后来在共事的时光,他又不止一次聊起过这个梦想,甚至把小说的名称、主题、线索也拿出来讨论过。那是一部以"花"为题材的小说,真让我充满了憧憬和期待。然而,他并没有按既定的退休路线图走,而是坐到了上海大学高等教育研究所,当起了顾问。后来,杜老师有了续弦,又在上海大学附近买了间小房子,我们见面也就慢慢少了。可是文字之交一直不断。复旦百年校庆,我与杜老师一起,申请到香港孔安道纪念基金项目资助。杜老师撰写了一本《复旦校长薪传录》,其中若干校长的单篇先在《复旦教育论坛》发表。再后,他开始云游四方,探访故乡,拜访老友,在老年大学参加一些活动,但始终没有停止高等教育的研究,不时会见到他的文章在学术期刊上登出来。有些好的话题,他还会优先给《复旦教育论坛》赐稿。偶尔来我的办公室,总要激情澎湃地高谈阔论一番。尽管他一次又一次地讲在继续制造"废纸"、"垃圾",但就是停不住那支笔。2009年,复旦大学高等教育研究所为杜老师举办了学术研讨会,庆贺其七十华诞。他激情四溢的学术演讲,给研究生们留下了难以忘怀的印象。去年年末,我在报上看到一则关于上海老年大学的新闻,忽然有感,以为贯彻《国家中长期教育发展规划纲要(2010-2020)》,基本建成学习型社会,老年高等教育发展应当纳入学术视野。于是乎约请杜老师和上海师大的俞可博士撰写相关话题的文章。不到半个月,杜老师就拿出了稿子。再催号称文章快手的俞可,于是就有了《复旦教育论坛》今年第二期的专题文章。

今年春，接到中国高等教育学会通知，评选"从事高教工作逾 30 年高教研究有重要贡献学者"。我不假思索，立即推荐申报杜老师。他推辞再三，申明不想要那花哨的玩艺儿。最后我以"革命的名义"——为了复旦大学高等教育所的荣誉，促其"就范"。评选要经层层筛选，我胸中有数，凭向来的学术影响、退休后的笔耕不辍，杜老师当之无愧。最终结果，据中国高等教育学会 6 月 15 日发布的"关于表彰'从事高教工作逾 30 年高教研究有重要贡献学者'的决定"，"共有 55 个单位在 204 位申报学者中，向学会推荐了 161 位候选人。经学会学术委员会专家评审，并经学会网站公示，学会会长办公会研究决定，对王孙禺等 30 位'从事高教工作逾 30 年、高教研究有重要贡献学者'予以表彰。"杜作润教授赫然在 30 位之列。

现在这本文集《大学教育科学发展学思录》，就是他退休后的十多年间，继续学习、思考、力图破解中国高等教育问题的重要记录。

翻出最早在岳阳君山与杜老师的合照，除了头发多了些许斑白，他的面容并没有太大的改变。学术之花常开与生命之树常青，大概是密切关联的。我还有两个月就要跨入"60 后"，一定要向杜老师看齐，争取学术与生命在健康之路上齐飞。

2013 年 11 月 29 日于复旦光华楼

前 言

促进社会事业科学发展，树立科学发展观，这是一个非常美好的愿景，也是一个非常有意义的实践和研究课题。

应当说，国内自上世纪 70 年代末开始兴起的高等教育研究，就是促使我国高等教育可能走向科学发展的重要条件。自 80 年代初，本人也进入这个研究行列，仅仅因为没有偷懒和讨巧，到退休前，也总共发表文章近 80 篇，出版的编、著、译的著作有 10 部。但在这些著述中，包括 1999 年退休后不久的两部——《复旦校长薪传录》、《高等教育学》——在内，都基本上只吸纳、反映了我自己和其他学人对高等教育现实问题的研究成果，还缺少推动高等教育科学发展的深度意识。而且，越是回视得早，这种意识越淡漠。

所幸，由于一些朋友的鼓励和个人学习、思考惯性的推动，退休后，没有急刹车，又先后发表了 30 多篇高教研究、老年教育研究的文稿。不过，这些研究，还只有在最近几年，特别是学习和思考科学发展观之后，才接近高等教育科学发展的视阈。如民族道德水平提高的视点之一，是对人们科学认知水平提高基础之上的生存信念的关注；又如，高校内部民主管理的实现，有赖于重视对这个"知识分子成堆"地方的管理对象的特征的研究，等等。

　　本文集定名为《大学教育科学发展学思录》，只选择了本人1999年退休后所发表的、更接近主题的30篇论文，而且这些文章的标题中，大多含有"大学"或"高校"、"学院"二字。全集区分成三部分：第一部分，直接指向主题；第二、第三部分，仍旧具体面对大学教育、老年教育的一些热点问题。每部分都按文章发表的时间次序，由近及远辑入。

　　本文集的各篇文章，虽然自成一体，但也有一定的连贯性，同时，因为主要是采用先近期后早期的编排次序，所以，有些在后面文章中提出的问题或难题，有时在前面就回应过了。如高校内部的民主管理问题、大学精神问题、大学文化问题、教育素质问题、教育规律问题、研究型大学的概念问题，等等。由于每篇文章都是自成一体，所以在以后的继续学习、思考时，难免像旧论重提或引用而显现某种程度的重复。这点，首先要请读者海涵。

　　文集得以有幸出版，多承复旦大学社科处的关怀和帮助，得他们批准的这个金秋课题，给我提供了可能继续学习和思考的条件，让我生活得更有目标。所以，我要首先感谢他们的关怀和帮助。

　　两年前，即在我下决心申报课题之前，复旦高教所所长熊庆年老师，复旦退休教授协会的方林虎理事长、金邦秋老师，都一直对我表示鼓励和支持，让我增加了不少胆量。本文集能够面世，包括能够在立题后又完成和发表了几篇新稿，可以说他们的精神鼓励，也是一个重要条件。在此，也向他们衷心致谢。

　　在搜集和整理文稿中，复旦高教所的林荣日、王丽、赵友良、刘凡丰等老师对我也有许多鼓励和支持。还有，中南大学《现代大学教育》编辑部的张芊老师，也曾帮我找寻文章。我理所当然的也都应该感谢他们。

上海大学高教所的许多朋友,包括所长山鸣峰老师,还有贾志兰、邵守先、高平、田双、季惠群等老师,他们都一如既往地支持我退而不休的继续学习、思考和写作。对他们的感谢之情,也将永远绵延在我心中。

文集之中,肯定还有许许多多纰漏,不仅是文字、标点符号,还有分析、思辨方法和结论,恳请行家里手批评、指教,在此也要真诚地预先致谢!

杜作润
2013 年 8 月 1 日

第一部分

如何认识我国高等教育的科学发展

摘 要 现实中,要真的实现事物的科学发展,非常不易。这需要首先推动人们的认识自觉,理解科学,理解发展。对中国高等教育而言,要充分认识它在时空上的连续性、差异性及可跨越性,就要充分认识其发展中各构成要素之间的协调性。科学发展的结果,应该是实现培养出高素质、高水平的现代人的目标。

关键词 科学 发展 协调性 现代人 以人为本

一

现实中,要真的实现事物的科学发展,非常不容易。首先在认识和理解上,这就是一个非常重要的难题。我国高等教育研究中,每年出版成千上万的论著,大多数都是在求解这个难题,许多名家的文论、演说中,也包括了不少解题高论,都在为此难题的求解献计献策。还有一些批评性的意见,大概属于对某些自己不认可甚至反对的观点、策略、做法唱反调或证伪。批评、证伪,也可以是科学研究，也同样可以是为了探询科学之正理，也同样可以达成为求解这个难题出谋划策的目的。

问题之难，首先就难在对科学真义的准确把握上，即要理解科学。

科学，对今天大多数学人来说，其常识性的含义，就是数学、物理、化学、生物、工程一类的通称为理、工科的课程内容，即自然科学；而语文、历史、政治、社会、德育、美术、音乐、体育等课程，都不属于科学的范围，而被称为人文学科、社会学科等。但是，由于现代自然科学（包括工程技术和所谓高新技术）的张力越来越强，魅力突显，威望无与伦比，所以在我们今天的社会生活中，包括报刊杂志的文本中，包括高校的宣传材料中，"XX 科学"，随处可见。笔者随意搜集列写的，就有近百种。有段时间，"人体特异功能"问题，特别引人注目，有人就称其为人体科学，研究这样的问题，还曾经得到科学大师钱学森先生的支持；也有人则很反感，斥之为伪科学。今天，在我们的社会生活中特别是市场上，打着科学旗号的伪科学多的是，它们真的在搅糊人们对科学的认识。此外，毫无科学性可言的宗教神学、风水课、神庙、迷信活动等，还有很大的流行空间，也会挡住人们认识科学的视线。

所以，虽然"科学"这个词汇，现在用得非常广泛，但人们的理解还有很大的差异，这是一个很难统一认识的认识论难题。因为，任何人对它的理解，总是可能首先站在他所熟悉的专业工作或学科之上，当然还和他的哲学观、价值追求有关，和他的方法论与指导思想有关。随着科学的普及、发展、深化，在哲学与社会思辨领域，还出现了科学主义、科学霸权主义等批判性的概念。此外，科学的概念确实也还有一个发展的历程，即如现代科学，就是以基因论、信息论、量子力学、相对论力学为中心而扩展开来的，但今天社会上，像笔者这样的大多数学人和大学里的师生，其所接受的科学教育，一般都是非常经典的，他们的科学概念大多还停留在19世纪或之前对科学的认知水平上，即使最权威、最孚众望的学者大家和高瞻远瞩的政治领导人，也很难统一认识，特别难于统一到现代科学的概念水平上。

因为科学的含义太广，深与浅的认识差异又很大，所以我们虽然都拥护胡锦涛同志在十七大提出的科学发展观，但对整个国家社会经济发展的认识问题，包括对人的认识，对指导思想的认识，对发展方法的认识等，就可能千差万别。对社会的一个子域——高等教育发展的认识，当然也有同样的问题。解决问题的出路，就是思考，就要提问，就要争论，一句话，就要学习，就要先把"科学"作为主语来思考，然后才有可能较准确地将之转化成形容词或副词定语。好在，现在讲科学的、可以参考的材料已有不少，如刘梦溪先生的长篇《中国现代学术要略》，金尚年先生编的教材《自然哲学的演化》等。学习，无论是把科学一词当作主语，或者视之为定语，这都是我们的高等教育发展走向科学发展轨道的先行之路！

二

发展，也是一个不易廓清的概念。一般说来，认识发展，首先就有一个认识发展对象存在的时空问题，即既要考虑事物发展的历史连续性、展开在时空之上的差异性，又要考虑在一定条件下的可跨越性，有时候还有发展的质和量之间的相互转化与制约的关联性等。以当代中国社会发展为例，因为它处于急剧的转型过程中，因而对其发展中的非连续性的关注与研究，应当是基础性的工作。以文化的发展为例，传统中国社会的文化，主要是以原始伦理精神为主导，其社会基础则是以自然的血缘关系为纽带的家族本位制度。

在宗法家族之中，家族总体的力量，是一种至高无上的力量，而个人则是微不足道的。原始的伦理精神是以人与人之间垂直下压的、不平等的依存关系为根本特征，而与正在商品经济基础上形成起来的法治精神是格格不入的。现代社会的法治精神，就是强调以人为本，就要以人与人之间的人格平等关系为根本特征。[1]在社会主义政治经济大环境下，当代中国文化的发展，就处于从原始伦理精神向法治精神的转型过程中，因此，它的科学发展的重要问题之一，就是要重视这两种文化精神的非连续性关系，以及我们面对的跨越性发展的艰巨历史使命。艰巨之处在于既要有勇气承认两种精神存在且不相容的现实，又要找到合情、合理又合法的跨越差异的战略和策略。

中国高等教育，在其近、现代的发展过程中，所经历的折腾、反复，就是我们反思文化差异性的重要历史样本。鸦片战争之前，中国的政治家、文化人一直视自我为中心，极端轻视外来的所谓番邦文化，当然谈不上对外来文化的交流与尊重，包括那里已经发展起来的民主法治精神和制度实践。他们仍旧顽固地在继续强化宗法思想，强化儒家忠君、敬主及学而优则仕的治国安邦思想。我们的教育史家引以为荣的长达几千年的高等教育，还在目不旁顾地重复着这种至高无上的、极有利于巩固封建王朝统治的志意传承。战争结束，国门被撞开以后，洋务派"中学为体，西学为用"、"师夷之技以制夷"的文化调和，没有能真正改变与西方发达国家之间的差异性。甲午中日战争的败北，才将人们的注意力吸引到改良封建专制制度本身上来。孙中山先生推动的资产阶级民主革命和五四运动，把中国文化、教育包括高等教育，推向了真正由传统向现代的转型，直至中华人民共和国建立。在高等教育中，认识中西方的连续性与差异性，特别是认识、发掘我们今天因中国共产党积极的改革、开放政策引导下的可跨越性优势，是科学发展的关键性主题。

三

具体而言，为实现跨越，政府对高等院校的治理首先需要习惯法治精神，用服务型政府的治理模式处理与院校之间的关系，要学会放弃，放弃学校和政府之间的附属、依从关系假设，放弃政策决策中被人批评的垄断地位，重新反思我们不断"加强"管理的方略，努力寻求现代民主社会的社会机构治理的普适性原则。我们经常听见关于学校自主权问题的讨论，也听见一些学校的校长在抱怨自主权不够的现状，但我更希望看到有一位为此而诉诸法律的中国大学校长。科学发展局面的形成，依靠方针政策，依靠法律文本，更需要一种奋斗、奋争乃至献身的精神，与迄今我们所知道的许多科学成果的达成一样，与许多先进的精神文化、学说思想进入人的社会生活一样。

在学校内部的管理上，为了从被动走向自觉，进而走向自为，为了激发学校教职员工的工作积极性和创造性，必须批判性地学习比较成功的先发国家的经验。董事会决策，校务委员会负责管理校内事务，这种被称为两院制（the Double Board System）组织安排，就是一种基本的运转模式。美国高校的管理，就是从殖民地时期的哈佛两院制开始的，中央政府不直接干预学校，州政府的权力也隐含在董事会之中，而不是一种独有的、可以专断的权力。政党，更不能将之视为自己的工具。这种基本构架，一直延续至今。今天，我们的制度环境、社会文化环境虽然与他们有所不同，但高等院校的目标追求基本一致，这是笔者主张我们可以吸取这一模式的原因。此外，我的学习和体会还有：对院校学术管理，还要容忍甚至鼓励学术自由争鸣，鼓励学说讨论的提问、批评和对批评的回应等。当然,我们也可以自主创新,以便最大限度地调动、激发师生员工教、学、研的热情与工作积极性。但一定要避免打着创新旗号,行恢复"上头"权威、强化效率低下的"下级服从上级"管理思路之实。

在学校的办学目标上,就目前中国大学的现状而言,我们首先要弄清自己所处的时空舞台环境,明确自己的现状,寻求适合自己发展的道路,而不是忙着个个都建成研究型大学,或急不可耐地要实现世界一流的目标,也不要急于都去实现诺贝尔奖的零突破,并且都言必称哈佛、耶鲁、牛津、剑桥。一定要正视实际上是在官本位思想浸染下的"类型定位重学轻术,层次定位层层攀高,学科定位综合求全,目标定位世界一流,规模定位贪大恶小,面向定位好高骛远"的毫无科学性可言的流行病泛滥。[2]要非常重视陈平原先生的忠告:"创世界一流,别订时间表!"[3]

四

发展,还有一个认识发展对象的组成要素问题,以及发展中各要素的协调问题。例如中国当代社会,主要有政治、经济、文化(包括教育)等要素集成。这个社会的科学发展,首先就是这些要素互相依存、互相促进、互为条件的激励——反馈的无限往复的协调过程,某一要素在某一阶段的某一突破,可能会在另一些要素上产生"响应"的积极效果,从而产生"自觉"的、积极的协调;也可能产生消极的效果,引发人们认识上的分歧,以至于要对各要素进行再分析、再认识,进行"被动"的协调,如对所谓大跃进式的高等教育大众化的认识等。不管是主动的或被动的,协调,都是达成高等教育以至整个社会健康、有序、持续发展——发展的一种最佳状态——的行动方略,即达成科学发展的方略。

所以，讨论和认识高等教育的发展问题，也首先要准确、合理地区分它的要素构成，这可以（但不是必须）根据人们研究高等教育的习惯性思维，将高等教育区分为教育文化、教育体制、教育内容等各个方面。其中教育文化，包括教育理念，经验思想，教育方针、政策等；教育制度则包括国家的权力和权力规范、方针政策导向，地方和学校的领导和管理体制，学校内部的权力与决策、执行、评估、督察等；教育内容更加广泛，但可以认为主要是课程和课堂教学问题，这是高等教育最具实质性的一个要素。高等教育的协调发展，首先就是要在这些要素上协调。但如前段所述，因为它在更大的社会范畴之内，又是整个社会的文化要素的重要组成部分，它的协调发展，还包括与整个社会的协调发展。这，诚如本文开头所述，也对高等教育科学发展的问题讨论，增加了难度。

例如，高等教育方针政策，从与外部社会的关系来看，把握国家的政治制度、社会经济发展水平和文化样式，是其制订的根本性的逻辑基础。文化，自然包括相对于社会而言的教育自身的文化或所谓大学文化。同时，还要反映、总结、提升先前的制度实践，包括党委领导下的校长负责制、科层管理模式、人事制度、内部学术组织结构模式等；还要评估已有的文化建设与教育实效，从而才能确定教育目标的达成、重申、革新等。在这里，政策的科学性，就表现在其对高等教育与外部环境的协调，对内部各要素发展的记忆与协调。

此外，讨论大学的发展，不可能无视院校之间的差异，这涉及培养目标的问题，更具体也更本质的，就涉及课程设置问题、教学发展问题。科学，就要承认课程和教学的差异，包括学校发展阶段的差异，学科、专业分工的差异，已经有了经验基础的、可能追求某种特色的差异等。承认差异，有时甚至鼓励从差异发展特色，这也是一种协调。

找到了确切的立足基点之后，各院校在改革、创新诉求下的发展，在课程的教育和教学方面，首先是课程教学的目标，各类不同的院校应该有各具特色的定位；在不同的目标定位之下，确立各自的课程体系，包括致力于通识教育的课程体系，致力于专业教育的课程体系，以及自选、必选的课程体系等；还有，对课程内容的把握和选取，对教学方法的探讨等等，也都要进行长期的、坚持不懈的研究，这就是教育、教学研究。我们的高等院校，应当鼓励、重视、积累这样的研究，明白无误地将之置于学校的科学研究范畴，或把我们现有的大多是致力于宏观问题、致力于文字文本积累的高教研究，逐步引向主要致力于校本研究、致力于承载普遍性的特色研究、致力于文本积累但主要促进实践变革和反思研究。

讲到高等教育研究的问题，我们已经意识到，我们的研究成果，从文字文本的数量看，可能早已经是世界第一。所以我建议，我国新一轮的高等教育改革，要以我们既有的这些理性思辨成果为一个方面的起始条件，努力将这些成果转化为"生产力"，并在真实的需要中，为教育研究与实践相结合，树立一个榜样。当然，如果这些成果的大部分，不幸真的与我们新一轮改革对不上号，那说明我们的高等教育研究事业本身，也应该在改革和坚持科学发展的视野之中。[4]

五

培养高素质、高水平的现代文明人，应当是现代大学及整个高等教育最本职的奋斗目标。这是以人为本的高等教育科学发展的题中应有之义。和这一目标相适应，基于有明显特色的高质量的课程体系建设，促进相应的教材与教学方法变革，促进教师现代人文素质和科学精神的增进，是高等教育发展中，最能反映现代高等教育本质的、最需要科学精神的核心领域。本文无法就此进行全面的学习和研讨，对课程，也无力具体讨论到各类课程的设置问题，但有两门课程，可以作为必选或必修课程加以讨论。

一门是道德课程的建设与发展问题。这是高等教育中一个非常紧迫的问题。现时代，面对人们经常忧思的所谓"GDP上升，国民的道德素质滑坡"的局面，许多有远见、真心忧国忧民的学者，都已经不断提示我们，国民的道德教育问题，必须引起我们的高度重视。在这篇短短的学习文稿中，笔者无法尽录自己所知道的各种道德素质滑坡的事实和评论。但中央党校张志明教授的忠告却一直震撼着我：反观我们的国民教育，孩子很小的时候就被灌输大量的"道理"。这使他们过早就失去了率真，可到了十八九岁也未必懂得一个现代社会公民所必须懂得和遵守的"规矩"，就更别提如何对自己的社会行为负责任了。而如果主流社会阶层的国民多是无法对自己政治行为、经济行为、文化行为尤其是个人私生活领域的道德行为负责的人，多是无法对他人、对社会负责的人，那我们这个社会就是最危险的社会，任何突发事件都可能酿成惨剧。这是最大的国家安全问题，比所谓的政治安全、经济安全、金融安全等要命得多。无论你培养了多少所谓人才，这都是国民教育最大的失败。[5]张教授的文章，恰恰就点到了我们道德教育欠缺科学性的要害上。我的具体建议是，首先以胡锦涛同志的"八荣八耻"及"以人为本"思想为主要纲领，或许还可以包括其他内容，如王迅对好人的定义等，组织一些用心思考过大学道德教育问题的教师，编写一部包含现代社会人的基本道德元素的教材。然后，本着"大学之道，在明明德，在新民，在止于至善"的传统经典修身之教，施教于受教育的人们。教育的方法，主要应该是让学生和老师共同提出问题，联系思想、联系实际、评论校内外道德环境、阅读教材并进行深入的讨论。这是真正可能创新之处，至少比把《三字经》、《千字文》、《论语》之类直接让青少年背诵、牵强附会的猜测，更能使人面向现代民主社会人的生活。当然，这要花许多许多的辛苦、劳动，还要许多反复。没有办法，要科学、要创新，只能这样。否则，就不要打这两面旗帜。

我建议的主导思想是，要有先进的、世界一流的科学技术，首先要有人，要有道德的现代人。这是包括高等教育发展在内的整个社会经济可持续、协调、有序和健康发展的大前提，即科学发展的最重要的基础。高等学校，要非常重视有实效的道德课程的建设。

还有一门是科学史。应该在高等学校进行科学史的课程教学，不仅要面对理、工、医、农等学科专业的学生，而且要面对文科及其他学科专业，如管理、艺术、体育等学科专业的学生。让这些学生都能了解、把握科学与科学概念的产生、形成的轨迹，许多重大发现、重要分歧的争论与认识一致的过程，给他们展示科学本身发展的无穷性，了解社会环境和社会生产力的背景，伟人的贡献、伟人献身科学事业的品格和事迹等等，其中可以包括对诺贝尔与诺贝尔奖的介绍。当然，还要让学生们掌握科学如何向工程技术转化，科学技术如何提高社会生产力的事实，掌握如何促进思辨哲学的反思与提升，如何影响人们的价值观，如何影响社会生活的事实。还要让他们了解科学技术本身发展中的一些未解之谜，还有悖论，还有一些基于科学技术对人类文明发展前景的负面效应的担忧和化解问题等等。如《简明不列颠百科全书》有一段话是这样说的：科学史一直是关于知识不断积累，以及科学战胜无知和迷信的成功历程的记录。不过近年来科学发展面临的道德问题、外部力量的影响和干预问题、不可控制的科学技术进步的危险性问题等，都要求对科学发展作重新评价。

这提醒我们,对科学史的教学,首先应该有一个实事求是的态度,即以求实的精神对待科学史,对待科学和科学的发展。

经验已表明:学生,是大学发展的结果,校友——毕业后的学生,又是大学发展的一种独特资源。那些有德,也有对科学发展历史认知的学生和校友,许多人都具有对学校发展关爱的某种必然性,他们必然希望母校的水平更高,成就更多,影响更大。他们的道德特质,他们的心理期望,注定他们可以帮助母校正确"修身"、合理"养性"。以此观察和推理,学校高质量的道德课程及科学史课程教育和教学,可以积淀成为学校发展的一种激励动力,而且可以形成正向激励。这也应该是一种高等教育发展由微观达于宏观的科学发展理念。

六

学习科学发展观,科学发展观的确立,还应当有思想准备,即明白科学本身的发展有一个曲折的过程。一种新思想、新理论、新发现往往伴随着不同学术观点和不同学派之间的论争,有时某些相对正确的观点可能还会遭到压制、打击。而科学争论,又是科学发展的强大推动力。例如,托勒梅的"地球中心说"比之于古代的"天圆地方",还不失为一种进步,但他与教会联合,曾经长期压制哥白尼的"太阳中心说",使宣传太阳中心说的布鲁诺、伽利略惨遭迫害。然而哥白尼的理论后来又发展到宇宙学原理——宇宙无中心的宇宙观,太阳也只不过是浩瀚宇宙中的一个粒子,并且为世人所公认。当然,这也只是人类今天的认识能力所及,是否绝对的科学真理,还不好说。科学,确实有伟大之处,掌握科学的人,应该更伟大。科学发展观对于现代人来说,真的是一个非常好的学习主题。

此外，德国教育家洪堡还说："惟出乎其心、入乎其内的科学，能改变人的品质。"正是在这种意义上，科学才具有修养身心、规范行为甚至示范生活方式的作用。[6]这也应该是我们学习科学、学习科学发展观、研究高等教育的重要收获之一。

参考文献

[1] 俞吾金著，《寻找新的价值坐标——世纪之交的哲学文化反思》，复旦大学出版社，1995年版，第265—266页。

[2] 杜作润，《试论我国高等院校目标的调适》，《江苏高教》，2009年第四期，第34—36页。

[3] 陈平原，《创世界一流大学，别订时间表》，《人民日报》2011年2月22日，第12版。

[4] 杜作润，《新一轮院校改革：问题讨论》，《复旦教育论坛》，2010年第一期，第5—7页。

[5] 张志明，《国民教育的缺失是最大的国家安全问题》，《中国青年报》，2007年11月19日。

[6] 陈洪捷著，《德国古典大学观及其对中国大学的影响》，北京大学出版社，2002年版，第72—77页。

本文原载《复旦教育论坛》，2011年第3期，第5—8页

关于研究教育规律的附议

摘　要　本文附和潜心研究教育规律的科学要求与期望，还讨论了科学表述教育规律的问题，建议设立教育孔仲尼奖，以奖励国内外真正研究出了教育规律的学者。

关键词　潜心研究　教育规律　因果联系　孔仲尼奖

这里所讨论的问题，不是笔者首先提出来的，我这只是跟着插话，表示赞同，所以本文称之为"附议"。

自上世纪50年代末进大学读书开始，笔者就常常在书记或政府官员的讲话或报告中，不时听到很威严也很郑重的指示：要按教育规律办事。后来渐渐明白，他们所指的教育规律，大致就是我们教育的经验性行为或方针政策。回想起来，大体有这样一些：要保证学生有一定的时间在教室里上课，不能老是到工厂、农村，不能老是搞（政治）运动，必须要稳定教学秩序；理论联系实际的原则要坚持，但学生在校期间主要任务还是学习知识，教师的教、学生的学必须要讲究系统性，不能都是随用随找；特别强调，必须加强对学生的政治思想工作（"工作"这个词，改成"教育"可能更好些，但是过去我们都是这样写和这样说的），增强党的观念，这样才能培养出又红又专的社会主义建设人才；我们的学校、教育，都必须要为无产阶级的政治服务；教育要紧跟形势发展，改革开放后，它必须适应社会经济建设发展的需要，必须要为建设我国的社会主义的市场经济服务；进一步增加的"必须"、"适应"是，教育必须适应个体发展的需要，等等。

所有这些在我们的教育经验或政策视野里的东西，应该说都具有某种意义上的合理性乃至真理性，只不过打上了深深的时代印记和意识形态印记而已。但它们是否就可以直接被认为是教育规律，似乎还值得研究。进一步说，我们是否自信已经掌握了作为对象或客体的教育某些因素之间的联系呢？看来，还可以推敲。甚至退一步说，我们是否认真研究过教育规律，似乎也值得反思。所以，笔者附和这样的呼吁：

"潜心研究教育规律，是时候了！"

此话颇具震撼力。它至少又引出了要"研究教育规律"的话题。还有"潜心"，还有"是时候了"，都很触动我们的神经。这确实是个很费思考、折磨人的话题。至少，脑袋刻板而固执的笔者我，就被它折磨了好多年。真的，特别是近年来，在读了苏军同志的文章之后[1]。

不仅限于苏军文中所提到的中、小学的校长，还有我们的教育学学者、专家、教授，特别是那些据说已写了十几部教育著作的高等教育研究专家、教授，写了成百篇教育论文的学者，希望他们也来潜心一下，真的研究一下教育规律。现下，我们还只能用确实不能少的那么多的"思想"或"原则"，用那么多的相互"联系"或"制约"，用那么多"统一"、"适应"、"加强"、"必须"等等词汇，来讲教育学。扪心自问，我们许多时候，只是在用这些居高临下、拒绝讨论的词汇做游戏,在用它们构造的真假难辨的命题,充塞青年学生们的头脑,在旗帜鲜明地表示我们紧跟形势、政治方向明确和坚持了马克思主义等非常重要的大原则,仅此而已。设身处地地想一想,青年们有理由要求我们写出哪怕是一条两条使人有规律感的命题,否则我们的这种远离鲜活教育、缺乏科学思辨的情况,还将令人失望的继续下去。虽然研究教育规律,并不仅仅是教育学者、专家和教授们的事,但他们至少可以而且应该起带头作用。如果连他们对此都不在意,那情况就可能比苏文所说的更糟。

笔者特别附和苏文中的"潜心"二字。我理解,这说的是,若要真的研究出哪怕是一条教育规律,也需要非常认真的态度,需要下苦功夫,需要科学的精神状态,需要像陈景润研究哥德巴赫猜想那样废寝忘食,甚至不知生老病死。这是我对"潜心"的一解。可惜,我们许多人大概不赞成拿证明哥德巴赫猜想的事与研究教育规律相比较,但我还是想冒昧比较一下,即,如果真的找到了一条教育规律,我认为,其价值,将可能比证明哥德巴赫猜想的价值要大得多,甚至比杨振宁提出并证明了的宇称不守恒、比约瑟夫·默里研究出的器官移植术,比他们两人获得的诺贝尔奖还重要得多。因为教育规律(我们都相信它存在),总在左右着人类社会和生活中最重要、最经常、最大量、最无法逃避的教育活动,它应该是我们制订教育方针、政策的基础。有时,或许正是这些规律在向我们许多自以为非常正确的教育思想和方法泼冷水,使实际结果远远偏离我们的目标甚至背道而驰。我们都会相信,在这个世界上的绝大多数人,至少所有那些有责任能力的人,都或多或少、或明或暗地渴望知道、了解、乃至掌握一些教育规律。研究教育规律,完全值得像陈景润去证明哥德巴赫猜想那样潜心。

笔者还不敢说人类的一切活动都与教育相关,但教育渗透到人类社会生活的一切领域却是可以肯定的。所以，不仅是苏文中所说的校长，也不仅是那些出了名的教育学者、专家和教授，恐怕还有政府和党的管教育的官员，还有我们这里所有的共产党员，当然还有教师，还有学生指导员，还有家长，甚至还有那些受教育的学生，还有那些家庭主妇，他们都应当而且可能介入这种研究。因为他们都在这教育世界的漩涡之中，他们都有观察之便，都有实践和体验之便，都有猜想和总结之便。除非贱卖贱送，不可能那么多人都能成为名符其实的教育家，不可能那么多人都能成为教育规律的发现者。但如果真的有了这样的局面，我们的教育将大为改观，教育的效益将大为扩展，效率将大为提高。这种设想，可能有点理想主义和浪漫，但平心细想，如果没有更多人的潜心，只靠几位校长、几位知名学者的潜心，我们的教育能改变苏军同志文章中所描述的那种让人极不满意的现状吗？

　　笔者写文章，有时会出格，即如前段所说的，要其他那么多人潜心研究教育规律，大概还勉强可以理解，但像家庭主妇这样的角色也潜心于此，看来不可思议。但是，这却不是出格的枚举。笔者不想为此而证明家庭主妇研究教育规律有其必要性和可能性，虽然这也很有意思，也有不少古代名家事迹和训示作根据，[2]但我宁愿看到能说明事实的现代例子。

　　可能有读者朋友也和我一样，曾在三年多前的一份报刊（大约是《参考消息》）上，看到过一篇报道，说的是哈佛大学的教授们对一本书产生了争论。这书，是哈佛大学的一位校友写的，叫什么名字我已经没有印象了，但引起争论的焦点问题我还记得很清楚。书中说：一些学者常常以为自己掌握了教育规律，其实，这不是真实的。时至今日，可以说，人类基本上还没有掌握什么像样的教育规律。就是这样的意思，刺痛了哈佛教育学院的那些教育家和权威们，引起了巨大的反响。自然也像所有的学术争论一样，不会有真正"统一"的结果。或许是因为有的教授确实受到了震撼，另一些则仍然固执己见，或许是因为有的教授从来就没有把自己研究的结果拔到规律的高度。但哈佛学者们真也可以自豪，因为这本书的作者，就是他们哈佛教育学院（这是一所世界著名的教育研究生院，其中教育管理、计划和社会政策专业，教学、课程和学术环境专业，人的发展、阅读和咨询心理专业，特别引人注目）的毕业生，也许正是接受了他们的教育而使之步入教育学的深层，她正好是一位家庭主妇。

就是这样的一位家庭主妇，看破了"皇帝的新衣"，可能是没有学好教授们的教育学，可能是无知和愚蠢，也可能真的是她潜心研究教育规律的结果。如果是后者，她还是一位勇敢的女性，否则不可能做出这样令人震惊的结论，唱了一次令人尴尬但却不无道理的对台戏。正是这一报道，再一次打乱了笔者头脑中教育学知识的秩序。笔者首先很赞成这位女性的结论。如果这位家庭主妇的结论是对的，除了震惊、尴尬之外，我们或许还应当窃喜，因为在研究教育规律这个问题上，我们难得的有一次机会与洋人还在同一起跑线上。当然，不能只有窃喜，我们是真正应该开始研究教育规律了，而且要潜心。真的是时候了，只有现在就开始，立刻行动，我们才能避免未来更大的震惊和尴尬！

其实，即使潜心了，也未必就能很快研究出像样的教育规律，因为这是一件很难的事。这要改变我们的研究方法，改变我们的许多思维定势，在很多时候，我们真的应该走进苏军同志文章所提的"鲜活教育"中去，要进行实证研究。既要有逻辑，也要有根据，因为这是真正的科学研究。举个例子就为事情定性，或就此证明一个命题的真理性，乃至证明一条规律，肯定是要被时间或实践遗忘的，即使眼下非常时髦，也无济于事。仅有文字推演，仅靠对经典命题的模拟或平移，依靠在"提法"上下功夫，大约也很难通达教育规律的轨道。此外，还不能太急功近利，要准备打持久战，而不能像我们经常看到的，根据文件或指示行事，半年一年就创造出某种教育经验或取得某种教育成就的宣传那样。

上面的难，是难在我们的主观方面，研究教育规律，哪怕是掌握一条教育规律，还难在这种客观规律隐藏其中的教育本身的复杂性，以至于我们到今天还没有看到过一例使人满意的表述教育规律的样板。有一本书里说，影响教育的因素有一千万种之多，[3]不知道这是不是真的，也不知道那是怎么估计出来的。但我相信，教育行为的确是人类最复杂的一类行为，相信这一判断大体不错。所以研究教育规律，除了态度和方法，还有战略战术的问题。这同样能说明，确实不能急功近利，不能期望一举成名。

在这里，再附议一个小问题，附议我心目中的教育规律应该是个什么模样，他们到底应该有一个什么样的科学表述结构？因为包括本文一开始列举的那些似是而非的教育规律在内，目前的许多教育论著在讲述自己发现或传抄的教育规律时，还没有达到我的期望，所以我有一种不满足。这也是举哈佛校友写书的那件事、认同那位哈佛校友判断的理由之一。她不仅是一位角色的典范，或许也是一位对现在的、特别是我们国家的、有中国特色的教育著作或教育规律的表述方式发难的先驱。

至于我心目中的教育规律表述结构，是在我多年前读过的一篇教育论文中介绍过的。[4]文章中说，一位苏联教育家赞成应作这样的表述：

对一种教育现象 A，在条件 B 之下，必出现 C 的结果。　（1）

这一表述结构，就差不多与许多自然规律的表述结果一样清

晰、明了,既可证实,也可证伪,但却很难做得"大"而空。例如,我们所知道的,将水变成开水的物理规律,即可表述成:

水的加热现象 A',在普通大气压 B 的条件,和加热到摄氏 100 度的温度条件下,必有沸腾的结果 C'。　　　　　　　　　(2)

表述教育规律的话语或文字结构,实际上是展现教育活动因果逻辑联系的发展结构,这种因果联系是一种客观存在的东西,而不管你对结果 C 是否需要或满意。只有在改变条件 B 的事情上面,可以发挥你的主观能动性,并以此获得你所需要或满意的结果 C。但这已是运用规律的、另外一类的问题了。

例如,我们这些年看见过许多批评我国考试制度的文章,一位香港的时事评论员甚至觉得以高考为核心的教育机制,是祸国殃民的一种机制。我们可以暂时不要牵连得太远,可以先注意那些批评我们预设标准答案的考试,说这是一种阻滞创造能力发展的制度。如果照此思考,那我们或许可以猜想有一条这样的教育规律,仿照 (1) 式,表述成:

对我国现在的考试 A'',在预设有标准答案 B'' 的条件下,即有阻滞学生创造能力提升发展的结果 C''。　　　　　　　　(3)

我声明,我的猜想还不能成为一条真正的教育规律,因为我还不能充分证明它的真理性或普遍性,只在于说明,如果真的是规律,就应当这样作表述;而且还在于说明,教育规律中的结果,并不是永远都是我们主观满意的,虽然这里的 (3) 式的结果可能有人喜欢,例如真主、宰相或皇帝、牧师或神父,但可能有其他许多人会不喜欢,至少我不喜欢;此外,更重要的是,我还想说明,如果人们想改变这里的结果 C'',就要改变条件 B''。条件变了,结果也会变,但是否真的变到了我们所期望的例如增长创造力的结果呢?那还要进一步考察新的条件 B'' 和结果 C'' 之间的联系。这已说到另外一个问题，即我们的考试改革乃至教育政策了！

当然，还是由于教育这件事真的太复杂，对教育规律的表述可能不会有如（1）或（3）那么简洁，它们在多数情况下大概只能是近似的。即使对于将水变成开水这样的影响因素不太多的自然现象，我们也是在日常生活的情境下，陈述它的沸腾规律（2）的。那里的在"普通大气压"的这个条件，就是近似的条件，在严密的物理学学科里就应当写成"标准大气压"。还有，"水"这个主体，也是不精确的。如果在物理学意义上来表述这个规律，那是不能像（2）这样说的。教育规律，一般情况下，比这种物理规律，其表述结构虽然外形一样，但其条件 B 大多也只能是近似的，相应的结果 C 也是近似的。不敢说一定没有例外，甚至我很希望有例外，但在多数情况下，或许它只能是示向性的或定向性的结果，很难有数量的结果。有时，它们甚至可能只是统计意义上的，或概率意义上的，或模糊数学意义上的，除非有人发明了新的更适合于表述教育情境的其它数学或数制。但是，不管在什么情况下，知道的教育规律更清晰一些，把握得更好一些，我们制订出的教育方针、政策就可能其基础更稳实一些，当然，我们走近教育的"自由王国"的可能性就要更大一些。

最后，如果我们大家都愿意真的潜心研究教育规律，或愿意看到真的有许多人在致力于这种研究，愿意接受本文提出的教育规律的表述结构，我郑重提议：在我们这个具有五千年文明史的社会，在我们这个有着引以为自豪的教育优良传统的教育大国，设立一个教育奖，面向全世界，用以奖励那些研究、发现、总结出了教育规律的人，视其规律的真理性和影响的重要性，给他们颁奖。我相信，这样的奖，其重要性和意义并不亚于诺贝尔奖。

如果这个提议被接纳，我建议这个奖以孔夫子、以这个全世界都公认的教育伟人的名字——孔仲尼命名,即称孔仲尼奖,以纪念这位两千四百多年前,就在我们中华大地上活跃着的教育伟人。

我用这个提议来表达人们研究教育规律的潜心,还有诚意。我们的国家和政府,只要拿出某一年 GDP 的十万分之一,作为奖励基金,就可以表达这种诚意和潜心,这只有赖昌星卷走的国民财富的最多二百分之一。这是一个发扬我们的优良文化传统的主题,也是我们向全世界表达人文关怀、尊重人权和个性、参与人类发展事务的机会,当然也是一个可供选择的树形象、扬国威的自然而绝妙的突破口。我相信,还会有很多很多与教育相关的人或关心教育的人愿意解囊捐赠,还会有很多对教育有期望、有热心的人也会踊跃捐赠。我本人也愿意报名,捐出我一点微薄的积蓄;人老了,没有能力直接去研究教育规律了,我只能用这样的方式,来进一步表示我对"潜心研究教育规律"的附议。

"潜心研究教育规律是时候了",对我们许多个人,对我们的国家,对我们这个"地球村",都是时候了!我们应当为后人做点准备,让他们有朝一日真的实现从教育必然王国向自由王国的飞跃。

此外,还有另外一个问题,即本文一再提到的教育方针、政策问题,它与教育规律之间的关系问题,也很值得探讨,并且同样可以从朱作人的论文[4]得到启发,限于篇幅,不赘议。

本文之附议,如有幸见诸读者并引起评驳,将使笔者获得安慰和解脱。

参考文献

[1] 苏军,《潜心研究教育规律是时候了》,《文汇报》,2002 年 8 月 30 日,第 5 版。

[2] 杜作润,《确立教育意识、挽救教育危机》,《高教研究与探索》, 1989年, 第2期。

[3] 曾成平,《教育实践论》, 重庆出版社, 1995年2月。

[4] 朱作人,《关于教育科学的两个理论问题》,《教育研究》, 1984年, 第1期。

本文原载《现代大学教育》(中南大学)
2003年第6期, 第13—16页

第二部分

第二部分

大学教育的文化视阈

摘　要　本文认同人类文明或先进文化应表现在积极追求真、善、美的理念之上。以此为目标，笔者面对中国社会当下的社会现实，引述历史中的某些事实，学习、讨论大学知识精英要追求和担当国家文化建设和提升民族文明素质之理。

关键词　文化　大学文化　"真、善、美"　先进文化

什么是文化？这是一个普通人心底里都有的印象，但又是一个不容易廓清的概念问题。《简明不列颠百科全书》也回避了对它的直接解释，但作为形容词或定语类词语却解释了很多，如"文化进化论"、"文化斗争"、"文化大革命"、"文化迟滞"等等。我想把它区分为两类，即：广义的文化，是经过人类手和脑作用过的精神财富和物质财富的总和；狭义的文化，或我们通常所说的文化，主要指的是其中的精神财富，是一种社会意识形态。文化，还与文明相关，但实际上，文明就是本文所指的广义文化。在著名的哈佛大学教授亨廷顿的"世界文明冲突论"中，两者也常常切换。一

本陈经纬先生所著的书里说：文化，可以是第三存在，并认为这种存在性，就是文化的本质。但本文不拟站得太高，讨论得太深、太广，虽然，不可能不在事实概念上涉及文化的意义、本质等名词特性，却只能主要在普通公民的水平层次，认识文化的论题，并把它与我们的大学教育进行链接。即，在我的视阈中，文化，主要在于它的动词内涵。化，即为修；文化，即修文，修心，或谓修真，修善，修美；我将专注于它的现实情境，以及它的过程和应然价值的讨论。

一、反顾文化历史

讨论大学的文化视阈，首先应该反顾一下社会发展中的文化历史。

我的学习和认识是：文化的发展和社会本身的发展有着密切的关系，一种文化就是联结它所在社会各个组成部分的纽带，是维系这一社会存在的无形的力量。文化又是一个国家的民族和人民生存、发展的一面镜子，从中可以搜寻到他们的追求、欢愉、忧思和苦恼，映照着他们的精神境界、思想道德面貌和理想高度，为他们发掘与提供可思考、鉴赏的目标和美，包括悲剧性的美。

文化的积极意义在于，它应该是人类每个时域固有的社会凝聚力的表现，更应该是时代赖以存续和发展的一种思想体系。在我们的时代，文化的内容似都源自科学，而且确实应该包含科学，确实也有个中国特色的科学发展的问题，但文化并不全等于科学，不强调科学的概念和逻辑联系，而强调的是人的生存价值，一种赋予我们时代特征的信念。若用文明这个词来说事，文明应该就是一种积极的社会生存情境，它极为关注精神的成长与升华。文明社会的知识精英乃至许多普通人，总的来说，应该不会忘记致力于对真、善、美的追求。

在评判当下现实世界的政治制度与生活时，特别是在剖析它的缺失时，我们社会和大学的知识精英们往往会忧怨于当权者的自恋和无知。其实，从文化的历史视阈探究，他们自己的责任更大。在古希腊时代，柏拉图和亚里士多德就把人类的政治生活看成是人类自然发展的结果，也是人性进一步完善的结果。因而，在他们的追求中，政治生活的目标是人的幸福和完善。他们有自己坚定不移的世界观和非常自信的思辨哲学认知，并且在自己的学校教育和社会活动中广为传播。柏拉图的老师苏格拉底的理想，就是甘愿担当一位能刺激雅典城邦不断觉醒的"牛虻"，并为此而献出生命。[1]古希腊人的辉煌，首先是当时的知识精英、学者们所创造和张扬的文化上的辉煌。对此，我们可以歌颂，也可以不必太多歌颂，就像我们并没有太多的对当时奴隶们的境遇予以关注一样。但我们可以注意这样的事实：古代希腊和罗马，一直争战不断，并且在公元前233年的一场战争中，前者战败，许多希腊的学者被俘成为罗马人的奴隶，后来罗马人出于对希腊文化的珍爱，让他们获得了自由。这些获释的希腊学者们，虽然受到打击，但始终没有忘情于自己民族文化的传承。他们把许多希腊的著作，用拉丁文翻译出来，就此成为罗马学校中的教材。古希腊的文化就通过这个途径开始了和东方文化的交汇、流转。希腊，并不始终是一个忘情于超级大国和征服世界的军事强国，但她所成就的古希腊文化，却一直在影响着世界。在华夏大地，相对积极而深刻的汉儒文化，支持了中国的封建王权社会苦苦地运转了两千多年，强悍的蒙古民族，可能是因疏于接纳它，其政权只以金戈铁马维持了几十年；而同样的满民族，虽有对反满汉儒的镇压史实，但因为充分的认同儒家文化，也能够延续统治近三百年。辛亥革命开始的近代中国的变革和反复，其根源也同样可以说就是中国文化和西方文化的交汇、流转与碰撞、较量。

还是继续回看一些世界历史的事实。随着唯心论的基督教哲学在中世纪的兴起,巫、神的神治文化在世界各地泛滥,特别是西亚和欧洲,开始进入了神权统治的漫长而黑暗的岁月。人类要走出这黑暗的深渊,必须要有一系列涉及哲学和社会政治、思想意识和精神生活即文化的反思。这就是后来众所周知的 14—16 世纪的文艺复兴运动,以及 18 世纪的启蒙运动。启蒙运动也首先是知识分子的哲学创新和文化思想抗争,包括孟德斯鸠的"三权分立",洛克和卢梭的"社会契约论",爱尔维修的功利主义,特别是人类必然进步的历史信守等。法国哲学家,同时还是数学家和革命家的孔多塞(Condorcet Marquis de 1743—1794)认为:积极的认知和思想文化给予了人类克服前进道路上障碍的力量。他曾骄傲地向世人宣示:"阳光只照耀自由人世界的时刻必将到来,人们除了理性之外不承认任何主宰,那时,暴君与奴隶、教士及其愚昧或伪善的工具均将不复存在。"[2] 虽然他累遭当时法国罗伯斯比尔政权的反对,并死于狱中,虽然悲沧万分,但他信守人类历史必然进步的先声,始终以乐观的态度在提醒世人。集聚了马克思、恩格斯智慧的马克思主义,包括辩证唯物主义和历史唯物主义,以及关于共产主义的思想、理念、愿景,更是 19 世纪以来世界进步和文化创新的旗帜。但美好理想境界的实现,要有人传承与坚持,要有新的创造和发展,还要有正确的合乎时宜的方法,要不断聚汇积极的力量。

历史事实已经表明,社会知识精英,包括肩负着文化使命的大学知识精英,一定要起引领的作用,不能老是期待皇上或领导来耳提面命。

二、回看现实社会生活

在我们的日常出行中，常会看到一些地方，新的名人铜像矗立或宣传、吹捧的文字、图像泛滥，包括曾国藩、阎锡山、刘子乾、赵二丰、西门庆、貂禅，还有历史上的丞相、状元、榜眼、探花、县太爷，等等。曹操，他的陈尸，他的DNA，他的历史和文化贡献，到底有多少科学价值和积极的文化价值，值得我们兴师动众、不惜投入财力、物力、人力去证实？许多地方，无非就是为了出文化建设的政绩，多用这些所谓的文化名人来装点；还有些地方，包括一些大学校园，用仿制的西方建筑的断柱残垣或裸体雕像，来标示时尚；许多学校、政府机关，更是以千篇一律的以腾飞、向上、求实、创新、创先争优等流行文字为主的校训或标语口号，展示其紧跟形势、紧跟领导的决心；还有诸如"请保管好自己随身携带的物品"、"出门请关好门窗"的提醒，甚至还有"请不要与不认识的陌生人讲话"的警告，等等。多而又多的高亢、复制、空洞、分隔和没有个性的社会宣传场景，实际上是文化消极、疲软的表现。又，我们重男轻女的传统观念，比如："唯小人与女子为最难养"、"不孝有三，无后为大"等说教，从儒学问世以来，经两千多年而不衰的事实，让我们反思文化的责任。总人口世界第一，这已经是一个大难题，而相当一段时间以来，人口性别比一直不合理，又成雪上加霜。根据国家统计局新近公布的第六次全国人口普查数据，我国出生人口男女比例已高达118.06/100，个别地区更远高于此。按理说，现代化了，人的观念和生育习惯应该有所变化，但这种良好推理为何至今没有实现？在重重整治、严厉打击之下，我国，特别是农村地区的生育习惯为何依然不变？是继续打击，还是好好找寻背后的其它因素，釜底抽薪地把"溺杀女婴"

这种传统恶习的现代版——"非医学需要的胎儿性别鉴定"和"选择性别的人工终止妊娠行为"（即生育领域内所称的"两非"问题）彻底解决？看来，主要还是一个文化的问题，需要在文化教育层面有效提升人们对男女平等问题、人权问题的认知，而不能仅仅依靠政策的整治和打击。

也是在社会生活中，随处可见的对鬼、神的虔诚膜拜，对风水、运道的张扬，对个人福、禄、寿、喜的痴迷，也显见我们的社会文化的追求太过低俗，缺少积极的净化心灵的较高层次的信仰和追求。还有人提问：中国亿万富豪已达146人的高纪录，为什么他们最大愿望就是离开中国？还有人质疑：为什么国内有的公司，同事都是国人，但起的却是洋人的名字？一个在中国国内的商店，看不到中文名字，只有"Motel 163"、"Adidas"之类。为什么国内的楼盘觍着脸叫"香榭里舍普罗旺斯罗马花园"、"加州花园"、"威尼斯花园"、"雅诗澜郡"？为什么名叫威廉姆斯、詹妮佛、凯瑟琳就高人一等？为什么愿意花大钱，请个老外坐在台上一声不响地拍广告片？至于日常生活中的小事或小习惯，如一些女孩非要花不菲的钱去把美丽的黑头发染黄，好好的牛仔裤，非要戳洞、剪边、拉絮之后才肯穿。这是什么美？这又叫什么酷？看来，停留在文本和口号上的爱国、爱家、爱民族、爱党、爱我们十分自豪的传统文化，如果没有新的文化自觉和提升，可能有些靠不住。如果真爱，还有表达方式的问题，还有心灵内化的问题，有爱就有颂扬，也会有批评，也应该容许批评。但用脚投票，用"走出去"的方式表达的爱，是否是真爱？还仍旧是个值得我们民族深思猛省的文化或文明自信问题。我们的教育，首先是大学教育，在高等教育大众化的时代，绝对没有视而不见之理。

还有一个问题从表面看也是生活层面的问题，例如有报道称，一位大学已婚教授与一名边远地区高中女生发生婚外情，从而许诺帮助其到北大上学，因没有兑现而引发事端。还有报道称，一位医学院原院长责怪情人驾高档的路虎车上路，他的理由是："这会让人盯住我。"这类奇闻，会让人们产生许多联想：有些大学教授，尤其在专业或学术领域有一定影响力的、拥有较多科研资源和学术权力的教授，虽然已经结婚，有了正常的家庭，但又与仰慕他的年轻学生甚至青年教师保持不正当的性爱关系，这种关系，就是一种机会、资源与性的交易，是性生活道德败坏，也是一种文化上的堕落。要是我们进一步观察整个精英层面，还可以看到，因为他们当中有的人掌控的机会、权力资源更为庞大，其性道德败坏的程度也更严重。这种堕落，应该是国家法治建设关注的主题之一，当然也应该是大学教育自觉、重视的文化主题之一。至于在学术问题本身上，众所周知的西安交通大学一位中年教授学术造假，6位老教授经年举报，终于真相大白，已经不是极个别的案例。还有大学校长，谎报国外得奖，堆砌所谓学术成就，等等。这些事端，会使我们的学术和文化阴霾更加厚重，更加发人深省。大学，精英纵欲和学术不端，他能站在道德的高位吗？能产生出有人高亢吁求的高原文化吗？或者相反，这是不是在腐蚀社会良知，在伤害社会文化呢？对着大学围墙里，对着我们这样的文化机构，这样的教书育人的、使人文明化的机构，我们应该会感受到肩负的巨大压力。对我们的教授、知识精英而言，是否可以反躬自问：我们真是在致力于先进文化的建设吗？或者，真是在用先进文化培育文明人吗？

三、深思我们的追求

再次，深一层思考，还可以看看我们社会的一些思想和认知方法，我们的文化追求。

人们担心：几个新闻发言人的先后去职，会使得这个有新意的职务，越来越失去个性。

人们担心：批评，到底应不应该，到底有没有用？会不会像"反右"斗争那样引来灾难？学术批评或评论，是否也都应该首先遵照"成就是主要的，缺点是不可避免的"传统教导和"三七开"的数字定律？是否也都应该首先声明领导正确或领导的重要讲话正确？

人们提问：为什么西方人病历记载的"阿尔茨海默症"，在日本人那里，可以改为"认知症"，香港人可以改为"脑退化症"，而我们却要称之为"老年痴呆症"？老人、病人是否也需要尊严？

人们还不理解，为什么我们的戏剧、电影作品中，总是充斥着帝王将相、皇后太妃，总是大颂特颂皇帝的功业，他们的谋略，他们的大智大勇，他们指点江山、一言九鼎的魄力？难道这就是我们的民族学习、追求了一个世纪的历史唯物主义吗？有人感叹：看豪华大片《英雄》，简直就是在受辱，而不是艺术上的享受。难道编导们的作品，演员们的表演，真的和我们的生活、信念、追求有关联吗？真的能感染和提升现代中国人的文明水平吗？在许多表现当年革命斗争题材的作品中，都有一些精心刻画反动派的阴谋和狡诈、他们杀人不眨眼的兽性情节。这些东西，除了让人记忆欺骗和回味残酷之外，还能获得什么真、善、美的艺术享受呢？我们究竟出于什么样的理念和动机，追求的是什么样的艺术？难道仅仅就为了吸引视众的眼球吗？难道这些就是我们党所代表的先进文化吗？你现在还能搜索到俄罗斯等欧洲国家有多少新的戏剧艺术作品还在精心刻画德、意法西斯阴谋、狡诈的杀人伎俩呢？你还能够看到美国有多少南北战争题材的新的影视作品？还有多少这样的文学艺术在张扬林肯和北方人的英明伟大，南方的李将军及奴隶主们应该被千刀万剐的影、视镜头呢？最近，我们看到一篇记者的报道，那是为了纪念"911事件"十周年的采访，标题是"纽约不相信仇恨"：在距离"归灵地"（Groud Zero——即世贸大厦的倒塌地）不足200米的Park大街51号，一栋五层的灰白楼宇，那就是去年八月，纽约市改建成的伊斯兰文化中心和清真寺。[3]看来，仇恨的张扬，兽性和阴谋诡计的精雕细刻和世代传播，不太像是所谓普世的艺术价值，好像也很难化育人性，使其志向真、善、美。这点很值得我们的民族反思，作为文化精英的大学更应起引领作用，更应该先入为主。

四、"文化重建"的视阈

大学，应当十分关注和积极参与党提出的文化重建的伟大事业。

对于被定义为我国"文化重建"的问题，一种很有代表性的观点认为：在我国目前的由所谓精英主义或社会达尔文主义向社会主义或人道主义的文化价值观转型中，党和国家，因位置特别关键，理应发挥某种"领唱"作用。简单地说，就是提供必需的文化硬件，做好文化的外围的组织管理工作，把钱送到正当的去处，充当一种半出纳、半总务的文化主管角色。特别是各级文化官员，应当逐渐学会淡化珍藏在心中的"照到哪里哪里亮"的历史记忆，正确调适国家、市场、社会这三者间的关系，特别不要把文化与市场、政绩捆绑得太紧。与本文主题相连接，在我们中国的特殊社会条件下，文化重建的一个重要角色应当不能继续忽略，那就是大学。大学一向是所谓"知识分子成堆"的地方，拥有全社会最多的文化、科学知识精英，在文化重建中，我们最应该理解除了所谓"无农不稳、无工不富、无商不活、无兵不安"之外，还有一个"无士不兴"的关键问题。士，就是以前我们就知道的所谓"小知"吧，那应该是知识、科学、技术、教育、人才的代表，是文化、文明的代表。既如此，就不必等待政策落实和优待，而应当不请自来，抢先入座，义不容辞地肩负开路先锋的作用，特别是那些呼声很高的研究型大学、一流大学，他们有责任首先致力于研究、创育一流的文化。没有对真、善、美的积极追求，没有一流的文化，不可能培育出一流的人才。学习、思考由费孝通首倡的文化自觉论，在文化重建的旗帜下，应当是他们的第一课。

这里的具体思路可能也有许多条，其中之一就应该是：大学文化，不应该只是大学社区或大学围墙内的文化，像近年来许多讨论大学文化的高论那样。大学应该面对社会现实，廓清自己的文化视阈，通过自己的课程、课堂和教学，既建设自己围墙圈子内的文化，更要思考自己义不容辞的社会文化建设担当。为了追求真、善、美，大学文化，要张扬大度、宽容、和谐、友好的社会生活，张扬人文情怀、同情心、怜悯心，不要低水平的叨念仇恨，尤其是对自己的同胞；大学文化，要张扬艰苦奋斗、劳动致富、诚实生存的人格，贬谪和批判投机取巧、巧取豪夺的机会主义或霸主心态；大学文化，要养成追求民主、自由、平等、自尊、自律的人文情怀，逐步消融对帝王、神权的膜拜情结；大学文化，要张扬对生命的关爱，张扬对自然的敬畏，张扬对资源、对环境的珍爱，加深对人类生存空间有限性的认识，对可持续发展方略的认同；大学文化，要坚持科学的方法和方法论，追求和辨认普世的价值理念，要关怀自我，更要关心世界，还要关心和思考宇宙。

从科技的角度看，如果说我们在科技落后的痛苦中被迫选择了科技进步为实现现代化、振兴中华的国策的话，那么我们从现在起就必须认识到，科技进步并不是为了某阶段某一目的实现所采取的权宜之计，而是使我们民族持续发展的最持久最不可少的社会推动力。否则，即使我们完成了一时一刻的任务，但以后仍将被动和落后。所以，我们应当把现时刻强调的科技意识特别是科学精神，固化为一种永久的国民意识，并升华为一种民族追求、民族精神。没有这样一种渗透到全民族各个层面及所有公民心灵深处的意识，我们就难以彻底摒弃本体深厚且又落后的文化观念，从而也就不可能使科技进步成为我们全民族的一种自觉追求的行动。[4]但是，只强调科学，不能解决人类文明和发展的所有问题。它的方法和结果可以在自然的意义上求真。对人类生存、对社会发展而言，还有无法仅仅依赖科学的真就能解决的价值和信仰问题，不能把这里的真，都用自然科学的真来概括。大学文化的价值，就在于它要通过自己的教育和教学，既追求心灵的善和美，也永不停息地追求科学的真。即在当下，在张扬人文的真、善、美，追求科学真知、真理、理想的教育中，要面向社会，警醒甚至参与抨击前述包括风水、迷信、潜规则等在内的种种低俗文化泛滥。从这个角度看，理、工、农、医等学科、专业的教师知识分子，也同样是在进行文化或文明的创建与传承。文化，绝对不应该仅仅是人文、艺术和社会科学领域里的知识分子独家之事。强调科学发展观，更不能只是自然科学和工程技术学科教育的事。强调文化重建，宣传文化重建，大学的知识精英，绝对不应该仅仅是嘉宾。

五、大学自视：如何以文化人？

大学的文化视阈，应当在先进文化、高原文化，不应仅仅在域外文化、通俗文化或所谓传统文化中随波逐流，更不能仅仅把传统文化当成商品。只有粉丝式的"引进"和"继承"不足取，而需要奋斗、需要开拓、需要改造和创造，一句话，需要追寻新思路，需要独树一帜，需要心灵深处的感动和开发，所以有时会有孤独和寂寞，会有斗争，甚至会有痛苦乃至牺牲。但回避"创先进文化、育文明人"的责任，我们未来的痛苦和牺牲可能会更大。

我们在过去的教育包括家庭教育中，甚至在今天，都有把"个性强"认为是一种缺点的事实，必定导致"随大流"的局面长盛不衰，使官场"应酬病"泛滥，使"明星梦"、"超女情"、"状元热"一再火爆，甚至相信所谓的"成功学"、"厚黑学"、"下级学"真的可以快速致富、快速升迁，实际上是自卑加上随大流的潜意识，孕育出的"赌徒、投机性、阿Q精神"三合一的生存心态，放弃了对个人艰苦奋斗、追求卓越的期望。我们现在似乎开始认识到：以这样的教育文化育人，可以在很大的程度上，回答著名的"大师之问"。但不能到此为止，还要继续流血流汗、寻根究底，思考许多与此相关的问题，需要从这个问题开始，从教育领域着手，促使整个中国社会有一场新的文化自觉。文化重建或文化复兴，绝不仅仅等同于文化市场或文化产业的重建或复兴，不能像振兴经济那样对文化贴标签，应该拒绝用 GDP 来衡量文化的价值，不能因为强调和谐而不承认差异，不能因为高歌伟大而粉饰缺失，不能因为强调多元而没有选择，也不能因为要求稳定而放弃批判。要有真正意义上的先进文化、高原文化，要在大学校园之内，建设出真正有教育价值的所谓大学文化，首先就要有百家争鸣的校园文化土壤。这是我们必须有的但与"文化大革命"完全不同的文化自觉的首要功课。早在五四时期，思想界就大力宣扬个性解放，陈独秀当年就在《新青年》的发刊词里，鼓励青年人要有自主、自强的独立意识：

"我有手足，自谋温饱；我有口舌，自陈好恶；我有心思，自崇所信；绝不认他人之越俎，亦不应主我而奴他人；盖自认为独立自主之人格以上，一切操行，一切权利，一切信仰，惟有听命各自固有之智能,断无盲从他人之理。"[5]

重树自主、自立、自强的文明人格,依托对真、善、美的信念追求,不懈地积德、修身,假以时日,我们最后必定会走向梦寐以求的成功,必定会取得梦寐以求的辉煌,成就梦寐以求的伟大。

包括孔、孟在内的先贤们奋争并由此获得的价值信念表明:真、善、美,是人类精神世界的三大支柱。求真,首先是获取科学知识、掌握科学方法和造就科学精神的根本途径。如果缺乏求真的态度和勇气,那还谈什么科技创新、科学精神、科学发展和体制改革?还谈什么文明,谈什么崛起?真,也是善的基石。一个民族,如果失去了真诚,处处可见坑、蒙、拐、骗的阴影,就会道德沦丧,堕落为劣等民族。真,又是美的要素。任何一件事物中如果掺杂了虚假,都会破坏美,至少不是完全意义上的美。如果用我不习惯用的"本质"说事,真,就是科学的本质,也应该是文化或文明的本质。这里的本质可以有许多侧面:文化包容科学和理性,承认科学理性是人类的思维坚定性的表达;文化关注顿悟、直觉和灵感,承认它们是人类的感悟能力或思维飞跃的显现;文化不排除关照,推崇反思,认为它是人类认识自身、改进和重树自身能力的表现;文化张扬意志,认为它是认识的动力,是非理性的、另一种具有积极意义的思维方式;文化,也不排除天才,相反,高歌人类发展的个性情节,宣扬某些个体在某个方面,可能拥有独特的能力,可以得到超乎寻常的发展;文化也宽容不同的信仰或歧见,认为这些可以表示某种恒定的情绪,只要它们不变成固执和迷信;文化更重视和发掘情感,认为它是人类精神的花朵,那里也许有一个更为巨大的宝藏,爱国情、爱党情、爱家情、爱人的情,都可以深深地嵌入其中而不至于过分浅薄。

一个国家民族的文化,依靠教育得以提升,特别是大学教育,如能积极革新除病，真的"育人为本，德育为先"，文化必然大放光彩。普遍的经验和事实是：一流的大学教育与先进的社会文化生态是互为因果的，虽然大学有时可能并不出现在前台。事实上我们的大学，有极大的自我发展潜力。作为拥有巨大文化人力资源的教育机构，大学应以自己独有的文化知识精英群，时时以自己的这些宝藏终将焕发光彩为悬念，去创造、去奋争，假以时日，她的文化价值必然显现。可以不必自设门坎，不需要言必称诺贝尔奖，不需要言必称哈佛、剑桥、牛津，不需要言必称柏拉图、莎士比亚、托尔斯泰和歌德，也不需要言必称孔孟。他们成就当然伟大，那恰恰是他们自己创造的伟大。愚意正是所谓：多留余地铺明月，少筑高墙放远山。

在大学教育中，如若我们自己心中有明月，我们自己的理想中有远山，如若我们的行动是在用真心和真功夫，我们会更辉煌，不用喧嚣就辉煌；我们会更伟大，不用张扬就伟大！

参考文献

[1] 佘碧平，《现代性的意义与局限》，上海三联书店，2000年版，第217—218页。

[2]（法）孔多塞原著，何兆武等译，《人类精神进步史表纲要》，三联书店出版，1998年，第182页。

[3] 张哲等，"纽约不相信仇恨"，《南方周末》，2011年9月8日，第一版。

[4] 解思忠，《国民素质忧思录》，三联书店（香港）有限公司，1998年版，第166页，第33—35页。

[5] 同[4]，第33—35页。

本文原载《现代大学教育》（中南大学），2012年第1期，第12—17页

大学精神,如何才能有?

摘　要　精神具有有目的的活动意识或意向性的特征。人们非常渴望的中国大学精神还在寻求和实证中,看来创造精神、科学精神、独立精神等必不可少。但我们不要太过自信于这些文字性的提法表述,而要寄更大希望于大学的相关意识的积累及自修实践。

关键词　中国大学精神　科学精神　实践　人的潜力

这是笔者自己问自己的问题。看了许多讨论大学精神的文论,我也想"插嘴",开始就这个问题进行学习,也是一个一生都与中国大学紧密相关的人无法潇洒解脱的反思和自问。这篇拙文,就是我学习和思考这个问题的部分文摘、感受笔记的组合稿。

一、廓清"精神"这个词语的含义

只可惜笔者学识有限或眼高手低,没有找到满意的解释。我收藏的书中,有两本讲到精神。一本是一位苏联学者上世纪80年代写的书,书名虽然就叫《精神文化——进步的源泉与动力》,但对精神也没有仔细辨析，只在马克思主义的精神、物质，主观、客观的传统话语体系下，说些其它问题；另一本，是解思忠的《国民素质忧思录》，其中讲精神时，说它"是人的意识、思维活动和一般心理状态"。而且，他还进一步指出："健康的精神素质，应该是自由的精神境界，丰富的精神生活和坚挺的精神风貌。"[1]

《简明不列颠百科全书》也没有专讲精神的词条，只在讲精神哲学、精神分裂症等词条的时候，顺带作了些介绍。这些介绍，从"人与自然界其它事物的鲜明区别，就在于他具有高度发展的思维能力和情感，并能采取有意识的行动"一类说明开始，而后指出：但思维能力、情感、有意识的行动，是否都能升华为更深、更高的精神，却没有评判的方法和标准，只能直接或直观的描述。

可以认为：精神具有有目的的活动意识或意向性的特征。意识或意向性是人类特有的以某种方式把某种东西，如思想、信仰、欲望等作为对象，加以向往的秉性。所以，意向性具有典型的精神性质，适宜作为精神的表述，或作为表达某种精神原初形态的方式。历史和现实中，人们甚至可以对不存在的东西或还没有发生的事情，具有意向或意识，把主观经验和追求当作一种精神追求，因为这也是一种有意识状态。从此角度考量，和解思忠的"精神"比较接近。

然而，意识是否为产生精神的必要条件？精神现象，可以是无意识的吗？人们曾经认为，"无意识的精神现象"这一概念，在逻辑上是无法相通的，因为"无意识"和"精神现象"，其词意本身就是相互矛盾的。但德国伟大的科学家和数学家莱布尼兹（1646—1716年）在用数学分析的思想方法分析，从事实层面观察，承认了"微知觉"也可以不为主体所意识或觉察的判断之后，才使得精神分析哲学家弗洛伊德扩大了精神的概念，把无意识的意向也包括了进去。这可能给我们坚守的辩证唯物主义世界观，带来一些麻烦。愚意以为，我们应该坚持具体情况具体分析的思想方法。在个体人的思维活动中，确实会有一些潜意识，自己并没有感觉到，当然更无从明确地表白。当无意识的"微知觉"积分到一定的时候，必定由量变而引起质变，就可能因此累进意识或意向，甚至使之升华而为"显性"的精神。

人，会把自己的精神带到由人组成的社会机构、团体、组织之中去，这种意向性的东西，有时也可能积微成众，积少成多，而集成为机构、团体、组织的精神。我猜测，大学精神，可能就是这样积累、成长起来的，作为大学机构应有的意向性或意识，也是可以观察、思考和研讨的，虽然有些意向或意识可能还处于微知觉的状态。事实上，从杨东平主编的《大学精神》一书看，只有一百多年历史的中国近、现代大学，其各自宣示过的大学精神，就可以列出一个长长的清单，真使人有百花齐放的感觉，虽然其中的不少部分，都没有冠以精神的头衔，却具有精神的意蕴或微知觉的精神实质，如朱光潜先生1943年曾经论述过的"群意识"、"处群的道德"，潘光旦先生1936年论述过的"做人"、"做士"、"见利思义，安不忘危"、"择善固执，矢志不渝"意识，等等。[2]

讨论中国今天的大学精神，我以为，我们既要看外国，看美、英、德、法等所谓发达国家，既要看一百年前的清华、北大，还有后来的西南联大，更要直面中国，直面今天中国的大学；要快点摆脱容易致人精神疲软的"外国有，中国缺"、"中国过去有，现在缺"的幽怨酸楚情结，多看自身的作为，看现实、看急需、看途径，一句话：看我们今天怎么办，看我们今天该如何才能有大学精神。虽然，笔者在许多地方，还是在提问，在思考怎么办，不可能有什么形而上的新发现、新提法，也还没有能力和勇气面对甚至触动问题的深层次按键，但我仍然希望因为我的问题，引来批评和讨论。这是我撰此拙文的主要目的。

二、大学精神首先就要创造

创造意识，是人类的秉性得以世代延续、成长、进步的核心因素，是人类社会族群竞争最持久的、决定性的制胜法宝。大学这样的社会机构存在的价值，就是要使它带头为这样的核心因素增加积累，并由此形成自己显性的精神特质。

以本文主题说事，这其中，首先强调寻觅大学创造精神是不言自明的。大学精神本身就是创造，就需要创造。大学在社会有机体中就是要努力积累创造意识，进而大力弘扬创造精神，忘情地致力于对真、善、美的不懈追求，这是保证自身地位乃至存在价值的根本标识。包括科学和技术在内的文化，其延续不能依赖生物学意义上的遗传，只能通过社会人的传递才得以继承并发展下去。教育从一开始就成为传递和保存人类文化的重要手段。特别是大学教育，它还不是简单的传递和继承，还要融入自己的创造智慧，激发和积累创造意识，发挥创造精神，促使我们的社会后来居上。我不敢说未来社会，是否还有其它机构、其它方法和手段能够创造性地推动社会文化和精神生活健康、合理、有序地向前发展，但我的理想是今天和未来的大学应该和可能承担这个使命，就是因为我们信赖和吁求它的创造意识进而创造精神的发挥。

由于经济现代化的作用，作为传统的教育的传递者——家庭的能量，似乎已经削弱。因此，比起从前，人类社会的延续和健康发展，要在更高程度上依靠学校，大学教育通过准确确立教育内容，对人类包括制度文化在内的文化进行精致的选择，进行整理与恰当传播，充分发挥研究和思考的积极作用，更新教育观念，更新人们的价值取向，改变思维方式，实现文化的再生，可以创造性地促进人和社会的发展进步。所以，我希望弘扬的创造精神，不仅仅只是获得诺贝尔奖的零突破的科技创造，不只是知识产权专利或 GDP 的世界第一，不只是进入宇宙空间的中国航天飞行员坚持的时间最长，虽然这些都应该进入我国大学创造精神的视阈，但我更愿强调的是对人类，包括对每一个具体人、具体学生的关怀，对他们的精神生活，对他们的生存环境，对他们未来前景等，寄以永不淡忘的同情和关怀。当他们因为某种巨大的收获而过度兴奋时，我们应该创造性地促使他们平静和进一步深思；当他们缺乏前进的勇气和动力的时候，我们就应该创造性地帮助他们找回自信的力量；当他们确实犯了某种错误，包括自恋引起的错误，包括目标失策引出的错误，而处于徘徊甚至倒退的时候，我们更有责任创造性地为他们指点迷津，重返正道。——从这些侧面看，大学的创造精神，其最主要的部分，也可以说就是我们现在讨论得很多的人文关怀精神。

在这一基础上，大学或许还可以开拓社会理想，并把这些理想传递给社会成员，通过人们的实践，使理想变成现实的文化成品或文化实体乃至制度实体。社会理想是人类社会群体意愿或需要的具体反映，这种意愿或需要又是反映社会进步并以社会进步为基调的。这里之所以具有创造性，就是它的发端和过程都应该以千变万化的社会现实为基础，包括以人们千变万化的追求为基础，而与引进、复制、粘贴的程序没有多少关连性。由于在文化、知识积累方面的特殊优势，知识分子，特别是集中在大学校园里的"成堆"的知识分子比其他社会成员更能认识社会发展的前景和趋势。有了对社会前景的正确认识，就能够提出符合社会发展规律的社会理想和合理又合法的实现方法途径，能够最大限度地使人类历史中因不断的"尝试——错误"的制度更替模式所带来的痛苦代价减少到最低程度。大学中的精英群体，甚至应该可以指点社会政治变革和与时俱进的大方向，而不是相反。大学的创造意识、创造精神，在这点上，理当有着非同凡响的价值意义；在未来，可能意义更加重要和深远，现在就注重培育，绝对不会是为时过早。正如恩格斯在论述他自己之前和当时的时代一样，我们的时代，也仍然是"一个需要巨人——在思想能力上、热情上和性格上、在多才多艺上和学识广博上的巨人的时代"。[3]综观今日的世界，在此思想、文化、政治巨人十分稀缺的寻呼声中，大学不应企求天降大圣，而要自己应声而起，积累创造意识，高举创造的旗帜，既培养出高素质的"大众"，又以此为基础引生出具有非凡创造能力的"巨人"，正当其时。

三、大学精神的成长还有赖于科学意识的积累

汉语中，科学，是反映客观世界和人的思维活动变化规律的各种知识体系。作为一个名词，它译自拉丁文 Scientia，即"知"，较准确的意思是藉科学方法所获得的知识。所谓科学的方法，是由一连串的步骤包括"假设"、"观察"、"推理"、"实验"、"分析"、"证实"等组成的行动。大学的科学意识就是在师生潜心研究和学习科学知识中积累起来的。用上述这些方法获得的知识，人们都确信会是真知，所以我们所应该高扬的科学精神，又可以包括在求真的精神之中。一般而言，大学教育的本意和目标，就是要使青年人学习科学知识、学习文化，成长为对自己、对家庭有责任心的人，对国家、对民族和社会有担当的人。追求科学，追求真、善、美，是大学教育的第一要义。以求真为动力的科学精神，同时也是前述创造精神的基石，是破除迷信、盲从的重要武器。所以大学积累科学意识，进而培育科学精神，这是绝对不能忽略的。

包括科学精神在内,大学精神,应该贯彻和反映在大学的课堂内外。所以在大学课堂内外的教师、管理人员,特别是党政领导干部,都要有科学求真的意识。我们要在他们那里去寻觅和存储精神意识,而不要仅仅依靠高教研究人员的研究文本特别是仅仅依赖领导的指示拍板。爱因斯坦就曾表示:教师最重要的任务就是唤醒学生对于创造性的表达和对于知识的喜好。而没有科学的头脑,就好像没有望远镜的天文台。从整个国家看,积累科学意识,审视当下国民的科学认知水平和科学素养,大学应当有紧迫感。从发展科技和科技兴国的角度看,正如眭依凡先生所论:"如果说我们在科技落后的痛苦中被迫选择了科技进步为实现现代化、振兴中华的国策的话,那么我们从现在起就必须认识到,科技进步并不是为了某阶段某一目的实现所采取的权宜之计,而是使我们民族持续发展的最持久最不可少的社会推动力。否则,即使我们完成了一时一刻的任务,但以后仍将被动和落后。所以,我们应当把现时强调的科技意识特别是科学精神,传承为一种永久的国民意识,并升华为一种民族追求、民族精神。没有这样一种渗透到全民族各个层面及所有公民心灵深处的意识,我们就难以彻底摒弃本体深厚且又落后的文化观念,从而也就不可能使科技进步成为我们全民族的一种自觉追求的行动。"[4]我们既已承认科学技术是第一生产力,既把"科学发展观"作为经济社会发展的指导思想和评判成效的价值观,科学的思想、方法,就应当在较深的层次进入高等教育的受教育大众的意识之中,并由此,及于广大社会民众,使他们的理想、追求与科学的生存意识相联系,把工作和成就建筑在个人和团队的诚实努力、艰苦奋斗的基础之上,拒绝无中生有的各种神灵的诱惑。我们要通过科学精神的弘扬,让人们,首先是大学校园里的青年人,对自己的能力有信心,相信马克思主义的辩证唯物主义,相信真正科学的方法和自己的努力。举个例子就可以证明自己想要的事实或功效,甚至证明一些人喜欢高谈阔论的规律,那绝对只是一种自欺欺人的江湖混事术,而与科学的方法及真知毫不相干。从日常生活层面看,笔者曾多次在一些名山胜境中,看见过不少中、老年人,带着孩子,三步一跪地登山朝圣、烧香拜佛、求神赐喜;还看见报道说,许多学生或他们的家长,很相信使用去曲阜孔庙开光过的笔,能够考出好成绩;还看见公安破案,竟求助于巫婆的案例。本文引用过的解思忠先生的《国民素质忧思录》中的许多案例和统计资料,其张扬科学精神和人文精神,反对封建迷信的呼号,对我们确实应该有强烈的震撼。这本书,首先应该成为我国大学寻觅包括科学精神在内的大学精神的必读教材。学生、教师,学校的党政领导,都应该认真地读一读。大学的科学精神,还要从社会历史的反光镜中反视其必要性和紧迫性。多少世纪以来,因为迷信、盲从和种种唯心论的喧嚣、欺骗,像中世纪和之前的欧洲宗教神学那样,不仅造成了许多丧失人性和可悲的冤案,而且使整个社会长时间、大面积的发展停滞甚至倒退。对这种悲怆的现实和历史回视,可以促使我们的大学,要有所担当。我们自己就应该以高亢、响亮、坚定的声音,告诉年轻人乃至全体国民:我们应该而且必须崇尚科学,即使通向成功的道路很艰难,也要信任自己的天赋,清醒地认知自己追求科学的目标和努力方向、方法的正确性。要大智若愚,信任真科学,而不要迷信、盲从,不要相信运道和浪费宝贵的生命资源和其它资源,不要耍小聪明、走歪门、抄近路,不要搞投机和机会主义。科学的睿智和道德的固守,相辅相成,终能使人通达个人成就的高峰。

大学弘扬科学精神,还要看到今天世界的科技进步大局,是前人努力、奋斗、牺牲所取得的结果。这只要读一读恩格斯的《自然辩证法》一书就会一目了然。我们应当珍惜、传承与精进。应当对进入此中的所有人，进行科学传统的教育，尤其对其中缺少基本常识的各层领导人进行强化教育。这不仅是大学科学教育的需要，也是真正实践科学发展观的第一课。

我在讨论大学要非常重视道德教育的问题时，曾经引述一位学人的科学研究表明，我们人类的大脑现在还有95%没有被开发，即只开发了5%。俄罗斯学者也指出：人的潜力之大，令人震惊，如果我们迫使自己的大脑开足一半马力，就能毫不费力地学会40种语言，把苏联百科全书从头到尾背出，完成几十个大学的课程。照此推论，即使把大脑的潜力以目前的开发水平，再增开一倍，即增开到只有潜力的10%，我们仍然能够创造出伟大的奇迹，而不必借助无助的神灵和迷信或其它的邪门歪道。[5] 这是我们树立科学意识，弘扬科学精神，坚持科学发展和以人为本，致力于科学教育的一个强有力的科学根据。

四、大学精神还在于独立意识的积累

独立意识，是人类进步的一面旗帜，也应该是我国大学出世、入世、坚持真理、张扬人文理想的一面旗帜。

现时代，几乎所有的讨论都认为，大学不可以没有独立精神、自由精神、批判精神。可以说，较之三十年前，这是一个积极的变化，是我国文化、教育、思想领域的一个非常可喜的进步。我想把它们都以独立精神来概括。独立，是本体或主旨，而自由和批判，或许可以理解为表达独立的态度和方法。就批判而言，即使最后证明是错误的，对其对立面来说，也是一种贡献。奥尔特加·加塞特曾经写道："一种思想的全部意义，只有当它遭遇到对立面的观点时才会或多或少乃至彻底地表达清楚。任何思想都有对立面，两种

不同思想在对抗中才能展示出各自观点的特征。"[6]这位对20世纪西班牙的文化和文学复兴有着重大影响的哲学家和人文主义者，对包括佛朗哥政权在内的当局的疲软或倒行逆施的思想禁锢，始终持独立和批判的态度，甚至流亡异国他乡也无所畏惧。

独立意识的对立面是依附性格，是唯书、唯上、唯权、唯利甚至唯神的生存秉性和学术秉性。回视中国，这是几千年封建社会乃至奴隶社会的政治文化在我们民族社会肌体中沉留下来的精神疲软的基因因素。而没有独立的精神，就很难设想会有现代意义的大学的生成。与这里的批判相联系的，还有反思精神。它们总的来说都是一种认识世界、追求真理的积极或激进的精神和思想革新境界。但通常的习惯性认识思路是：批判精神主要是在认识纯粹的客观世界，而反思精神却是表现在客观地认识包括认识者自身在内的世界。具有不断积极反思的意识，也是高品位现代人的一个重要标志。没有积极的反思，就不可能真正认识我们置身其中的世界。

陈洪捷先生在论述蔡元培的"兼容并包"思想当初的困境的时候就指出：中国历来缺乏独立的学术传统，学术的内容与意识形态又没有明确的界限，因此，从总体上就难以产生学术自由的观念。[7]当然，这应该是封建的汉王朝智囊人物董仲舒罢黜百家政策建议的"功劳"，即，如于佑任先生所言："百家罢后无奇士，永为神州种祸胎。"我国大学的学人，现在就应该开始心怀崇高的责任意识，努力解脱这个祸胎，即使面对的是真理或掌握了真理的人，我们也要教育人们与时俱进地加以分析和鉴别。英国生物学和人类学家赫胥黎，就用历史事实告诫我们，即使是一种崭新的真理，它的惯常的命运也是"始于异端，终于迷信"。当今中国大学的现状，还有某种来自祖宗又急需突破的惯性：就是制度上特别是领导和管理体制上仿效官场、迎合当权领导者，价值追求和评判上听命于官场、上级的指导与评比、政治动员或指示，教育上又仅以书本知识的考试来复制人才成果，特别在思想政治教育的环节，一味灌输到底，没有真正的让学生们独立思考、评判、论争的任何环节，等等。丧失自由思想，缺少评判和批评的育人氛围，缺少关注师生精神成长、成熟的人文情怀，这样的大学，最多也就是一个社会机器的零部件或螺丝钉，而不要梦想成为培养社会知识精英的园地或真正的世界一流大学。寻求张扬独立的大学批判、反思精神，就应当首先从这里开始。在中国，这应当进入社会主义核心价值观体系之中，成为一种思维方式，一种持久的思想解放革命，一种促进国家前进、崛起、强大的动力源。陈独秀当年就在《新青年》的发刊词里，鼓励青年人要有自主、自强、自信的独立意识：

"我有手足，自谋温饱；我有口舌，自陈好恶；我有心思，自崇所信；绝不认他人之越俎，亦不应主我而奴他人；盖自认为独立自主之人格以上，一切操行，一切权利，一切信仰，惟有听命各自固有之智能，断无盲从他人之理。"[8]

但陈氏的闭幕情节，却是一出静穆的悲剧，虽然可能没有后世的"文化大革命"或"反右派"斗争那么波澜壮阔，但亦足以让我们的民族包括大学进行深刻的反思：独立的人格，到底是不是一种高品位的人格？中国社会是否需要有独立人格的人？我们是否真的缺乏有这样人格的人？原因是什么？是否真的已经到了可以自由探讨各种问题的时日？宣扬大学的独立、自由、批判精神，现在是否已经是时候了？包括独立精神在内，对所有那些我们期望的大学精神，我最想知道的是如何才能有？可惜，除了自省、自修的建议之外，我自己还没有满意的答案，我还在静候教育名家特别是教育实践名家的教诲，包括那些在位的大学党委书记们、校长们的实践教诲。

五、归根到底,大学精神还要依靠实践

我们都知道的一个名言,就是"实践是检验真理的唯一标准"。这句名言,有点语病,但并不影响它的真理性,不影响它在那个特定时代引领人们前进的精神价值,它的对于那个特定时代思想解放的伟大意义。当我们曾经沉醉在一言九鼎的最高指示中,不能,也不敢自拔时,还多亏了这句话,把我们的民族从迷梦中唤醒过来。改革开放、思想解放的三十年,取得国家辉煌建设成就的三十年,让我们对邓小平求实的勇气,特别是他的实践精神感戴至深。这是小平同志留给我们的、值得永远传承的宝贵精神文化遗产,谁都不能侵占和剥夺。这份遗产的思辨价值还在于,虽然中华大地许许多多的人当时都知道一切都"按过去的方针办"这个铁定的方针不对,但只有邓小平同志举起这面旗帜之后,我们才敢于去"摸着石头过河",即去实践。这也是我们的社会首先是大学教育值得反思的事实,需要大学修炼出真功夫去进行解密的"黑盒子"。所以实践精神,是和反思精神乃至独立精神相联系的,甚至与科学精神、创造精神也有紧密联系,与本文没有专门讨论的人文精神或人本精神也都有非常紧密的联系。

大学,应该是探寻真理的地方,拒绝假话、废话,拒绝不着边际的大话和虚无缥缈的空话,本是题中应有之义。因为,那些东西都不是真理文本的表达,而是虚、假、歪理的愚弄人的表达方式。从一般生活层面看,这些东西的真假,是可以在常识的水平上,作直观判断的。但是,科学研究表述的东西,一般就没有那么直观,一定要同时期望实践、追求实践、参与实践和经由实践的评判或检验,必要时,要经过实践的指正环节的反复。这就是我理解的大学的实践精神。大学的实践精神,是科学精神和科学成就的源泉,是我们高亢的创新欲望的实证版。从"全民参加城市管理"的马路标语口号，到"让利于民"的报章文本大标题，到寓意深沉的前贤高论如"厚德载物"、"天下为公"、"先天下之忧而忧，后天下之乐而乐"等等，包括儒家孔、孟的各种说教，即使都是真理，如果没有实践，或者根本不想去实践，只把它们作为学术水平的光环，作为行政的成就，作为致富、赚钱的蒙面巾，就不必终日洋洋得意于老祖宗的这些伟大的"提法"创造。认真地去做一做启蒙水平的简单计算或实验，可能对自己、对社会、对大学自身的发展更有实实在在的价值。大学，应当从这种虚幻、光彩和容易使人迷路的文字丛林中走出来。回看现实，回看我们现在过分功利的学风和教风，大学反其道而动，努力积累实践经验和学识财富，特别是累进实践意识，进而强调求实精神或张扬实践精神，也同样正当其时。

在结束拙文时，想重复强调一下我学习、认识和思考的结果，也可以说是我的希望：综观现世，特别是反观我们自身之不足，我国大学精神必须要坚定地依靠自己的创造意识，依靠自己的科学、独立和实践意识。它们和时下流行的检查评比方法不相干，和领导的视察指示也不相干，和创先争优的轰轰烈烈场面更不相干。在这里，孔、孟等至圣先贤帮不了我们，诺贝尔不能理解我们，哈佛、剑桥、牛津也是远水难解近渴。问题并不深奥，这只是一堂需要我们自己静悄悄地持久地潜心修炼的功课，即谓：大学精神如何有？刻骨铭心在自修！

大学，是一类由人组成的社会组织机构，他的服务对象又是人，而且是要在这里接受教育、变得更有文化和人性、更有科学头脑、更有理性和智慧、更能引领和担当社会进步的人。社会必然对大学寄予期望——远远高于对其它机构的期望，中国大学必须要充分体认这样的期望,刻骨铭心,使之成为自己奋斗的意识或意向,从而养成有自己独特风貌的大学精神。

若真如是,假以时日,中国就会出现精神焕发、学术精进、人才辈出、世人仰慕的真正的现代大学。

参考文献

[1] 解思忠,《国民素质忧思录》,三联书店(香港)有限公司,1998年版,第39页。

[2] 杨东平编,《大学精神》,文汇出版社,2003年版。

[3] 恩格斯,《自然辩证法》,人民出版社,1962年版,第5页。

[4] 转引自 [1],第166页。

[5] 杜作润,"大学教育德育为先学思录",《大学教育科学》,2011年,第5期,第3—7页。

[6] (西班牙)奥尔特加·加塞特著,徐小洲等译,《大学的使命》,浙江教育出版社,2001年版,第41页。

[7] 陈洪捷,《德国古典大学观及其对中国大学的影响》,北京大学出版社,2002年,第177页。

[8] 同 [1],第34页。

本文原载湖南大学的《大学教育科学》,2012年第4期

提高道德教育实效的若干方法

摘 要 在明确了目标和内容之后,道德教育的实效问题就在于教学方法。本文举例讨论和建议使用的几种方法,分别是:讨论式教学法、案例教学法、群集课程模式、生命叙事法和概念分析法等。

关键词 德育 教学方法 讨论式教学法 群集课程模式

在许多讨论当今道德教育的文章中,几乎都会谈到教育的效果问题,总的评论好像是效果不太好,有的感觉是非常不好。这些评论中,有些是直白的,如,在分析高职学生缺乏职业道德素养的客观情况时列出的清单包括:有的缺乏公共职业道德意识,在实习时乱丢实验实训材料,浪费严重;乱甩废弃物,不注意环境卫生,环保意识不够;有的学生怕苦怕累,缺乏艰苦奋斗精神;不严格要求自己,纪律性差,诚信守实和服务社会的道德意识养成和践行没有落到实处……[1]。张忠华的文章[2]引用了许多评论文章,有的干脆称之为"道德滑坡",包括"意义失落"、"精神危机"、"信仰迷茫"、"价值真空"的"德"、"育"冲突生态危机；有的还对德育实效低下判断产生的原因进行了分析。有些论文是通过讲教育史或外国教育来暗示的，如，在论证陶行知和杜威教育思想的传存与差异关联时指出：目前中国的问题，并不在于道德教育没有回归生活、纯思辨的理论脱离生活实践，而在于理论和道德教育在生活面前软弱无力，学生的道德品质已经被强大的社会力量所异化。[3]还有的是通过调查统计的数据来提示的。(这里需要说明，我们的教育有一种值得讨论的新传统或称新思维是用思想政治课统领道德教育。本文暂时接受这个事实，即本文的"德育"或"道德教育"课，就指的是"思想政治"课。)有一位从日本来的学生，其硕士论文主题是"中国大学生对大学满意度调查及相关分析"，考虑到地区平衡和学校的代表性以及他本人的经济承受能力，只对四所大学，即新疆医科大学、华中科技大学、复旦大学、黑龙江大学的在校生，随机发放735份调查问卷，回收到712份。在其内容非常丰富的满意度调查分析中，就包括了对课程的满意度，更具体的就包括了对思想政治课的满意度分析。论文显示，约70%的学生学习思想政治课仅仅是"为了取得学分"而已。这就明明白白地说到了本文的主题。[4]

课程教学的实效提升，我的经验性分析，主张解剖成三个方面：一是课程设置的教学目标是否合适；二是课程包含的内容是否恰当；三是教学方法是否需要改进。对道德教育课程的实效问题，一篇短文，不可能面面俱到，本文只想具体地讨论第三方面，即教学方法的改进问题，表达一些笔者的建议，供相关老师和同道高人批评、指教。

一、建议使用案例教学法

主张"教育即经验的不断改造"的学者认为，方法可以有两种。一种是我们通常理解的，称为狭义的方法；还有一种与之相比，可以称为广义的方法。教育中，狭义的方法与课堂教学中的一些具体内容相关，但这些内容是经过提炼的生活；而广义的方法是把教育看作与生活相关的整体，因此只要在生活中就可以而且必然要受到某种教育。坦率地说，笔者就是这样认识的。所以我很赞成有时可以用采自生活的案例充实教材内容，以案例分析方法授课，能够克服思辨的局限，扩展狭义方法的视野。我知道，哈佛大学的一些核心课程的教学，就是通过案例分析来实现的。可惜在我自己的教育实践中，还没有用过这样的方法。但国内许多管理学院的有些管理学课程，已经广泛运用案例教学法，而且好像效果不错。

具体到德育课程，其复杂性，恰恰就在于它和教育的许多问题联系特别密切。如前所说，它与我们整个的社会生活，包括经济生活、政治生活、文化生活等等都有非常密切的关系。它的教学，和学校的许多其他课程的教学目标相关，也是很显然的。德育案例教学，选择案例，自然不会是人工编织的案例，而是从社会现实生活（包括学校自身）中选出的故事性例题，在课堂上，从道德角度，分析它的原因、后果、教训或经验，提升认识，推论愿景，及于理想。我认为案例教学法，就可以是一种狭义与广义相结合的德育教学法。以下，仅仅为了解释我的建议，举几个我所知道的、可供参考的案例，它们只是我从报刊上采集到的教育问题案例的一部分。

案例一：《法治生活报》2008年9月26日刊登了一封信，是贵州六盘水钟山公安分局一位民警写来的。反映的是他和同事在公共汽车上执行公务，抓捕嫌犯时，与嫌犯接触、对峙、受伤、急呼要求车上乘客帮一下忙，可是旁边的乘客没有一个人伸出援手，之前，民警们都亮明了身份。信中说，"为了老百姓的安全，我流血流汗，无怨无悔，但是群众的冷漠让我感到极大的困惑。"

建议教学重点：围绕"困惑"，分析现行公民道德中的问题，以及解答问题的可行路径。

案例二：上海《报刊文摘》2009 年 2 月 16 日，刊登了一篇题目为"他在大地震中新生"的报道，摘自《监察风云》。说的是一位叫"董维垒"的 30 多岁的男子，于 2008 年 6 月 4 日上午，在什邡抗震救灾指挥部领取了《抗震救灾荣誉证书》后，与他的抗震同伴一一告别时，大家都叫他"董队长"，并要求他留下联系方法。然而他却说，我没有通讯地址，还是你们留给我吧——最后他只好老实地告诉大家："说出来你们肯定不相信，其实我是一名公安机关通缉的逃犯。地震把我震醒了，我决定今天就回去投案自首。"

这是一个很精彩的案例，可惜，我无法全部抄录。教学，可以在"震醒"二字上着力。

案例三：《扬子晚报》2009 年 6 月 30 日，"社会生活"栏里有一篇报道：前天晚上 9 点多，家住浦口大桥村的王奶奶带了孙子在小区玩。孩子要荡秋千，哪知道秋千被一个"老玩童"占据了。为了争这个秋千，王奶奶与老头发生了争执，到激烈时，她把手中的包，砸向对方，因为包内有硬物，"老玩童"头破血流。

本例可以作为解读道德传承论题的参考资料。

案例四：还是《扬子晚报》的新闻，2010 年 3 月 22 日的"中国新闻"栏，有篇报道，题目是"西安交大造假教授被解聘"。题注说：6 名老教授连续举报两年，学校领导屡次劝阻，称弄虚作假成风不必大惊小怪。

本例是一个典型的学术道德问题案例，高校的道德教育应结合本校的实际情况，充分发掘其中的教育资源，例如，可以着重思考、分析6名教授的两年举报，领导对弄虚作假成风的泰然自若。

案例五：上海热线2010年9月3日，标题：杨浦群殴案，几元钱，4条人命

9月1日晚10时许，杨浦区四平路2100弄小区内发生命案。几名男子与负责看管车棚的一家发生冲突。一场混战后，有3人当场死亡，1人伤重送院抢救无效身亡。经勘察，警方在现场发现了一把尖刀。

举例只能到此为止。需要了解案例详情，还可查阅相关报刊杂志，也可进行实地调查，使情节更加真实，问题的提炼能更多地包含德育的主题。

还想说明：本段案例教学法的案例，原意是作为教师讲课之用，这就自然包括他在备课的时候，要认真选择合适的案例，充分解剖、澄清并分析案例中的道德侧面，以备课堂讲授之用。当在课堂讲授中出现学生"插嘴"时，就可能会走出单向灌输的状态，我就曾经经历过这种变化。这正是案例教学方法的魅力之所在。如果进一步，对这种新状态采取更加积极、主动的态度，案例教学法甚至就会提升到以问题求解为旨趣的讨论式教学法了。

二、建议尝试开发使用群集课程教学法

这个方法是美国人发明的，具体实施是在 Clark University 的 Babson College。其背景就是众所周知的为了调和传统的普通教育和专业技术教育之间、人文教育和科学教育之间的矛盾，使各个学科或课程之间相互沟通，进而实现所谓"知识整合"的方法。

有一段时间国内研究整合的同道很多。我的观察结果认为，知

识整合的教学方法,现在有三种模式:一种是哈佛大学核心课程的模式,教师首先自己整合,即根据世界的社会和科技发展新走向和新需要,教师自己先学习与某些重要问题相关的知识,编写出能反映如何认识这些问题和求解问题策略的教材,也就是我们所常常乐于称道的核心课程,我视它为:教师先整合后传授。这时学生习得的知识本身,就已经是整合好了的知识。另一种就是我们国内许多大学使用的模式,大体就是把大学一年级规定为通识教育阶段,让理科或工科学生学几门文科的课程,或要求文科学生学几门理、工科学生原来要学的课程,我称之为:教师先传授后再让学生自己去整合的模式;第三种,就是克拉克大学创造的这种群集课程教学法,它也以问题为核心,与问题相关的课程的老师都是这个问题的老师,根据老师们共同制定的教学进度计划,每次上课,或者所有老师都到场,或者其中的某位或几位教师,我称之为:通过研讨问题,老师和学生共同整合的模式。或者,也可以称为跨学科的教学法。

这里推荐的这种方法,有如前面提到过的原因,由于道德教育问题与社会问题、与大学各学科之间的问题紧密联系,它很难独立于科学问题、社会问题、文化问题、法律问题、国际关系问题等而独立存在,运用这种教学方法似乎特别适合。

所以,道德教育的群集课程教学法,首先一步,是要在思想理念上明确道德教育是一个综合性的教育领域或教育课题,如果不接受这个观点,就可以不必往下讨论本方法;

第二步,是要将德育的教学内容,进行分群,以便为群集课程的教学提供具体的目标,包括在分群中有共同的主题、难题,或共同的历史阶段,或有一个共同的论点;

第三步,确定需要哪些学科的传统课程,参与该群集;

第四步,组织相关课程的教师进行研讨,包括讨论内容的增减、时间的多少、上课的具体方式；（如，是直接由教师讲授？还是采取讨论式？还是案例教学法？）其它，包括讨论参考书、课外作业的确定，如何检测、考评效果，等等。

笔者相信，在德育中，这可能是一种值得我们试验的教学好方法，可惜在备课、组织、行动实践等方面，需要付出得更多。如果老师们或高教研究同仁们有意讨论或具体应用这一方法，请查阅文献[5]，本文不在此重述。

三、建议使用讨论式的教学方法

根据教学计划的内容，拟定发人深思的道德问题题目，让几位合适的学生担当首先发言的人，甚至让他们主持讨论，既培养他们的工作能力，又促使他们成为教学过程中的积极思考者和主动学习的受益者。

我记得在上世纪 60 年代中期，读大学五年级时，我们的大部分课内时间都是在同学们轮流主持的讨论班中度过的，那一年是我大学生涯中留下记忆最多也最深的一年，与我同班的许多同学的记忆一样。和老师商讨的结果，我与另一位同学共同选择的题目（大意）：自己测量和解释流体（例如水）物质的粘性。实话实说，那时，我的功课学得很一般，最多也就是中等水平，但这次讨论班的题目，我做得不错，不仅和合作同学一道，自己设计了电模拟实验，还专门到水流桥边重新观察，战战兢兢完成了全部内容，而且登台宣讲、答问，有恃无恐。在讨论过程中，同学们还提问题，有的同学还帮助解释和补充解释一些问题。在老师的帮助下，这大学最后一课的成功通过，使我顺利拿到毕业证书。

这其中，我的体会是：讨论式教学从道理上说，是充分调动学习者积极性的方法，当你感觉到你的单向灌输方法效果疲软的时候，应该试试。在我自己的教学中，后来就多次使用过。但坦白地说，我是被动的，因为我的《高等教育学》实在没有什么吸引力，看得出来，或许和我们现在的德育课有某种相似，一些学生常常在听我讲课时心不在焉，我不得已而为之。至于我的讨论方法的教学效果如何，虽然看起来热热闹闹，气氛不错，但实质性的效果是否优于我的单向灌输，没有调查、统计与评估，也没有请同学们座谈过，不好随意褒贬。

当然，道德教育课可能要复杂一些，因为它明显不只是要求受教育的学生知道什么，还要求学生如何知行一致，要使他们在人生追求、思维方式、信仰理念等方面更向我们提倡的核心价值方向靠拢。讲修善，讲明德，都需要反思行动，检查实践。这是一门理论与实践、知与行要紧密结合的课程。讨论，当然也可能反映某些实践行动，但是不能完全用讨论的精彩和热烈程度来反映实效和成功的全部。

但不管怎么说，热烈的讨论气氛，更能吸引学生参与和激励他们思考，这至少为实效的产生，铺陈了一个良好的心理环境。既要讨论，就要自己准备，就要学习，就会在心灵深处有是与非、真与假、善与不善、美与丑的博弈，就有正确与否的评估，也一定会有明智与否的取舍选择，当然也会有疑问，在某些激励条件下，甚至可能养成不断思考乃至终身学习的正反馈效应，达成陶行知先生追求的"不教"的理想目标。大学教育，要为建设学习型社会效力，我猜测：在其中，讨论式教学方法，可以效大力。

四、其它方法简述

有一种方法被称为生命叙事。叙事，大体上也就是讲故事，而且当然是讲人世间的故事而非寓言故事或神话故事。通过讲故事，对人进行教育,其实是我们许多人都有记忆的小时候接受思想道德教育的一种方式。陈飞的文章[6]有全面的、高视角的介绍和考证。所以,本文也建议德育老师继续开发、运用,并且看看是否可以与前面讨论的案例教学法联系起来,使两种方法可以根据条件和需要,相互变通,相得益彰。但本文只能到此为止。

还有一种方法叫做概念分析方法。学者建议,可以在对与道德教育课程相关的各种课程的差异与不同重点的分析中,吸引学生的认知兴趣、好奇心和个人行为的对照与反思。让他们从概念辨析开始,进入德育的相对可靠的语境,从而在较高层次上,接受德育要赋予他们的道德认知内容和意识。张忠华的文章[7]认为,当前,"澄清困惑,正本清源,是德育理论建设和实践发展的迫切需要"。笔者认同这一判断。这是一篇非常好的文章,建议德育教师和政治思想工作的指导员和领导者都来读一读。首先自己接受一下德育概念教育,弄清它的准确目标、范畴,以便将之有效地及于学生。我们教育学生的东西,一定要是准确的甚至是精确的,似是而非、模棱两可或空洞无物,即使你说得很重要,也不可能引来持久的兴趣,作为一门课程,当然也就不可能有什么真的实效。以现实的情势看,德育课的教学,注重概念分析方法,非常重要。

其实,这里已开始涉及笔者最初剖析的德育实效问题三个侧面中的前两个。既已越出本文重点,此处也只好点到为止。

五、结束语

在结束本文时,我希望再说如下几句话:

不仅是道德教育的教学方法问题,还应当对我们的学校课堂生活作整体上的批判与重建。

有学者说,我们的课堂教学中存在着明显的由教师替代学生自己求知的行为模式,存在着过度竞争的氛围,存在着对于本该具有游戏精神的快乐生活的背离,从而表现为过分功利、过分物质追求的非教育情境。[8]而柏拉图认为,凡人都有三种灵魂:爱利的灵魂、爱胜的灵魂、爱智的灵魂,分别对应有三种不同的追求:追求金钱、追求名望、追求智慧,而最高的智慧则是真,是善,是美德。[9]社会大课堂,我们尚无法言说,但学校教育的课堂,不能不正面应对三种灵魂之各有所求。但今天我们过分追名逐利的课堂,明显冷漠了对善与美德的追求,非常不利于智慧灵魂的发育和成长。

这里,道德教育方法的选择,首先要考虑的是争取给学生开辟出智慧和善良发育的空间,努力摆脱我们的学校课堂生活不良氛围,努力应对文献[8]对我们课堂教学不是之处的正确点评。

参考文献

[1] 朱万福,《试论高职院校实践教学环节中的职业道德教育》,《高教论坛》,2010年第八期,第113—115页。

[2] 张忠华,《对德育实效问题研究的反思》,《现代大学教育》,2010年第二期,第73—78页。

[3] 邹晓东等,《论陶行知对杜威生活教育思想之超越——道德教育回归生活世界的理性反思》,《大学教育科学》,2009年第六期,第60—66页。

[4] 复旦大学硕士学位论文,《应十分重视高校师资培训——中国大学生对大学满意度调查及相关分析》,小柳佐和子(学号:1981080),2001年完成。

[5] 庞青山摘译,《当代高等教育的群集课程模式》,《外国高等教育资料》,1995年第一期,第4—9页。

[6] 陈飞,《生命叙事:一种值得运用的道德教育实践策略》,《现代大学教育》,2008年第二期,第95—98页。

[7] 张忠华,《论中国特色的德育概念之研究》,《现代大学教育》,2008年第三期,第86—92页。

[8] 徐冬青著,《教育学的学科发展与实践变革》,辽宁人民出版社,2009年,第124—135页。

[9] [古希腊] 柏拉图著,郭斌和等译,《理想国》,商务印书馆,1986年,第366—376页。

本文原载《江苏高教》,2011年第5期,第106—107页

大学教育"德育为先"学思录

摘　要　本文通过重温教育经典,重温"育人为本,德育为先"的指导思想,之后指出:要有先进的、世界一流的科学技术,首先要有人,要有道德的现代人。这是包括大学教育发展在内的整个社会可持续、协调、有序和健康发展,即科学发展的前提。有实效的道德教育,也是将大学争取诺贝尔奖的热情,出大师的期望,奠基于"明德"、"至善"的"新民"成长、成熟之上的最根本举措之一。

关键词　大学教育　德育为先　大学之道　科学精神

胡锦涛在十七大报告中讲教育时,提出"育人为本,德育为先"的指导思想。起初,笔者没有特别重视,主要是没有认真将它与现实教育状况相联系,当然也没有认真考证和分析,归根到底,是没有认真学习、思考。我发现,在大学里,许多学人朋友、老师、学生,在学习这个报告时,基本上也是一笔带过。看来,与其他层次的教育一样,这是我国大学教育只有数量扩张而无质量显著提高的原因之一。可惜，这大约应该是一个属于大学文化、思想、精神、理念方面的"软"原因，无法仅仅依靠"硬"手段来补救。这需要与大学相关的人们，坚持不懈地学习、思考，包括实践后的再思考。

这篇拙稿，就是笔者去年以来对这个问题重新学习、思考的部分记录，都是粗茶淡饭的话语，没有高屋建瓴的文字提炼，献给同道朋友，只望引起批评与讨论，以助我进一步学、思的精进，或可为我国新一轮的高教改革增添一个新话题。

记录一：经典信条之首

"大学之道，在明明德，在亲民，在止于至善。"（这里的"亲"，即现代语文中的"新"。故以下行文皆用"新"代"亲"，以适应今日人们阅读的习惯。）

世事在变，变化的社会，变化的自然，在不停地考验人类的生存能力，考验人类信念的定力，而久经考验的一些真理，却好像可以永恒适用。要我举个例子，我就举这句两千多年前战国学人子思的名言。这是他《大学》一书的首句。

此处的"大学"，原应指"大人之学"、"大学问"或"高深学问"等等。今天人们把它泛化之后，也可以是实体性的教育机构：大学。

前述那句久经考验的命题，就指的是大学机构或做大学问，其根本思路，就在于引领人们追求美德，革新进取，使自己和社会不断进步，走向更加完美的境界。

我认为，这句高度简约、概括的经典信条，以"明德"、"至善"的"新民"为"道"即目标，几乎可以与"育人为本，德育为先"的指导思想全等，因此仍旧应该是我们今天思考大学教育问题的指路明灯。它当之无愧的应是所有大学问题经典信条之首。

记录二：其它经典之教

教育经典中，不仅每本皆讲道德，而且几乎处处都是德育为先。孔夫子的《论语》二十篇，篇篇不离明德、修善的忠告，如"德之不修，学之不讲，闻义不能徙，不善不能改，是吾忧也。"宗旨就是要学人修成"先天下之忧而忧，后天下之乐而乐"的品格。欲齐家、治国、平天下，就必先积德和修身养性。于丹赖以一举成名的杰作，就是她在中央电视台讲《论语》，孔夫子对明德、修善的论述，自然都已传诸今天的百姓和学人，我们应当感谢她，但还需要我们的习性养成，否则都只是商品，都会变成空话。与孔夫子同样驰名的战国名家荀况，其名著《荀子》一书还用专章"修身篇第二"，抑恶、扬善，鼓励明德、修善，鞭笞陷、谀、贼、愚、诈、诞、盗等无良德行。[1] 在一部失而复得并被学者推崇为古罗马不朽的教育学著作《雄辩术原理》中，作者昆体良认为：一个雄辩家必须是一个善良的人，这点自然比其它方面更为重要。（"雄辩家"这个词，在古罗马时代，既包括我们现代理解的辩论人才含义，也包括更宽泛的"有文化教养的人"的含义。今天就应该理解为我们的"人才"。）因为如果以演说才能去支持罪恶，那么无论从私人的还是公共的角度看，没有什么东西比雄辩术更有害了，而自己竭尽全力帮助培养雄辩家的才干，就应当受到世人的谴责。因为这不是为战士提供武器，而是给强盗提供武器。（可惜，笔者还没有机会读到该书的中文正式出版物。）在美国学者编写的《高等教育哲学》一书中，作者布鲁贝克还专门列了"治学的道德"一章。[2] 我的学习体会是：知识分子的治学，有它非同一般的伦理道德前提。其标准从治学的对象即高深学问中显见特征。

只有他们正直和诚实,才能对他们自己的思维意识和学术行为负责。学者们是他们自己基于道德良知的唯一评判者。正因为如此,他们的确应该拥有自治权。自治,其实就包含自律,充分的自治与充分的自律是相辅相成的。正大光明的道德,在这个群体人员中,意义不同凡响。

在众所周知的 UNESCO 著名文献《学会生存——教育世界的今天和明天》一书中,讲教育目的时,也令人信服地证明:在人们追求的许多目标中,具有一些共同倾向,它们指明现代世界,教育的一些主要的最终目的是一致的。这几乎就是马克思主义的观点。具体来说,其中之一,是要使人走向科学的人道主义,其中又包括要掌握科学思想与科学语言,掌握客观性的法则,要有相对性与辨证的思想,要有科学精神的训练等;其中之二,是要培养创造性,这是我们已经讨论得很多的重要问题;之三,培养承担社会义务的认知和良好态度,这包括政治教育、民主实践、政治活动、经济学教育、国际问题教育等等;最后,要培养完人。对这最后一个主题,这部著作进行了更深入的分析,证实了大多数社会都存在着道德危机即人格的分裂问题,并指出这种状况的根源之一,就是教育的缺失。就是仅仅为了科学研究与培养专才的需要,对许多青年人本应进行的充分而全面的培养,被弄得残缺不全,过高地估计了提高技术才能的重要性而损害了其他的更有人性本质特征的品格培养。

爱因斯坦就曾说过,"个人之所以成为人,以及他的生存之所以有意义,与其说是依靠他个人的力量,不如说由于他是伟大人类社会中的一员。从生到死,社会都支持着他的物质生活和精神生活。"所以教育"应当发展青年人中那些有益于公共福利的品质和才能。"[3] "人类最重要的努力,是在行动中寻求道德的实践。我们内在的平衡,甚至我们的存在都与它相关。只有道德的实践能够提供生命的美感与尊严。"[4]我们都非常崇敬伟大的物理学家爱因斯坦,我们都能记住他的相对论物理学,他的诺贝尔物理学奖,但我们更应该记住,当年他是一名反抗法西斯德国的斗士,也是主张禁止使用原子武器的最早、最积极的科学家之一。当我们走进普林斯顿大学校园,瞻仰在绿荫丛中那座爱因斯坦曾经居住过的古旧小别墅时,对他因为坚持反希特勒的正义言行而只能在辞世后葬身异国,更加激起了对法西斯主义的痛恨,更加崇敬这位大师。不断追求真知的高尚道德,也是他取得科学成就的重要原因,和许多其他的诺贝尔奖得主一样。

记录三:弘扬科学精神

我们在名山佛庙内外,常常会看到无数迷茫的人,对观音、佛祖或其他菩萨顶礼膜拜,求菩萨对他们赐财、赐福、保升发、保健康,其中还有些青年学生加入其中,特别引人注目。据报道,还有很多落马的贪官也曾经到神庙祈求神灵保佑,使他们贪赃枉法的犯罪行为不致暴露。学生中,竟有人相信一支考试的笔,到山东曲阜孔夫子神像面前做过"开光"仪式,就能考出好成绩,成为"神来之笔"。有些政府机关,新年后第一天上班,还要放鞭炮求吉利。甚至还有政府的公安部门官员,相信巫婆,求仙破案酿成冤案的怪事。有位到贫困山村看望爱滋病人的医生,通过眼见事实意识到:那里的人们,缺少的不仅是食物、药品和衣服,更缺少科学知识和其它精神粮食。所以治贫要先治愚。我们的教育首先要努力改变年轻人和成人对科学的迷茫状况。这一方面,大学教育的责任尤其重大。

这些情况也说明,明德,也与求真务实精神相联系,与科学的生存意识相联系。我们应该把工作和成就建筑在个人和团队的诚实努力、艰苦奋斗的基础之上，拒绝无中生有的神灵们的诱惑。我们要让人对自己的能力有信心，相信马克思主义的辩证唯物主义，相信自己的努力。即使通向成功的道路很艰难，也要信任自己的天赋，清醒地认识自己追求的目标和努力方向的正确性。要大智若愚，信任科学，而不要迷信、盲从，不要相信运道，不要耍小聪明、走歪门、抄近路，不要搞投机和机会主义。科学的睿智和道德的固守，相辅相成，终能使人通达个人成就的高峰。

人的潜力有多大？一位美国人的研究表明，我们的大脑还有95%没有被开发。俄罗斯学者也指出："人的潜力之大，令人震惊，如果我们迫使自己的大脑开足一半马力，就能毫不费力地学会40种语言，把苏联百科全书从头到尾背出，完成几十个大学的课程。"[5]照此推论，即使把大脑马力再增开一半，甚至增开到只有潜力的十分之一，即提高5个百分点，我们仍然能够创造出伟大的奇迹，而不必借助无望的迷信或其它的邪门歪道。这是我们对道德教育有信心的科学根据之一。不仅诺贝尔奖获得者可以成为我们追求的偶像，诺贝尔本人，他的奋斗精神、不慕荣利、憎恶张扬、生活节俭、乐于奉献的精神，更应该成为我们学习的榜样。许多革命先贤、许多为国家民族独立和人民幸福而奋斗甚至献身的人，仍旧可以是我们学习的榜样。始终坚持自己的人生理想和信念，绝不随波逐流的许多国内外文人、学者、科学家，包括鲁迅、陈独秀、梁漱溟、马寅初、蔡元培、晏阳初、马相伯等，包括马克思、恩格斯、哥白尼、布鲁诺、开普勒、屠格涅夫、霍尔巴特、卢梭、裴斯泰洛齐等，也都可以被崇拜。孔夫子、孟夫子、苏格拉底、柏拉图、亚里士多德、卢克莱修等古典文化名人，他们的风格，他们的学识，他们的精神境界和理想追求，也都可以滋养我们的学识和心灵。甚至观世音、释迦牟尼、耶酥、马丁·路德·金等，也可以成为我们的道德参照符号，当然不是为了享受他们被人顶礼膜拜的待遇，而是学习他们被传说的无私无畏、救世济人的人生追求和为理想奋斗不息的人格榜样。

美德，是与真科学相联系的，是与睿智相联系的，而这种三位一体的精神境界，绝对不可能与迷信、盲从的愚昧人格相通。大学育人之"德育为先"的重要目标之一，就包括要有真诚的人文情怀，用美德、科学和智慧而不是依靠神灵，去唤醒失去方向的迷信与盲从，解放人的潜能。马克思主义的科学性和人道主义精神，也就是它的真理性，就应该而且可以体现在这方面。

记录四：要务实的教风

与别的民族、别的国家或族群竞争，我们当然要正视科技水平问题，要正视大师问题，正视诺贝尔奖问题，要有争创世界一流的豪情壮志。但最重要的是要以务实的精神面对现实，正视进入高等教育现场的大众，包括老师、学生，包括各级、各层的干部，当然还包括已经走向社会的校友，公正地分析这些人的水平，认真地评判他们的道德认知特别是道德实践，以便把我们奋斗的目标和日程，建筑在一个可以信托的基础之上。目标和日程固然重要，当事人的奋斗精神、社会理想、道德面貌更加重要，而且更需要付出何止百倍的艰苦努力。但这是基础，没有这个基础，想象中的空中楼阁，最后只可能是"烂尾楼"。

前面讨论的问题，虽然都很重要，也不过只是讨论了笔者对大学道德教育非常重要、非常紧迫的认识。但大学追求完美光明的德行，不能到此为止，还要实践，还要行动，还要将明德的理性认识，渗透到教育的各个环节。道德教育，不能只说不做。不能只是领导动员，大话重要性，自身有德有行，才是最有说服力的动员。而德育实践，则要渗透到学校活动的一切方面，特别是教学活动、课余生活。可以不必高谈阔论，甚至尽可以悄无声息地进行。

在我上世纪末主编的《世界著名大学概览》一书中，当时我已经注意到了一些顶尖大学在"传道"方面的认知或实践措施。例如，在很有创新意义的哈佛核心课程表中，就有道德评断（Moral Reasoning）类课程共 11 门可供本科生修读，意在让学生们了解人类经验中的伦理道德观念、价值观念的意义和作用，了解先人们的种种选择，使他们能够正确理解公正、义务、忠诚、勇敢、责任等。包括哈佛、耶鲁等名校在内的许多大学，都鼓励学生参加校内外的各种无偿服务活动，许多自治性质的学生志愿者服务组织真可谓百花齐放。例如，在耶鲁大学的德怀特楼，就是许多这类活动的交流中心，它们对学生有着巨大的吸引力，实际上已经发展成为美国最大的学院课外服务中心。各校都坚持鼓励学生走出校园，积极参加社会活动，求学不忘了解社会及社会需要，不忘记自己对社会所肩负的责任。

更具体的，还可以看看他们的教学内容。在一本名为《哈佛名人教程》的书[6]中，作者以其在肯尼迪学院读博士研究生的笔记和心得体会，展示给我们许多传道、授业、解惑的"艺术"。其中，最明显的是有许多顺其自然的道德人格教育嵌入其中。例如，在它的第 5—12 页，"找出创造障碍"一节中，列出许多成功名人的总共 60 多种因素，涉及道德问题的障碍就有：附和多数；急功近利，不愿深思，速成心切；过分重视成就；放弃自我，迎合别人；认为得到财富、势力、名誉就是成功；过分信赖权威，等等。在其讨论"自我激励"问题时，在该书的第 41 页，就有这样的情感激励："我们必须在内心充满爱，然后才能把爱心施给他人。"

其他各章的内容中,还有:"不要把消极心态当作密友。"(第58页)"俭朴:不(浪)费钱,费钱就要费在与自己和他人有益的事情上。"(第158—159页)"懂得为什么而活的人,是战无不胜的。"(第184页)对人生的一例忠告:"生活、学习、思考、给予、欢笑、尝试。"(第200页)"金钱可以做坏事,也可以做好事,关键在于用之有道。金钱除了满足基本生活花费之外,还可用于慈善事业。"(第437页)"我会把自己所积聚起来的钱财捐献出去,但是我的真正财富,却是这些个人白手起家的成功原则。"(第498页)"我对礼节所持有的想法:它是一种在所有情况下,都能尊重旁人的习惯;一种不论何时何地,只要可能,便愿意帮助别人的习惯。——它是一种尽力克服自私的习惯,而不论是什么形式的自私。"(第516页)"我在这里提到的正义,意指一种意识上的诚实。许多人的诚实是权宜之计。他们这种诚实具有相当大的弹性——从而可以使他们获得最大的好处。我们所要谈的是一种刻意的诚实。严格遵守这种诚实规范的人,即使在不能立即获得什么好处的情况下,仍旧能够激起强烈的动机。一如在四周透露出最大报偿时的强烈企图时一样。"(第521页)等等。这本教程,在其封四上,还有一段肯尼迪学院前院长的毕业典礼赠言,即谓:"人的一生光做一个企业经理、银行家、咨询家、学者、政治家,挣许多钱实在是不够的,除了单单在自己事业上成功之外,像我们这样幸运的人,应该设法帮助许许多多不是由于他们自己的过错,而被生活遗弃的善良人,我们应当向他们伸出援助之手。这是我们义不容辞的责任。"我相信,这样的导师比我们某些以金钱为先的教授更值得让人尊敬。我们有的教授导师,在送别自己的毕业生时,竟可以直言不讳地说:"你没有赚到4000万不要来见我。"

专业课也可以而且应该透入道德教育,古代教育历来如此,今天也绝对应该如此。不需要一句顶一万句的大话，不需要领导动员，更不要推脱。这是教育的必然又应然的理直气壮的使命。向一流大学讨教，首先要学学这点，否则注定要南其辕而北其辙。

实践中的道德课程教学，也要有老师讲、学生听的传统教学形式，更要有学生的自主讨论。自主讨论，当然不是放任自流，要有指导老师在场。目的是最大限度地激发学生道德自我教育、自我追求的自觉性和创造性。要允许学生认识和评论现状，允许发表和探讨独立见解，甚至可以鼓励他们标新立异，要让他们在讨论中有深度的激情碰撞，达到深刻的思想交流与理性辨析的状态。老师在讨论中，一定要心临其境，以自己的先知先觉，也用自己当场获得的后知后觉，引导学生的激情持续和理性升华，在目标和方法导向上，给他们以切实的引导。

记录五：试答大师之问

我们都知道，有两位大师对中国的科技进展提过问。一位是中国科技史大师，英国人李约瑟，一位是我们自己的大师，世界著名的空气动力学家钱学森。笔者以为，大师之问，应该说已经找到了答案。其答案之一，是我们的传统和现实的制度机制里容纳不了提问、争论、不同意见或所谓歧异性思维。在我们的意识中，教育、科研的各级领导部门的领导都很正确，我们的制度设置都很合理，以至于无懈可击，人人都应该全心全意依靠他们不断加强的管理服务，即使科研的选题、开题、结题等环节，都在管理者的掌握之中。出了被认可的好成果，相关的教师或研究人员，许多时候都会得到官位奖励，而后进入管理层，重复加强着他们自己曾经接受过的管理。但与制度机制相关的问题不是本文讨论的主题，而且世面上已经有了许多研究论文。本文只想讨论答案之二，这就是：我们的教育，太过轻视道德和人格的力量，轻视道德教育，只顾技术、技巧、策略的培训，只顾争名、争利、争气、争光，只看背景、学位、职称、分数、官位的高低，——其后果何止是出不了大师，就连国家最终是否能真正强大，我们中华民族最终能否受到世人真正尊重，中国是否能真正崛起，都还是令人揪心的问题。近年来相继发生"毒奶粉"、"瘦肉精"、"地沟油"、"彩色馒头"等事件，这些恶性的食品安全事件足以表明，诚信的缺失、道德的滑坡已经到了何等严重的地步。笔者看到的一篇文章的题目[7]，就足以警醒我们，只习惯于歌颂伟大成就而不太习惯于反思的社会思维方法和永远唯书、唯上、唯官阶的传统文化心灵，已经到了非常需要重新审视的时候了。一个国家，如果没有国民素质的提高和对美德的追求，绝不可能成为一个真正强大的国家、一个受人尊敬的国家。温家宝总理强调：要在全社会大力加强道德文化建设，形成讲诚信、讲责任、讲良心的强大舆论氛围。这不仅是维护正常生产生活和社会秩序的需要，也有利于从根本上铲除滋生唯利是图、坑蒙拐骗、贪赃枉法等丑恶和腐败行为的土壤。

我们的教育，当然包括大学教育，一定要正视整个社会道德滑坡的现实，包括检查学校自身道德现状每况愈下的情况，包括学术造假、论文抄袭、贪污腐败的情况，特别是道德教育软弱无力，缺乏实效的情况。社会道德滑坡之痛，病因不全在教育，但教育领域包括大学道德教育的软肋，无法担当它为社会服务（包括道德建设）功能的大任，实际上也就是无法真正担当整个国家建设的大任。"大学之道，在明明德，在新民，在止于至善。"这千古名句和经典，今天仍然还是指引我们建设现代大学的真经，和胡锦涛同志"德育为先"的育人原则完全一致，当然也是我们赶上世界科技进步步伐、使大师不断出现的真经。

最后，我想再强调一下，我的学思录的主题思想是，要有先进的、世界一流的科学技术，首先要有人，要有道德的现代人。这是包括高等教育发展在内的整个社会和经济健康、有序、协调、可持续发展的大前提——即，科学发展的最重要的基础。重复一句：我国大学，要非常重视有实效的道德教育。

参考文献

[1] 荀况，《荀子》，上海古籍出版社，1996年，第8—15页。

[2]（美）约翰·布鲁贝克著，郑继伟等译，王承绪校，《高等教育哲学》，浙江教育出版社，1987年版，第112—127页。

[3] 爱因斯坦，《爱因斯坦文集》第3卷，第73页，北京，商务印书馆，1979年版。

[4]（美）约翰·霍姆斯，杰瑞-梅尔著，田倩译，《爱因斯坦的智慧》，华夏出版社，2003年版，第131页。

[5] 朱长超，《人的潜力》，《自然与人》，1996年，第5期，第28页。

[6] 克里尔主编，《哈佛名人教程》，内蒙古人民出版社，1997年版。

[7] 曹林，《沦丧的商业道德让人人相互伤害》，《中国青年报》，2011年4月11日。

本文原载：湖南大学《大学教育科学》2001年第5期，第3—7页

大学教育要明德、向善

摘　要　本文以我们大学忽视道德教育的现实为问题，讨论加强德育的重要意义、紧迫性，以及建议学校可以自主的行动。

关键词　德育为先　明德　向善　八荣八耻。

"大学之道，在明明德，在亲民，在止于至善。"（注：亲民之"亲"，同今日之"新"。本文以下也不分彼此。）这句儒家古老的经典，对我们今天的大学来说，好像是很有针对性，它好像就是指着我们大学的鼻子在说的。中国大学在市场逻辑与官本位体制的双重压力之下，工具主义盛行而科学与人文精神日趋萎缩，特别是明德、修善也就是所谓长善救失的教育要义基本上被挤压近于消失。我们的大学已经蜕化为仅仅做职业培训，甚至与那些只为让学员拿取驾照的驾驶技术培训班没有什么区别。

大学没有了大学之道，只有技术、技巧、谋略的培训，这应当看成是一种教育危机。

道德教育，始终是古往今来的教育名家，包括孔夫子、柏拉图、亚里士多德、洛克、卢梭、夸美纽斯、蒙台梭利、蔡元培、陶行知等都非常重视的问题。与孔夫子一样同为春秋名家的荀况,更有许多为学、为教要重视道德修为的至理名言和对无道缺德的鞭鞑。

如:"以善先人者谓之教,以善和人者谓之顺;以不善先人者谓之谄,以不善和人者谓之谀;是是、非非谓之知,非是、是非谓之愚;伤良曰谗,害良曰贼;是谓是,非谓非曰直,窃货曰盗,匿行曰诈,易言曰诞,趣舍无定谓之无常,保利弃义谓之至贼。"

又如:"志意修则骄富贵矣,道义重则轻王公矣,内省则外物轻矣。"

再如:"体恭敬而心忠信,术礼义而情爱人,横行天下,虽困四夷,人莫不贵;劳苦之事则争先,饶乐之事能礼让,端悫诚信,拘守而详,横行天下,虽困四夷,人莫不任;体倨固而心执诈,术顺墨而精杂污,横行天下,虽达四方,人莫不贱。"[1]

这些都是抑恶、扬善和明德的教育佳句。教育重德、向善,并且持之以恒,世人就会正直、诚信、礼让,世风就会和谐;教育轻德,人间就会有谄、谀、谗、贼、愚、诈、诞、盗等等不良积习蔓延,严重阻碍精神文明的成长,甚至影响社会长远的安宁与稳定。

现时代,面对人们经常忧思的所谓"GDP 上升,国民的道德素质滑坡"的局面,许多有远见、真心忧国忧民的学者,都已经不断提示我们,国民的道德教育问题,必须引起我们的高度重视。中央党校张志明教授曾经写道:反观我们的国民教育,孩子很小的时候就被灌输大量的"道理"。这使他们过早就失去了率真,可到了十八岁也未必懂得一个现代社会公民所必须懂得和遵守的"规矩",就更别提如何对自己的社会行为负责任了。而如果主流社会阶层的国民多是无法对自己政治行为、经济行为、文化行为尤其是个人私生活领域的道德行为负责的人,多是无法对他人、对社会负责的人——,那我们这个社会就是最危险的社会,任何突发事件都可能酿成惨剧。这是最大的国家安全问题,比所谓的政治安全、经济安全、金融安全等要命得多。无论你培养了多少所谓人才,这都是国民教育最大的失败。[2]张教授的文章,可谓已把话说绝。但我还是想强调一下:道德教育的缺失,使我国今天各层教育都处于一个关口:进,可以巩固已有成果,获取真正成功;不进反退,就必然失败。没有对主流社会明德、向善的道德标准的认知,特别是没有养成践行的习惯,社会生活中腐败的潜规则和为小利逆向而动的低向德行,许多时候就会自发地滋生和蔓延。

大学校园,作为国家实施教育的重要组成部分,就应该是道德教育和民族精神张扬的主要基地。在高亢的科技创新和大国崛起声中,在创世界一流和念念不忘诺贝尔奖的激情喷发中,还要冷静深思,我们还需要什么?我们还需要明德,还需要明明德,需要修德、向善的民族精神!从积极的方向来看,这些方面才是能真正长期有效引领我们的科技创新,引领我们创世界一流的基本元素。社会现实,还启发我们可以从反向看,社会缺乏起码的道德元素,就会令我们的生产力和生产资料,包括许许多多的高科技和高智慧,都要没完没了地用到防范之上去:住宅、办公楼的金属栅栏越来越高,越来越坚强;生活区和机关学校、文化场馆的围墙越来越严实;为防范偷盗、抢劫、行路不规范,没完没了的标语和录音提示,多而又多的门卫、保安、协防人员必须在岗;随手乱扔的垃圾、塑料口袋、乱贴的广告、启示,又必须安排许多农民工兄弟来清扫;还有,为反对贪污腐败,惩治偷税漏税、捉拿外逃赃官,会让许多人手忙脚乱。此外,高科技是我们所追求的,许多时候,它甚至就是我们发展、成就的代名词,但防范高科技网络犯罪,防范高科技金融犯罪，防范高科技考试作弊，我们也要付出数不尽的国民财富。据说，我们因论文抄袭、剽窃的复制、粘贴技术的兴起，其产值，每年已超过十亿元之巨。这到底是财富呢还是伪富，或者是负财富？希望经济学家解惑。最近，在我的信箱里还收到一张做高科技手术的广告，他们声称这种手术可以使电表、燃气表、水表等慢走甚至倒走。我们的大学，不会不明白，高科技，其实是一把双刃剑，有崇高的道德驾驭，则可以增利避害；没有道德良知约束，则病害倍增，前景难料。当然，所有这些不完全是道德问题，但究其根本原因还是道德元素缺失。由于这种缺失，我们每个人都在忍受着这样的防范，耐心等待着所谓"转型期间"过后，这种种现象的消失。

与道德教育现状密切相关的，还有学风问题，还有文化问题，包括市场里的文化，也包括学校里的文化教育。不认真研究我们说的先进文化究竟要有哪些特征，不下决心反省，我们究竟要什么样的文化才能提升我们的民族精神，才能找到创新的灵魂，并且把挂在嘴巴上的"创新"变成事实，不认真研究我们的道德素质每况愈下究竟是什么原因引起的，不认真反思传统经典里的那些说教是否真的改善了国民的道德面貌，包括历史上的改变、当代的改变、今天现实的改变等等，特别是是否真的提高了当权者、统治者、文人们的道德实践，只高谈那一堆堆的无法检验的大话、空话、废话，又能传承和创新出什么样的文化？我们真正应该做的，是确认了明德的大前提之后，发动文教战线的知识分子，在迄今人类文化的全视阈中，去鉴别出我们所需要的先进文化、优秀文化，提炼出足以振奋我们民族的进取精神、创新精神、科学精神、人文精神、革命精神的文化或文明纲要的清单，并尽可能加以细化。绝对不应当再人为地设置诸如东方与西方、传统与现代、中国与外国一类的种种文化壁垒。识别和宏扬优秀文化，创造和发展先进文化，都是要花大力气，要经过长周期的、默默无闻的艰苦努力和不断反刍的。灵机一动，轻而易举的就把我们的传统文化认定为对当今和未来都先进的文化，让小孩子都去背诵《三字经》，让学生或学者们都去读《论语》、《孟子》、《幼学琼林》、《春秋》、《易经》，以为这样就能宏扬我们伟大的先进文化，无论从事实上和学理上乃至从逻辑上都说不通！不愿意下功夫去解决一些根本性的问题，只想找近路，取现成果，这实际上是我们今天普遍存在的急功近利但却没有明明德的学风的反映。

又，以本应致力于科学教育与人文教育相结合的通识教育（这个曾经被大言为"通才教育"的）课程系列建设为例，在它的发源地哈佛大学，以其所谓核心课程体系为体现，一批著名的教授学者，花了好多年的时间才推出了一批真正有特色的文理综合的新教材与课程系列，而且，现在还在不断更新。更新，成为了他们通识教育课程建设和教学实践的常态。反观我们，也是绝对的灵机一动、快速反应，一两年内一些学校就立刻办起了所谓通识教育学院，让一年级的学生集中学习通识课程。实际上，是让文科学生，学习原先理、工科一年级学生的数学、物理、化学、生物学；又让理、工科学生学几门原来文科一年级学生学习的历史、政治经济学、文学、哲学、思想史等等。我没有机会做系统的调查，不能说这样的所谓文、理相通毫无教育效果，任何一种教育都会有效果，没有积极效果，也一定会有消极的效果，这也需要进行长周期的实践考验。但我首先不以为然的是，这种投机取巧、急功近利的教育作风会严重感染我们那些受教育的学生，会使我们的学校环境更加缺乏教育气氛。当看到当事的领导、教授，已经在著文自我表扬这种"创新"的时候，已经看到生产出了许多空洞无物的"经验"

的时候，特别是当看到其中有"功"的能人已经因此得到快速提拔、升官的时候，人们的担心尤盛。

由于教育不愿努力于明德和向善，致使社会道德、良知稀缺，我们在口号里所张扬的先进文化也越来越不清晰，反倒是媒体里指点乾坤的帝王、丰功伟业的将相、争风吃醋的贵妃、跪拜王和神的臣民百姓镜头越来越多，对好运、对发财的痴迷追逐，对正义、对是非分辨的冷漠，对先辈们舍生忘死的理想追求越来越淡忘甚至轻视，让人弄不清这个庞大的所谓文化产业，究竟要把我们的灵魂引向何方？学校的文化教育又到底应该有何作为？

在这方面，北大学人的声音，照例引起我的共鸣：如果一方面是经济的高速增长，一方面却是道德失范、社会失信、人文精神失落，是"聪明人"得利，"老实人"吃亏，那么人们的幸福指数就会减少，社会就不可能有真正的稳定与和谐，经济发展也不可能持久。[3]我希望我们的教育领导人、大学校长、老师，不仅仅上思想政治教育课的老师，还有各个学科专业课程的老师，特别还有我们的高教研究专家学者，也都来共鸣一下：你是赞成他的判断，愿意同声呼吁和积极参与改进这种现状呢？还是仅仅同情或怜悯这种担忧，甚至只是取付之一笑的超然态度？

继续笔者积极参与改进的共鸣：在今天，已经为数不多的真正有说服力的正面典型人物，也可以在北大找到，例如，已过世的名人王选。这位前中科院院士、北大方正创始人，在患癌症治疗期间，写了不少文章和发表了一些讲话，对自己的人生进行总结，对国家、对青年人、对自己的科研事业表达了深深的眷恋。他在科学研究上，有许多成绩，一生中获得过国家许多奖励，还有许多有关我们国家科研发展与人才成长的建议。在最后一次领奖时，他说（大意）：

当领奖时，我再一次想起了小学五年级时，我获得过的一个品德优秀学生奖。那是我一生中第一次获奖，也是我永生难忘的一个奖励。我由此感悟人的品德和团队精神在人生中的重要性：要想做好学问，先要学做好人。什么叫好人？季羡林先生说，考虑别人比考虑自己更多就是好人。我觉得还可以再降低一点，考虑别人与考虑自己一样多，就可以算好人。认识自己的不足，懂得依靠团队，千方百计为优秀青年人创造条件，使他们能脱颖而出，是我能获得最高科技奖的原因。

对我们今天的大学教育来说，这些话，真正也是值得深思的金玉良言。这些话，不仅给出了明德、向善好人的非常确切的标准（当然还可以细化，还可以增添），而且可以践行、可以评判，包括他人评判或自我评判。王选先生是一位言行一致的好人，是今天我们真正还不够多的有着科学和实践精神，而且不说空话的道德楷模，但他也已经仙逝，特别令人忧思。

解决本文开始提出的问题，我们今天的高等院校就要正视现实，既要看得见真正的科技问题、世界一流问题的重要和紧迫，看得见在科学技术上、物质财富上我们的差距这些现实，又要看得见眼面前的人，包括进入高等教育现场的大众，包括全体国民，当然包括自己，看得见所有这些人的道德认知特别是道德实践。看我们是否应该本着为国家民族和子孙万代负责的情怀，推动民族道德元素——即我们心目中的明德——的存储，看看我们如何实践教育上的科学发展观：以人为本，德育为先。

我的具体建议是，首先以胡锦涛同志的"八荣八耻"为主要纲领，或许还可以包括其他内容，如王选对好人的定义等，组织一些用心思考过大学道德教育问题的教师，编写一部包含基本道德元素的教材。（其中，特别要注意，只在"提法"上、在大话上、在口号上动脑筋,是绝对没有效果的。)然后,本着"大学之道,在明明德,在新民,在止于至善"的传统经典之教,施教于受教育的人们。教育的方法,主要应该是让学生和老师共同提出问题,联系思想、联系实际、评论校内外道德环境、阅读教材并进行深入的讨论。

在现实条件下,这好像不会是一件很难的具体教学问题,作为道德教育的一项具体实践措施,每个大学应该都是可以行动的。这是一个建设和谐校园、和谐国家的目标和举措,是一个高等教育基于科学发展和可持续发展的举措,也是一个为中华民族真正崛起而奠基的举措。即使有如本文一开始所述的原因,这样做的难度或许会很大,但还是应该迎着困难前进。因为我们都知道,在这个关键问题上,就易避难是非常危险的。[4]

幸运的是,有党的十七大提出"以人为本,德育为先"的指导思想,为我们跨越难关、避开危险的努力提供了保障,我们的大学没有理由不努力培养自己的学生成为明德、向善的新民,并且在他们身上彰显出学校自己成功的特色印记。今天的大学,不能没有文化、科学、技能、技术、策略方面的培训(train),在这些方面进行授业、解惑是非常必要的,但不能因此忽视教育(education)。而教育最显著的内涵,就是传道,就是明明德,就是修善,就是使受教育者养成善良品质,从而获得精神和人格上的升华。不是要他们将来真的去"横行天下",而是要使其有德有才,从容、潇洒地走向世界,而不被世界所轻贱。大国崛起、科技创新、世界一流、诺贝尔奖,大学教育中的这些伟大的目标追求,必须也必然要有这个德育为先的保障。

我们中国今天的大学,就是要立志培养这样才德兼备的新民——能担当现代和谐社会建设的中国公民和中国的世界公民,横扫世界的、但首先是中国的诏、谀、谗、贼、愚、诈、诞、盗。这，应该是她不应推卸的一个明德、向善的教育理想和使命。

参考文献

[1] 荀况，《荀子》，上海古籍出版社，1996年版，第8—15页。

[2] 张志明，《国民教育的缺失是最大的国家安全问题》，《中国青年报》，2007年11月19日。

[3] 郭建宁，《建设文化大国，必先扫除潜规则》，《人民日报》，2009年1月14日，第11版。

[4] 杜作润，《试论我国高等院校目标的调适》，《江苏高教》，2009年，第四期，第36页。

本文原载：广西《高教论坛》，2010年第12期，第3—5页

新一轮院校改革：问题讨论

摘　要　对新一轮大学院校或高等教育改革，本文提出和讨论的问题包括：应该首先回顾或反思我们既往的改革和发展实践，充分利用和开发我们的高等教育研究成果，在现代大学制度建设和大学理想、目标、使命、功能等方面寻求相啮合的结构和机制，以及在教育实践中坚持德育为先的原则思路等。

关键词　新一轮改革　大学制度　教授会　德育为先

一

新一轮的大学改革，必然会以创新的名义，提出、制定许多宏大的发展计划、规划或法规、规章、规定等等。一般说来，这是人们决心进一步发展和前进的激情表达，虽然有人从自我经验中悟出不可能有那么多创新，嘲讽那只是一种"创新"依赖情结的反映。但我却认为，如果真有创新，我们还是应当支持和鼓励的。这里，关键是真的有创新。如果只在打着创新的时髦旗号，变换着与这些规划、规定相关的文字文本，甚至只在发明新的"提法"或借新的文件中的提法做文章，而丝毫不顾及我们的既有实践，丝毫不检查和反思我们曾经有过的情况，这样创新的结果是可想而知的。要使国家教育拨款达到国家预算的某个指标数字之上的创新，党委领导下的校长负责制的创新，建立校务委员会的创新，学校分分合合的创新，建立二级学院的创新，把学系升格为学院的创新，素质教育的创新，民办学校傍名校的创新，高速度跃进大众化的创新，等等，我们能据此豪迈地列数出我们做了许多功不可没的工作，但到今天甚至无人有兴趣去指出它们的创新何在，没有人有兴趣去研究这些创新的理论和实践价值，包括它们带来的问题，没有人愿意用这些创新成果去认真回应对包括高等教育在内的教育越来越不满意的民意。（例如，可以参见《新华每日电讯》2009年3月27日，丁永勋的文章。这只是众多反映我们教育中缺乏科学发展的视角或论著之一。）这，就是笔者想提请大家关注的第一个问题。

　　基于以上的粗浅提问，我的第一个建议是：新一轮改革的领导人和所有参与领导的人，甚至包括尽可能多的实际参与的其他人群，包括必不可少的参与群体——教师，都要确立一种马克思主义的科学态度，都要认真检查、反思我们既往的所有高等教育改革，实事求是地分析它们给我们带来的进步和僵局，实事求是地分析引起进步或僵局的根源。非如此不足以消除人们对以会议代改革、以文件代改革、以领导的重要指示代改革、以舆论宣传代改革的受折腾心态和疲倦感。

　　总而言之，学习胡锦涛在十七大的报告，特别认真学习科学发展观，这是新一轮改革的第一堂必修课；检查、反思我国高教改革的既往情状，则是第二堂必修课。

二

回眸改革开放的三十年，我们确有成就，高等教育研究成果很多，这就是重要成就之一。据我观察，至少看看研究论文的数量，每年就有数万篇，如果再加上数十部大部头的专著，成果之丰盛，可能早已是世界第一。我的第二个问题是：我们的新一轮改革，除了前面所说需要充分利用我们的经验资源而外，是否还应当充分重视应用这些研究成果？因为它们对教育和高等教育的各个方面的问题几乎都有涉及，证明某些方针、政策、理论正确，提出或引介国内外的许多新理论、新方法、新思维、新模式，批评某些机制、认识、惯例、决策有问题甚至全然错误。为了全面深入地改革，全面深入地把握这些成果不仅是应该的，而且是一种机智的讨巧，同时也是对继续发展研究的鼓励和示范。顺便附加的效果，则是用事实来回应人们不时发出的对高等教育研究无用的论文太多、资源太浪费的批评。应当说，过去我们的各级教育领导，包括学校里的校长、书记等，由于成天陷在繁忙的具体事务中，无暇顾及这些理性认识资源的价值，虽然他们之中的不少人还具有中国特色的兼任了教育研究刊物的主编等职务。新一轮改革，首先开始真正重视科学研究，真正建立对科学研究成果的开发、应用机制，我们的教育和高等教育新的发展才有可能真正具有科学发展的底蕴。

所以，我的建议在这里也很明确：新一轮改革还要以我们既有的教育研究的理性思辨成果为一个方面的起始条件，努力将这些科研成果转化为"生产力"，并在真实的需要中，为教育研究和实践的结合，树立一个榜样。当然，如果这些成果的大部分，不幸真的与我们的新一轮改革都对不上号，那说明我们的高等教育科学研究事业本身，也应在改革和坚持科学发展的视野之中。

三

进入改革的实质性问题以后，许多情况让我感到首先是一个制度建设问题。

邓小平同志在总结"文化大革命"的历史教训时指出："领导制度、组织制度问题更具有根本性、全局性、稳定性和长期性。这种制度问题，关系到党和国家是否改变颜色，必须引起全党的高度重视。"[1]从国情来看，制度建设是中国政治转型、经济发展、社会文化教育事业得以持续进步的首要条件。在这些方面，科学发展观必须落实到一种科学的制度之上，而大学的制度建设，是在国家制度建设的框架下的基础建设之一。没有制度这个事实基础，把历史上有过的、国外有过的大学理念或大学使命和功能陈述以及大学现代化的讨论全部搬出来，也只能停留在表面上，只能是一种文学化的激情宣泄。因为无法在我们今天现实的大学制度条件下，使我们经常反复陈述的蔡元培的命题、洪堡的思想、牛曼的理想再现，并且既形似，更神似。这里首先涉及的院校制度建设，或许是从属和表现国家制度建设的一个窗口，但不可能完全类同于企业的制度建设，不可能完全类同于党、政组织和机构的建设。中国政治民主化的基本逻辑内涵应当包括的价值理念、社会行动、治理机制等，[2]作为培养国家建设人才、社会精英和发展科学技术的大学院校，因国家民主化进程的要求，在这些方面，都应当有所表达，有所表现。

反过来看，为了进行制度建设，我们又要弄清：在当今这个时代，我们的教育和高等教育究竟应该有什么样的目的？究竟应该为什么样的大学精神而奋斗？应该为什么样的大学理想而努力？我们大学的学术权力到底有还是没有？如果有，它究竟在哪里？我们的高等教育现代化的使命应该包括哪些方方面面？大学制度和这些论题之间有着无法分割的逻辑因果关系，不可能靠小聪明拍脑袋找到答案，也无法拜托高人以一言九鼎的指示来解答。我认为，这必须通过相关的人群，以百花齐放、百家争鸣的讨论来解答，而且只能循序渐进。这个大讨论本身，就应该是一种常态。它既是新一轮改革的开端，也是一种持久的过程，更应该是新一轮改革的结果。

四

制度建设中，更具实质性的深层问题，那就是党如何领导高等院校的问题。

一般来说，扩大人民民主，保证人民当家做主，是我们这个时代的社会进步主旋律。胡锦涛在十七大的报告里强调：要健全民主制度，丰富民主形式，拓宽民主渠道，依法实行民主选举、民主决策、民主管理、民主监督，保障人民的知情权、参与权、监督权。

具体到高等院校，这里的人民，其主体是教授、教师，还有其他的包括学生在内的知识人，是在为发展国家科学事业、培养社会各行各业所需要之人才的人民，是在探索未知世界、追寻人性完美和谐的人民，是在发展、创造、传播先进思想和先进文化的人民，是需要理想、需要精神、需要沉思、需要钻研、需要创造、需要宁静环境的人民。这里人民的与众不同的目标追求和生存方式，决定了他们更需要民主，更需要当家做主。但现实的情况是几乎校内的所有重要事务，都由上级或党委决定，可以说还是绝对领导。选举，包括党内选举，包括校、院、系班子的选举，都是党委提名、定候选人名单；书记、校长等，基本上也都是"空投"或"天降"，这里的主体们，基本上没有发言或评论的机会；决策，包括上大项目、评先进、树典型、订规划、报成绩，也基本上由党委拍板定调；管理或监督，主体们更是只能仰望、敬畏、服从，效能低，潜规则多，无法进入角色。尽管在一所具体的学校里，可能有管理学院或法学学院，有许多相关专业领域的闻名于世的教授、专家，但面对自己的学校、自己学校的事业，他们始终只能是被动的被管理者或被监督者。尽管许多书记或校长是挂了名的教授、博导，但他们深入到教学、科研第一线的很少、很少，与第一线的教师共话的更少。领导人高人一等的官员化人格自我定位，害怕大权旁落的观念定位，害怕驾驭思想之缰绳失控，是高等院校民主氛围淡薄甚至不及一些偏远乡镇的重要原因之一。大学制度建设，党对学校的政治领导，推进学术民主、学说自由和科学发展，赶超世界一流，必须从这里的制度创新开始。现代民主所包含的社会治理机制，在高等院校都无法实现，这特别值得讨论和深思。

总之，不断加强的所谓"科层化"的领导和管理，包括不断扩大的两套领导班子队伍，不断增设的部门、机构和党政官员，使我们的大学院校，越来越像是一级庞大的政府办事机关，下级服从上级，被领导服从领导，几乎是一切事情运转的铁定规则。改革开放以来的历次教育改革创新，也基本上是从教育外部的行政推动、政治领导开始的，基本上没有教育内在的"民意"反映。基于此，有人认为中国的教育，其症结已不在教育本身而在社会的结构与体制。（见《南方日报》2009年11月27日的文章）在学校和教育内部，固守这样的环境，是完全与教育、科研所要求的环境不相适应的，至少，从效率的要求看，新一轮的改革，真的要改出新意，就很难绕过这道关口。

这里，我也只能是提出这样一个问题，至于如何改革，如何跨出这道关口，我还希望请教行家里手。甚至这是否是一个真问题，我也真诚的希望同道朋友批评、指教。

五

与上面一点相关联的一个具体问题是，教授、教师实质性地参与管理问题，包括实质性地参与教育、教学改革的问题。

教授、教师参与校、院、系或学科、专业的管理，从理念的层面看，如前所述，这就是我们长期梦寐以求的民主管理的理念在高等院校的一种反映；从思想的角度看，这也是我们长期强调的要调动知识分子积极性，让他们在教学、科研中更加主动、积极，承担更多的责任的党的指导思想的体现；从方法的角度看，也许还可以创造别的参与方法，但以教授和教师为主要组成人员的校务委员会、教授会的组织形式和职能规定，在世界许多国家的高等院校中，都有成熟的先例，应该不会有什么意识形态或社会制度的壁垒障碍，可以现成试用，或经过深思熟虑的改造后试用。新一轮的改革，需要在这方面有实质性的开始。其中的许多细节，包括组成人员的遴选，运作的程序与规则，责权覆盖的方方面面，还包括监督和罢免等等，可以进行进一步的调查研究，笔者的拙文[3]，可能会对这个研究有参考价值，但为避免赘冗，不复引述。

六

本文不打算探讨很多教学、科研中更微观的改革问题，但其中有一个重要问题我以为应该在这里稍加探讨，这就是道德教育的问题。

在新一轮的高等院校改革过程中，我们既要看得见真正的科技问题、世界一流问题的重要和紧迫，看得见在科学技术上、物质财富上我们与国外的差距这些现实，又要看得见眼前的人，包括大众化场景下，进入高等教育现场的大众，包括全体国民，包括教育的指导者或当政者，当然包括推动改革举大旗的人自己，看看所有这些人的道德认知特别是道德实践，看看我们这些人的教育素质，看看我们是否应该本着为国家民族和子孙万代负责的情怀，推动全民族的道德建设，看我们如何真正践行胡锦涛同志在十七大报告中所提出的"以人为本，德育为先"的这一发展教育的非常正确而适时的教育原则。

我的具体建议是，首先以胡锦涛同志的"八荣八耻"为主要元素，或许还可以有所增加，组织一些教师，编写一部包含基本道德文明元素的教材。（其中，特别要注意，经验已经表明，只在"提法"上、在大话上、在口号上动脑筋，是绝对没有效果的。）然后，本着"大学之道，在明明德，在新民，在止于至善"的传统经典之教，施教于受教育的人们。必要时，还可以诉诸立法。[4] 我们要以高等院校的德育为先的文明样本，去引领全社会，把"迎奥运，讲文明"和"迎世博，树新风"的演示性口号，变成全社会恒久的讲文明、树新风行动或规范。在现实条件下，这是一个建设和谐校园、和谐国家的奠基性目标和举措，是一个高等教育基于科学发展和可持续发展的改革举措，也是一个为中华民族真正崛起而奠基的举措。我知道，这样做的难度是很大的，但我同样知道，就易避难是非常危险的。我深信，如果我们以诺贝尔奖为一个具体目标，它将可能在任何一层高等院校的校友或学人中出现，并且它更可能光顾那些基本道德素养更高的学人。

现代国家的进步和成长，归根到底就是在制度、科技、道德这三个主要方面的进步和成长，我们必须在这些方面有真正不断的创新和发展。高等教育在其中负有重任，应该有精彩的表现，但高亢的"崛起"之声，无法代替脚踏实地的奋斗。新一轮的改革，应该而且可以有力地推动和促成这种奋斗。

参考文献

[1] 邓小平,《邓小平文选》(第二卷),人民出版社,1994年,第333页。

[2] 林尚立等,《政治建设与国家成长》,中国大百科全书出版社,2008年,第61—68页。

[3] 杜作润,《国外高校内部的民主管理——特征、案例及启示》,《北京大学教育评论》,2004年第1期。

[4] 杜作润,《试论我国高等院校目标的调适》,《江苏高教》,2009年第4期,第34—36页。

本文原载:《复旦教育论坛》,2010年第1期,第5—7页、第15页

大众化时代的大学之道

摘　要　大众化时代的大学,要培养学生的社会责任感和理想人格,要培养他们的科学素养和科学精神,还要培养学生担当学习社会的建设、担当社会先进文化建设的能力和责任意识,等等。

关键词　大众化,理想人格,科学精神,学习社会

"大学之道,在明明德,在亲民,在止于至善。"这句经典,已经被我们反复吟颂、诠释了两千多年。直至今天,在我们的高教研究的文论之中,经常还会看到以"大学之道"为题的论著问世。还有许多论著,虽无"大学之道"在题目中显现,但内容涉及制度、管理、科研、教学等方方面面的论题,却是道中高论不少。今年3月14日《文汇报》的一篇文章,就直接讨论了全球化时代的大学之道问题。这是一篇很有个性、很深沉、也很有穿透力的近期佳作。[1]以高等教育大众化情景下的大学之道为主旨的思考,虽然早就在笔者的脑子中反复翻腾了好久,但还是只有拜读了这篇佳作,受到启发和激励,才最终决定动笔。

其实，在1994年出版《世界著名大学概览》时，其前言，我就是用了"大学之道"的标题，所以现在这里的拙稿，应该是当年的续篇，当然首先应该是我对自己认知的改进，因为当年我们还没有认真思考过高等教育大众化的论题。现在我国已经高歌猛进实现了大众化，这个时势，推动了我的学习和思考，而且客观的现实，让我感到有一种紧迫感。

关于高等教育大众化概念的原初数量界定，已为我们的高教同行熟知，不复冗述，容我直接进入主题，且仅从教育、培养人的这一侧面，分数"道"刍议如下。

道之一：要培养学生的社会责任感

大学服务社会，这是公认的现代大学重要功能之一。通常人们对此喜欢作直接服务和间接服务的区分，笔者认为，教育特别是培养学生的社会责任感的教育，应该是间接服务的重要内容之一。在大众化时代，学生当然还应该学有专攻，学有所成。为此，学校要杜绝混文凭、混资历，要让这些进场的大众掌握真知识、真本事，进入社会后能凭这些真功夫去参与社会生活：或投身工农实业，或经商挣钱，或从政做官，或做学问、搞科研等等，但是，更重要的是要非常重视培养他们的社会责任感，勇于担当社会进退之责，勇于担当民族兴衰之责，勇于担当国家强弱之责。要让他们知道，财富、官位、科研成果等有形的东西，只是社会责任的一种载体，只有这些具体的追求向社会责任的理念升华，它们才真正值得拥有。因为，"不能让荣誉、财富、权力，也不能让诗歌诱使我们漫不经心地对待正义和一切美德。"[2]

大众化时代的大学，必须明确的要求和培养学生向善的意识，把责任感建立在向善意识之上，并努力争取达到"至善"。大学的至善境界，主要通过自己的学生去达到。

至此，我希望大学同仁们指正我的一点忧思：今天的社会现实，包括新一轮的金融危机，好像已经从一个侧面提示我们，只有高超的谋略或技术，能挣得金钱、官位、论文、职称、科技成果等有形的东西而没有社会责任感，这样的大众越多，社会将会越加逼近危险的边缘。这样的高等教育大众化是不是值得追求，好像还是一个问题。

道之二：要培养学生的理想人格

进一步说，社会本身就是一个由人组成的可以有着千姿百态表现样式的群体。一个越是和谐有序的社会，就越能够让她的社会成员发挥自己的特长和魅力，所以大众化的高等教育，应当培养进场的大众，使之充分提升自己的特长和魅力，为了摆脱平庸，为了对我们和谐有序的社会增加推力，知道自己经过努力可以达到的正确目标，不随波逐流，不人云亦云，不勉为其难，更不轻易放弃，一句话，要有自己理想的人格定位，并且为之奋斗到底。我还不太有把握能弄懂杨玉良先生提倡的理想主义情怀，[3]但很欣赏先生用实例证明的、理想的巨大激励意义：

1960年，有学者对哈佛大学1520名学生做了一次调查，其中有一个关于学习动机的题目，问的是：你到哈佛学习是为了赚钱，还是为了理想？结果有1245人选择"为了赚钱"，275人则选择"为了理想"。20年后，人们对这1520名学生又进行了跟踪调查，结果让人大吃一惊：当年的这些学生中，有101人已成为百万富翁，而其中100人当年的选择就是"为了理想"。

哈佛学生特有的高成功率，也许今天我们许多大学毕业的大众难以达到，但我相信，主要应该是他们有志、有理想。是理想的人格定位,让这些人成为富翁;理想的人格定位,还可能让另外的一些人成为政治家、科学家、发明家、文学家,成为有真才实学的学者,成为各行各业让人虔诚敬仰的楷模、思考和行动着的劳动者、精神领袖。

我深信,大众化时代,我们大学里培养出来的大众,并不注定就该平庸,但他们必须首先要有理想的人格定位,当然还需要为之努力奋斗。

道之三:要培育科学素养、科学精神

科学研究功能,向来为同行朋友认定是现代大学的主要功能之一,它们据此而负有发展科学技术的使命。大众化时代,不可能会对每所大学都提出这方面的要求,但科学技术是我们这个时代社会生活的重要组成部分。

从普及的意义上说,一般的大众就需要越来越广泛的科学知识,高等教育中的大众更需要有更深厚的科学素养,他们还是至少应该理解科学的意义和价值,理解达到科学的一些手段和方法。否则,他们就难以理解、认识日常社会和生活中的许多问题。即以今天的中国社会而论,他们就会难以理解我们党提出并实践的科学发展观,有的人甚至会坠入迷信或邪教的骗局之中。

从提高的意义上说,部分学校,还应当倡导、培养为科学而科学、为知识而追求的忘我精神。我以为,在这高等教育的大众化时代,科学、知识这些东西本身,仍旧可以是目的,甚至可以为之献身,布鲁诺、哥白尼、伽利略、开普勒的精神,仍旧应该大力宏扬。我们今天从事科学研究,其过程可能不会像这些先人那样悲壮,但无形和有形、自身和外在的障碍还有很多,这是我们国家今天的科学水平还不够高,原创性的、具有大规模普及意义的技术成果还太少的原因之一。人们自我嘲笑说:"过去是帝国主义的飞机大炮攻打我们,今天是他们的三电(电脑、电视机、电话机)奴役我们。"这样的笑话让人笑不出,最多也只是苦笑。大众化时代仍旧在发展的精英高等教育部分,要培养这些进场的大众认识客观世界、追求科学知识与真理的兴趣,特别要抚慰和培育我们这个民族科学精神的成长。[4]这可能是突破障碍的关键,也是中国崛起的关键。我们曾经高亢激扬过的"教育兴邦",可以进行多角度的阐释,发达的世界表明,最不应该忽略的一个角度,就是科学精神的培育。

再进一步,从公认的现代大学具有的科学研究功能出发,大学具有公认的学术性,它肩负发展科学、探索真理的使命。对这些未知目标,不可能预先设定界线,不可能由法规仲裁,更不可能依赖领导或高人的指示,只能靠沉思、讨论、辩论来获得正确的结果。一句话,就是需要自由争鸣。这是追求科学真理的主要武器,归根到底,也是创新、强国强民的主要武器。就像国家需要有政府、有军队,政党需要有领袖,战士需要有枪,交通工具需要有发动机一样。在高等教育大众化时代,虽然不必要求每所大学都强化科学研究功能,但应该要让这些进场的大众,懂得学术自由争鸣对于科学研究的意义、价值和重要性。这是国家发展和社会进步的精神资源之一,也是重要软实力之一。国家永远都要发展,社会永远都要进步,理解与尊崇学术自由争鸣的大众越多,这样的发展与进步就越有保证,越能持续。大众化时代的大学,更加要引导学生尊崇学术的自由争鸣。

道之四:要担当学习社会的建设

许多高教研究同行,大约都还记得,改革开放之初,我们都有一种紧迫感：世界科技发展太快，成果总量几年就翻一番；人类知识的总量也越来越多，积累得快要爆炸了。有鉴于此，早在上世纪七十年代初，联合国教科文组织就提醒我们：教育正在越出历史悠久的传统教育所规定的界限。它正在逐渐从时间上和空间上扩展到它的真正领域——整个人的各个方面。由于这些方面过于广泛而复杂，以至于无法包括在任何体系之内，如果体系是指的一种静止的、无进展的东西的话。未来的学校，教学活动必然让位于学习活动，学校必须把教育的对象变成自己教育自己的主体，受教育的人必须成为教育他自己的人；别人的教育必须成为这个人自己的教育。这种个人同他自己关系的转变，是今后几十年内科学与技术革命中教育所面临的困难问题之一。[5]我们每个人都要抓紧学习，要紧跟世界发展和变革的形势，要为建立学习社会而努力。大众化时代的大学，要真正对社会、对自己的学生负责，必然要担当责任，让他们认真、自觉地走上这条自学之路，让他们学会学习，并由此对社会更广大的大众产生示范性影响。这是我们的大学，为适应社会科技快速发展的、最具挑战性、最艰难、但是最必要的选择。大众化时代，社会好学之风的养成，大学有无法推卸的责任。

　　这里，写一些小见闻：我曾经在一所英国大学博物馆陈列室的墙壁上，看到他们贴了许多教育名家的语录，包括我国韩愈的"传道、授业、解惑"的教师定义。其中，我还看到一位教育家的语录是："A learning mother, a best school."大意是：一位好学的母亲，就是一所最好的学校。我不禁联想到在国内看到过的，在"母亲"们麻将声噼啪的方桌旁，一位小朋友坐在小凳子上愁眉苦脸地做功课的情景。不过，许多朋友看到更多的，可能还是小朋友在做功课，"母亲"们却在玩"三电"的不太和谐的双休日。这算不算一个问题，有没有让致力于学习社会建设的大学思索和介入的空间，也希望致力于大众化的同道朋友对我传道与解惑。

还可以讨论一个具体问题，大众化时代的大学，如何对待老年教育的问题。目前，许多国家的大学都已经向老年人开放，许多有志于学习、钻研科技、文化的老人，已经进入传统大学的课堂，与年轻人同堂听课、相互切磋，有的老人甚至攻克自己选定的科目和课题，并最终走上学位授与典礼的礼堂。包括像哈佛、伦敦大学等这样的世界著名大学，都早已开了这样的先河。已经进入老龄化社会的中国，我们的大学，至少也应该本着和谐社会建设及人文关怀的精神，审视自己的态度。这应当成为对待学习社会建设的一面反光镜。更何况，老年大众走进课堂，还可以提升我们的"毛入学率"。要进一步扩展我们的视野，还可以参考几年前我看到过的一段论述：我国有100多万所各类学校，其中正规的大学院校有2千多所，如果每所学校都能主动参与社区教育，农村教育，老年教育，为学习型社会提供部分智力资源，一定能加快推进学习化社会的进程。

高等教育大众化，我认为也应该是学习精神大众化，好学习惯的大众化。

道之五：要用先进文化养成文明人

广义的文化，是经过人类手和脑作用过的精神财富和物质财富的总和。狭义的文化，或我们通常所说的文化，主要指的是其中的精神财富，是一种社会意识形态。文化的发展和社会本身的发展同样有着密切的关系，一种文化就是联结它所在社会各个组成部分的纽带，是维系这一社会存在和发展的强大而无形的力量。文化又是国家、民族和人民生存、发展的一面镜子，它映照着他们的精神境界、思想道德面貌和文明程度。反映到一个具体的人、一个公民身上，当然包括反映到受过大学教育的大众身上，表现为：他如何对待自己，又如何对待别人，以及如何对待自己所处的自然环境等。在一个文化底蕴深厚、进步的社会里，这样的大众，懂得自尊，即使独处时也不苟且、有品位；和人相处时，他懂得尊重他人，不自觉得高人一等，能谦让，有风度；他很懂得爱护环境，不掠夺，有保持世代存续和发展的意念与智慧。这样有品位、有风度、有智慧的大众，不只是关心个人的福、禄、寿、喜，他们心中还有他人，还有社会，还有国家民族的前途和命运。

　　大众化时代的大学，可以根据学生的自主选择，通过各种技巧性、技术性、艺术含量较高的文化技能的学习，让他们领略艺术的情趣。但更重要的是，还应当通过自然科学课程、环境科学课程和文学、历史、哲学、社会学、文化论、人口学、美学等普通人文课程的教育，启发和引导他们思考、研讨文化或文明社会的发展在时空上是如何展开的，使这些大众更多、更高、更深地了解和认识客观世界和主观世界运动、变迁的规律，使他们心中的世界更宽、更大，使他们更具辩证唯物主义和历史唯物主义的智慧头脑，能站在较高的高度，审视现实社会文化生活中的各种现象，识别其中进步或先进的成分、落后乃至腐朽的成分等等。使他们有能力对文化生活包括新闻媒体中的不健康的文化因素，进行识别和批评，成为自觉维护、追求先进文化，拒绝、抵制腐朽文化的新时代的大众。

　　以上笔者学习、思考过的各"道"，前面已经交待过，仅仅是讨论教育、培养人的目标或使命，即便如此，也很难自命为当今大众化时代大学此道的全部。这其实是坐而论道的学习、讨论，肯定肤浅、粗疏之处很多，真诚希望同道朋友批评、赐教，我保证会继续努力学习。

参考文献

[1] 陈平原,《全球化时代的大学之道》,《文汇报》,2009年3月14日第8版。

[2](古希腊)柏拉图著,郭斌和等译,《理想国》,商务印书馆出版,1985年,第408页。

[3] 杨玉良,《大学使命与大学生责任》,中国人民大学报刊复印资料《高等教育》,2009年第7期,第17—20页。

[4] 杜作润,《试论我国高等院校目标的调适》,《江苏高教》2009年第四期,第34—36页。

[5] 联合国教科文组织教育丛书,华东师范大学比较教育研究所译,《学会生存——教育世界的今天和明天》,教育科学出版社,1996年版,第200页。

本文原载:《大学教育科学》(湖南大学),2009年第6期,第11—14页

试论我国高等院校目标的调适

摘 要 我国已经快速进入了高等教育大众化时代。这是一件好事,但需要对高等院校的目标进行调适,以便今后的发展更科学、更可持续。为此,本文提出五个方面的建议。

关键词 大众化高等教育,目标调适,知识,德育第一

高等教育大众化,最通俗也是最具实质性的涵义,是让很多在精英高等教育时代可能无法进入高等院校的学生,有了入门的机会。美国人马丁·特罗 1973 年首先使用了这个词语并用两个比例数来加以标识,即谓:一个国家的高等教育毛入学率低于 15%,这个高等教育系统就是精英型的;毛入学率高于 15% 而低于 50%,这个系统就是大众型的;再高,如果超过 50%,这个高等教育系统就是普及型的了。这不是什么理论,但可把其看成是对当时美国等一些国家高等教育发展态势的一种主观陈述。有的学人用了许多中、外比较的数字,说明我国自 1998 年以来的八九年间,在高校人数方面每年的递增量远远超过了国外相近时段的增量,且高等教

育的毛入学率已超过第一个比例数字，达到22%以上。我国高等教育已经大踏步进入了大众化阶段。这种超速发展被批评为"新的大跃进"。我也不太赞成这种超高速的发展，因为它不太科学，当然也不可能持续发展。

不过从另一方面看，我国高等教育的人数规模与13亿多的总人口相比，仍旧还是一个发展中国家的态势。单单看规模，说我们是世界第一，意义不大，不值得自己过分夸耀，但规模扩大的客观效果同样也是大大加快了人民大众科学文化水平的提高，满足了一大部分人接受高等教育的需求，加快了社会发展的进程。这是件大好事。笔者的认识是，有那么几年跃进不可怕，甚至也可以说有这么几年的规模扩展是好事，但要冷静下来再往前走，要反思而不要沾沾自喜，我们离世界第一还有很多的路程。如果后面的路走得好，这同样可以成为一个很好的起点。本文所谓的目标调适，就在试图寻找这样的路。

在一本英国人写的书中，对高等教育、大学以及一些与之相关的词语如使命、目的、目标、教学、研究等，通过使用举例，进行了解释。[1]笔者编写的《高等教育学》，也曾粗浅地辨析过其中的某些概念。我们不约而同地认为，相对于目的的抽象性而言，讨论院校的目标可以更具体更具有实证性。所以本文讨论大众化背景下我国高等院校目标调适问题，也是避难就易的一种选择。

这其中，我们首先应该确立这样的认识：一个国家的高等院校，应该是分层（或分类）的。限于篇幅，本文对此不拟再议，只简单地指出：粗看起来，我国高等院校也是分层（或分类）的，但这些年来，在火热的大众化浪潮中，出现了一些不太科学的发展趋势，即如有文[2]所指出的："类型定位重学轻术，层次定位层层攀高，学科定位综合求全，目标定位世界一流，规模定位贪大恶小,面向定位好高骛远。"笔者基本赞成该文作者从政府政策制定与管理策略角度,对纠正这种不良发展趋势的分析和献言。本文所论目标调适,在某种意义上也可以说是从院校自身的角度,对其分析献言的呼应和补充,拟讨论五个方面。

一、专科层次的院校要明确把目标定位在知识的传播和应用上

根据我的了解,在美国著名教育家、卡内基教学促进基金会前主席欧内斯特·波耶尔(Ernest L. Boyer)的观念中,知识的传播与应用也是学术活动,与知识的综合、发现及创造一样。[3]追求这样的目标,正是在守护和执行高等院校的使命。由于这个层次的院校面向的大众多,需求的市场大,特别是在我国目前的发展阶段,这是一个不可轻视的层次,当然也是一个需要创造精神的高等教育领域。

例如,我国的传统制造业和工场手工业在国民生产总值中还占有很大的比重,需要许许多多在第一线实施操作的熟练工人。不可能设想他们都精于高科技,就像我们若干年前畅想的那样,但他们必须熟悉许多基本知识和基本原理。我们很容易设想,对于机器运转的某些操作,只知其然的操作者与既知其然又知其所以然的操作者,两者的效果可能是不一样的,特别是在安全保证、产品质量、效率改进、工艺流程及产品创新方面可能是很不一样的。从职业的角度看,我们的这个层次的教育目标,就在培养既知其然又知其所以然的应用型人才。既然知识的应用也是一种学术,我们就千万不能轻视。高等教育精英时代就不应轻视,大众化时代更不可轻视。又例如农业现代化是我国发展的一个重要乃至十分紧迫的课题。我们很难设想,如果没有接受过普通生物学、土壤学、灌溉、保墒等学科知识培训,那些从事农业生产的农民,如何推进我国的农业现代化?没有一定的人文、社会科学及其他自然科学素养,他们又用

什么文化资本去进行新农村建设？我国有八亿以上的农村人口，中央提出了"三农"问题，我们的高等院校首先在这个层次上，应该有非常积极的响应。

这里，要培养人们对文化知识、对科学技术的追求甚至痴迷。但迷恋科学，并不一定要视科学仅仅为思辨问题，而且也可以是解决实际问题的工具。发明家爱迪生、兰德，实业家盖茨，都可以成为我们的样板。

二、本科层次的院校应把目标定位在传授与综合知识上，但也不能轻视必要的技能培训

高等教育大众化，不言而喻，许多加入其中的大众即学生，都是满怀希望来学习各种知识的。本科院校要准备充分多的、尽可能适应时代或超前的、尽可能经久耐用的知识，以满足这些大众的基本需要。首先要使自己是一个知识的大超市，然后通过各种途径传授给学生。知识超市，就是本科大学目标定位的简化说法。

为此目标，当然要依靠继承、检索库存，把已有的专业、课程，按学生新的发展需要传授给他们。这可能没有多少话可说，因为我们为此已经忙碌了许多世代。需要强调或开拓的，可能至少在这样两个方面：一是要在我们传授的知识体系中，增加新的存量，即要研究已经被人们发现的新知识、新技术和新的文化形态，相关院校应该认真加以发现、总结、综合、提炼，使之成为可传授的形式，以便应对这些求知求识者，这应该就是一种对可传授知识的创新；二是要探讨各种知识之间的联系，以便让它们成为活的知识，能更有效地服务于活生生的人和社会生活，包括物质的和精神的生活。

这层大学的学生，将以其知识优势，再辅之以某些动手能力或研究能力的训练，可以成为大众化时代承上启下的"通才"。

三、研究型大学还将义不容辞地承担研究功能，为社会科技文化的创新，为国家民族的成长作贡献；为创建中国的世界一流大学而奋斗

没有例外，这里仍旧是处理知识的问题。他们除了传授与综合知识之外，在对知识的理解、发现和创新方面，还要为那些未来可能真的成为大家、文人的学生，准备充足的课题、充足的学科带头人、充分的研究条件。虽然有一种所谓的"研究漂移"现象存在，但在传统和现实条件下，我们的这些处于高端的大学，多半不会受到影响，甚至可能还会从中受益，他们更应该在高端人才培养和学说（学术）的高端，有突出的表现。

这里，还可以具体说几点。

首先，建议这些有志向的大学，要找准攻坚的目标，知难而上，而不要只做急功近利的事情。不愿意在这方面花力气的大学，不可能成为世界一流大学。

其次，在这里的高端，不要怕"重科研、轻教学"，要创造吸引力，把那些确有心得的人，包括青年教师、研究生，吸引到科学研究中来，让他们成为国家攀登世界科技高峰的先锋队。这些院校要特别留心校内外的动向，注意发现和观察那些喜欢专注于某些现象或事物的偏才、怪才，支持他们与众不同的思维方法和认知积累，必要时，将之纳入我们的科学研究之中。

第三，倡导和培养过去被批评过的为科学而科学、为知识而知识的忘我精神。人们在呼唤这些精神时，总会检讨我们的传统文化中缺乏西方自古希腊以来养成的求真求实的向学风气。布鲁诺、哥白尼、伽利略、开普勒都是我们知道的代表。首要的是用他们的精神来鞭策我们。在这高等教育大众化时代，科学、知识本身仍旧可以是目的，而不仅仅是达到其它种种目的的手段。仍旧在发展着的

精英高等教育部分，特别要抚慰和培养这种精神的成长。

还有一个需要讨论的问题，即外部条件的问题。在我们的时代，阻碍潜心追求科学的，至少有两个因素：一是评奖太多，二是安排学者当官太多。这些太多，可以造就一些二流、三流的科学技术，却同时可能消解世界一流科学巨匠的产生。这是双刃剑，在目标调适中，需要大学及社会共同反思和治理。

四、强化道德基本元素教育

这是因为在我们的整个教育系统中，特别是在实践上并没有给予严格意义的道德教育以明显的位置。我们时代的大学，在自己的目标中要特别加以正视。

我以为，在今天的条件下，无论是哪一层的大学校园，作为国家实施教育的重要组成部分，也仍然是道德教育和民族精神张扬的主要讲坛。社会缺乏起码的道德元素，就会令我们的生产力和生产资料，包括许许多多的高科技和高智慧，都要没完没了地用到防范之上去：住宅、办公楼的金属栅栏越来越高，越来越坚固；生活区和机关学校、文化场馆的围墙越来越严实；防范高科技网络犯罪，防范高科技金融犯罪，防范高科技考试作弊，我们也要付出数不尽的国民收入。当然，所有这些不完全是道德问题，但究其根本原因还是道德元素缺失。由于这种缺失，我们每个人都在忍受着这样的防范，而且看不到尽头。由于这种确失，我们在口号里所张扬的先进文化也越来越不清晰，反倒是媒体里指点乾坤的帝王、丰功伟业的将相、争风吃醋的贵妃、跪拜王和神的臣民百姓等越来越多，对好运、对发财的痴迷追逐，对正义、对是非分辨的冷漠，对先辈们舍死忘生的理想追求越来越淡忘甚至轻视。最近，有位北大教授沉痛地指出：如果一方面是经济的高速增长，一方面却是道德失范、社会失信、人文精神失落,是"聪明人"得利、老实人吃亏,那么人们的幸福指数就会减少,社会就不可能有真正的稳定与和谐,经济发展也不可能持久。[4]

我以为,我们今天的大学要正视现实,既看得见科技问题、世界一流大学问题的重要和紧迫,看得见在科学技术上、物质财富上我们的差距这些现实,又要看得见眼面前的人,包括进入高等教育现场的大众,包括全体国民,当然包括自己,看看所有这些人的道德认知特别是道德实践。看我们是否应该本着为国家民族和子孙万代负责的情怀,推动民族道德元素的存储,看看是否可以明确而响亮地提出:德育第一(但请注意,不是政治思想教育第一。对后者,我也愿意另文讨论)。

我的具体建议是:首先以胡锦涛同志的"八荣八耻"为主要纲领,组织一些教师编写一部包含基本道德元素的教材(但若只在"提法"上、在大话上、在口号上动脑筋,是绝对没有效果的)。然后,本着"大学之道,在明明德,在新民,在止于至善"的传统经典之教,施教于受教育者。必要时,还可以立法。

我相信,在现实条件下,这是一个建设和谐校园、和谐国家的目标和举措,是一个高等教育基于教育科学和可持续发展的举措,也是一个为中华民族真正崛起而奠基的举措。这样做的难度是很大的,但就易避难是非常危险的。

在德育第一的目标之下,我们还可以学习国外的一些好经验,如"服务学习"、"义工学分"等。

五、各层院校之间,其办学目标虽然有所侧重,但建制上的分割,不应该影响学生的自由发挥,可以作向上或向下流动

在学生未来的职业生涯中,必然有流动。在其接受学校教育

时，就应该保证有一定的流动性，以保证那些可贵的兴趣或特长不至于被埋没。在这一层意义上就可以说，大众化时代的高等教育系统，仍旧是综合的。为此要有一些配套的流动规则，以适应特殊的甚至可能是杰出人才的成长。事实上，我们所认识的职业或学科教育，它们与道德教育在一定意义上说也是关联的甚至是相通的。爱因斯坦就是一位品德高尚的人，他和希特勒的法西斯主义决裂的大义行动，他的相关著作中的许多论述，都能表达他的道德智慧。前面提到过的那些天文学家、数学家，甚至愿意为科学而殉葬。此外，我们所认识的科学技术的微观与宏观也常常是相互关联的。例如，月球正在离我们远去的大尺度太空科学，却从南太平洋海底的一种贝壳上找到印证。所有这些，都应该在我们的大学教育目标的设计和调适中加以考虑。我特别深信，如果我们以诺贝尔奖为一个具体目标，它将可能在任何一层高等院校中出现，并且它更可能光顾那些基本道德素养更高的学人。

参考文献

[1] Michael Allen, THE GOALS OF UNVERSITIES pp8, The Society for Research into Higher Education and Open University, Press 1988.

[2] 余桂红，《透析高校定位》，《江苏高教》，2008年第1期。

[3] 杜作润等，《大学论》，四川教育出版社，2000年，第302—304页。

[4] 郭建宁，《建设文化大国 必先扫除潜规则》，《人民日报》，2009年1月14日，第11版。

本文原载《江苏高教》2009年第四期，第34—36页

漫话教育反思与反思教育

摘　要　本文以举例的方式,讨论教育活动中应该经常进行反思的问题。它不是反对向前看,而是建议有时我们也要向后看,看我们的不足,看我们的失察,看我们应该如何改进我们的不足。这应该是我们教育创新的一种思辨方法。

关键词　错误　反思　德育　众化

中国古代经典《学记》有这样的文句:"学然后知不足,教然后知困。知不足然后能自反也,知困然后能自强也。"儒家贤人曾参在讲自己修身养性时,也说每天都要反思自己,即"吾日三省吾身"之谓也。孔夫子则进一步要求,若反思出问题,就应该改正,即谓"过而不改,是谓过矣"。这些非常传统的说教,今天看起来仍然很精彩。在继承优秀传统文化的思辨讨论中,它们也应该是一个话题。当然,这里可以想象它们只涉及学、教、言行举止修养等问题的细节。但我以为用这些思想,来审思、促进甚至改革我们整个教育或教育活动的各个环节、各个方面,也很有意义。这就是本文提炼的教育反思和反思教育的主题。

其实，可以不必忙着先去讨论那些重大的论题，只要留心一下生活中一些我们习以为常的与教育相关的事，或许就可以看到许多启发我们反思的事例。有些事例甚至还被报章所刊登和传播，为我们的讨论提供了方便。

例如，对待错误，人们总是采取各种各样的办法要避开的。绝大多数人也不愿意多提自己的错误，有时甚至对自己的错误进行粉饰。在教育中，我们绝不可能鼓动受教育者去犯错误，学生犯了错误许多时候会受到批评甚至处罚，更多的时候是自责。教育活动中，我们有各种各样的奖，奖励好记录、好成绩、成就和成功，但就是不会有犯错误记录或成绩差记录的奖。这些都是正向的或正常的教育思维方法。事情的另一个方面是：凡人都少不了要犯错误。更进一步，有人甚至把错误记录当成一种教育资源，借其进行自我教育。错误，在这里成为了一种另类的教育因素，一种可以"变废为宝"的财富。

例如，我曾经注意到，一位朋友在讲述自己为什么数学考试成绩总是很好时，他就拿出16本自己的"错题集"来，其中，10本是原件，6本是经过综合整理过的，都是一些自己容易做错的数学题。他的体认是，人生谁都有走错路、做错事的时候，错了，要走出一味自责的怪圈，如果走不出来，你就会一错再错。这本"错题集"中的题目，有时在考试时出现，他说真有点像老朋友又见面一样，会迎刃而解。他提醒我们：珍惜错误吧，它和成功一样重要，是我们人生的宝贵经验！

对家长、成人和其他教育者而言，我们当然不是鼓励孩子或青少年学生犯错误，不是教人与正确的方向"对着干"，而是对不幸犯了错误应取的态度。让人惋惜的是，许多人不善于利用错误，白白地浪费了许多教育资源。

　　又例如,追星、当粉丝,是一件很时髦的事。特别是,以权威为模本、以专家学者的言论是从、追逐成功人士,这几乎是我们社会生活中是否有常识、有进取心的标准。在一定程度上,也是我们教育中的例行公事,至少在大多数时候是一种潜规则。一般说来,这可能不是问题,但在有些情况下可能会影响受教育者个性、特长的发展,进而难以实现我们所要追求的创新目标特别是创新精神的发育。在此中,也可以看到一点可资教育反思的火花。

　　我喜欢听音乐、听唱歌,特别喜欢歌唱家蒋大为唱歌,每当听他唱《在那桃花盛开的地方》等歌曲的时候,就会激动地跟着哼唱,情不自禁。这大概也可以叫"追星"吧。可惜,蒋大为的形象已经好多年没有在电视屏幕上见到了,还真感到生活中少了点什么呢。可是最近有人采访他,听到了他的声音,但这声音不是歌声,而是让我们可以推及其它领域的音乐教育,是一种对音乐教学思维方法的反思。他说,我国有13亿人口,可是提起男高音就还是只有蒋大为、阎维文等很少的几个人,每年学唱歌的孩子这么多,为什么没有几个出名的呢? 被他称为模拟教学法的音乐教学中,蒋大为表示:我们的音乐教学,也应该是启发式的,应当让每个人按照自己的特长去发挥,去表现他自己的感情,表现他自己的风格。不然的话,你就是唱得再像蒋大为,也没有发展自己,而且还可能伤害自己的喉管。这篇记者写的报道,标题就叫"蒋大为反对模仿蒋大为"。这就是对我们教育中"以权威为模本、以专家学者的言论是从、追逐成功人士"潜规则的一种反思。

　　再例如,教师教育学生,成年人教育未成年人,这也是教育活动的常规。这里的教育,还包括教师给学生打分,鉴定或评判学生的优劣、合格不合格。这是正常的教育活动思维方法,社会似乎总应该是按照成人世界的眼光去养成孩子或学生们的德、智、体、美吧。

但是，最近天津有一项创意却别具一格：让小学生来评判成年人的陋习。根据2007年10月4日《文萃报》的报道，孩子们依成人陋习的严重程度进行排序。它们依次是：一、不尊敬老人；二、故意传播电脑病毒；三、光膀子上街；四、虐待动物；五、到处乱画乱涂，等等，包括做虚假广告、随地吐痰、乱甩垃圾、说脏话粗话、不排队、践踏草坪等，共有21项。这些孩子的辨别标准，可能有大人和老师的教育、指导，但主要应当理解为他们面对现实世界客观情景的亲身感受。这是又一个可以引入我们的教育反思的更有震撼力的范例。我还是要重复我曾经说过的老话，不要过分责怪受教育的孩子和学生，不要只对孩子说教，还要反思我们成人自己的言行，特别是行。我们的好品德、好言行可以通过教育传给年轻人和孩子们，我们的各种陋习也会在我们的不检点中，污染着他们。不管你是否看到，是否愿意看到，这都是事实。要认识这点，就必须要反思，虽然有点痛苦，但是必不可少，除非你的教育纯粹是作秀。从这个意义上说，我很欣赏天津的胆量，也很感谢天津人对我的教育，通过这件事。

在日常生活中，像这样与教育相关的、可以供我们反思的范例还很多，但我们还是转而看看学校里的正规教育。在这里，反思的价值同样也很明显。

笔者曾经对"素质教育"进行过反向思维，自我感觉是言之有理，与几位教师朋友私下口头讨论，也颇受肯首。因为我不赞成文章、文件、宣传中"素质教育"这个画蛇添足的所谓创新的提法，不是在反对提高或改进受教育的学生们的素质，相反，是通过对素质教育立论和实践的反思，找出问题之所在和提高学生素质的关键。我们的目标不仅仅是真实地提高学生的素质,更大的目标是提高包括那些空口高呼素质教育却没有起码的反思自身素质勇气的人们在内的整个中华民族的素质,使我们这个伟大的民族真正能脚踏实地地自立于世界民族之林,并为人类文明和发展做出更加伟大的贡献。[1]

进一步的案例可以再举两个。

其一,我们的道德教育,向来受到特别的重视,这无疑是正确的,应该充分肯定和坚持的。我们的反思,不是在反思坚持道德教育这个必要的教育活动,只在意它的方法和内容。

在德育课的教学中,包括校长、各级书记、或在百忙中光临学校对师生施教的其他领导人的政治动员或思想教育的报告中,因为始终是自说自话的单向灌输,效果非常有限。这是我们不少用心研究的学者忧思的问题之一。由于教育人者完全控制了受教育者言语表达的机会,许多时候甚至完全剥夺了他们的这种机会,使他们养成了一种习以为常的被动学习的角色意识,完全以教育人者的话语作为道德信仰的准则,面对权威性的、不容置疑的、有时和客观真相有着明显反差的话语,受教育者只能表现得唯唯诺诺、言听计从、俯首贴耳,渐渐成为了理性的奴隶和工具。德育的施教者本来应该引领受教育者心悦诚服地登上理性、德性和智慧的高度,但是相反,这种被称为德育教师的话语霸权的方法和思维模式,[2]却成了一个无形的枷锁,久而久之,受教育者的悟性,就被禁锢在一个狭小的枯井之内,视野狭窄、感受浅薄、反应迟钝、言词木讷,失去了质疑、问难、探索与创造的兴趣和能力。这当然是与我们德育的目标相背离的结果。最近有一项调查结果,更让人有切肤之痛:京、沪对 4000 名大学生的调查显示,只有 6.5% 的人认为道德品质是最重要的,其他大多数人都认为工作经验或工作能力或学习成绩为最重要。[3] 回首看看，这对我们长期坚持的德育第一、政治第一的明规则或潜规则肯定是一个挑战。

在道德教育的内容上，由于长期约定俗成的潜意识主要在致力于听党的话、跟党走、坚持社会主义大方向的教育，而严重忽略了作为社会人的最起码的人格教育，使许多受过我们的道德教育的人，在大是大非问题上，如前所说固然浅薄，在日常活动中的"小是小非"问题上，更是马马虎虎：为小利争先恐后，得小利后则得意洋洋、夸夸其谈；失小利则怨天尤人、情绪低落，甚至与人相争、动口动手，有的甚至因此违法犯罪。至于在公共场所，旁若无人地大声说话、大谈生意经、国骂不离口、抽烟、吐痰、乱丢垃圾、乱闯红灯过马路，等等，种种不堪入目和入耳的现象比比皆是，自制、自重、敬老、爱人、助人、礼让、诚信等文明精神严重稀缺。至于作为现代公民的自立、自治、公心、民主、参与意识等，更为缺乏。这更显见了我们道德教育的缺失。这方面的反思和革新，不仅是应该的，而且是必须的。

其二，高等教育大众化，这是另外一个可以反思的教育问题。

上世纪90年代末期以来，我国高等教育为适应社会经济发展的需要，为了培养更多的建设人才，冲破了重重阻力，不断扩大招生人数，不断扩展大学规模，有国外的研究人员说，我国的在校大学生总人数到2005年已超过2300万，毛入学率达到21%。国内的报道是，到2006年，我们的在校生总数是2500万，毛入学率是22%。目前我们在校大学生的总人数已经超过了美国，真的成为了我们梦寐以求的世界第一。这种规模的扩展，从主流来看确实又是有益于青年人成长也有益于国家的发展战略的好事。这件成功的好事，我国的教育行政当局在其中是有功劳、有政绩的。

我国高校的规模扩大，还和高教研究方面的推动有关。人们借助于美国加利弗尼亚大学伯克莱分校教育研究所前所长马丁·特罗的高等教育发展三阶段论来证明其合理性。笔者本人就曾是一个宣扬三阶段论的积极分子。这个分段论说，当一个国家高等教育的毛入学率只有15%或以下，这个国家的高等教育就是精英型的高等教育；当这个比率在15%至50%时，这个国家的高等教育就是大众型的；当超过了50%时，它就进入普及（universal access，现在人们称之为普进）阶段了。我们教育研究和实践中的某些特色，如喜欢权威、喜欢数字、喜欢大话的传统，在一定程度上帮助成就了我们的大跃进。

即使到今天来看，我们的扩招总的来说还是一种进步，也是一种发展，发展就是硬道理。但是其中也有一些可以反思的小道理、软道理或特殊的道理。一些国内外学者的研究，可以让我们窥探到必要的反思，其中首先就包括有特罗本人的反思。这个反思首先考察和归纳高等教育系统的要素，虽然区分要素的方法各有倾向，但以人们目前对高等教育的认知和发展的情势看，精英是规范系统，大众是非规范系统，普及则是反规范系统。[4]、[5]我们的非规范性，可能表现在我们的体制还不是美国当年进入大众化阶段的体制。国家还是几乎所有学校的上级，民间集资办学还没有实质性的成长。我们的大学教学管理组织和方法还是应对以前的精英教育的组织和方法。我们还没有认真探讨过如何在同一所大学中，正确或合理地处理学生的发展走向：那么多的研究型大学都真能培养学者吗？更重要的是，我们还能同时培养合格的专业技术人员、行政管理人员、普通劳动者吗？——大众化时代乃至普及时代的大学是否都真能培养通才？如果再继续扩展我们的规模，我们可能真的就要认真思考那许多找不到工作的大学毕业生是否真的会成为社会不安定的因素了——这是上世纪90年代"扩招"开始前后，许多人忧虑的问题之一。其实，这也是反思，是对高等教育大众化在我国特定传统和现实环境条件下的反思。

限于篇幅，还有一些无法详述的例子，包括：（1）要反思我们教育、文化包括媒体中的状元情结。据说，历代科举中有案可查的状元，有552人之多，真正有成就或名留史册者仅2人；而在北京大学光华管理学院的现代状元们，通过调查则显示，"学习成绩一年不如一年，就业时也看不到明显的优势，有些人甚至很快变得平庸起来。"（2）要反思我们生活中被称为"过度教育"的问题。教育当然很重要，人们谈论的所谓"过度教育"，则说的是许多家庭，由于急于要小孩子成才，施教没完没了：时间上是每时每刻，地点是随时随地，教师是包括父母、爷爷、奶奶、外公、外婆以及正规和非正规学校的许多老师，方法更是多而又多。这样狂轰烂炸的教育，真的能让孩子成才吗？（3）在中、小学教育中，已经有了以"教学反思"为主题的探究，最近有人提出，这种探究应该做到求真务实、脚踏实地，要反对"表面文章"、反对"虚无主义"、反对"纸上谈兵"和搞假、大、空。笔者以为，这应该认为是对反思的一种反思。（4）最近，一位著名大学校长，呼唤大学要回到宁静的校园中去，不要使传统的行为准则被实用主义所取代。我以为这一反思非常好，但我同时希望认识到这点的中国大学校长，自己行动起来，推动自己的大学到宁静视界。我们的大学校长，自己有见地，有呼唤，为什么不自己去行动呢？这其实也是一个可以反思的富有中国特色的问题。（5）记得在世纪之交，哈佛大学曾经有一场论争：一位女博士毕业生说，人类至今尚未认识到什么可以书说的教育规律。争论无果而终，实际是默认了女博士的论断。比起西方人来，我们中国的学者、专家，却要大方得多，他们居然不加证明就可以列出好多教育规律，而且代代相传。是否西方教育学者太过死板？还是中国教育学者特别聪明？这里一定有可以供教育反思的切入点。

举例只能到此为止。总而言之，我们的反向思维，并不在否定道德教育的大方向，只是提议反思我们没有与时俱进的话语模式和内容选择上的偏颇和严重缺失；我们的反向思维，当然也不在使我们的高等教育从目前的大众化规模的现状退回到精英时代去，而在于找到它的目标与现实高等教育系统之间的不协调、不和谐，以便在问题还没有成为灾难时，就得到缓解；特别是我们举了所谓"教育过度"等论题，更不是不要教育，只是要避免对教育功能的误读，不顾及受教育者个体的特性的一相情愿施教……

反思，在教育活动中，不应当只是一句场面话。要有实践、实质和找出能让人刻骨铭心的样本。这样，更多的时候就是在反思作为教育主体的我们自己，是自己教育自己，而不只是为了教育别人。这话，要经常给自己说，当然有时也要对自己的教育对象说。这就是我所理解和主张的反思教育。我的结论是：教育应该反思，反思是前进、创新的重要前提。进一步，不仅我们的教育人者要反思，还应该对受教育者进行反思教育，使他们养成反思的习惯和意识，把握反思方法，进而树立反思精神和批评精神。我猜想，这大概是培养他们成人、引导他们成功甚至达到至善境界——中国古代经典《大学》中的大学目标——的一个重要条件。

参考文献

[1] 杜作润，《浅论教育的素质》，《大学教育科学》，2006年第3期，第14—21页。

[2] 冯永刚，《刍议德育教师的话语霸权》，《江苏高教》，2007年第5期，第95—98页。

[3] 见《北京晚报》2007年6月19日的报道。

[4] 天也郁夫著,陈武元译,《21世纪的高等教育系统:特罗"理论"的再思考》,《现代大学教育》,2007年第5期,第1—11页。

[5] 张少雄,《重读特罗高等教育系统崩溃预警》,《现代大学教育》,2007年第5期,第12—18页。

本文原载:湖南大学《大学教育科学》,2008年第2期,
第15—18页

智慧与智育漫话

摘 要 智慧与教育有联系,但从教育到养成智慧,还需要有一个飞跃。要实现这一飞跃,首先应该思考智慧到底是什么,其次应该思考现时代我们需要什么样的智慧,同时还要下决心反思我们的教育,特别是反思其中的智育。在这些方面,本文都想说说。

关键词 智慧 智育 发明创造 悲天悯人

智慧这个词语,我们见得很多。人人都有可能使用智慧,包括使用智慧这个词语,因为人人对智慧都可能有自己的理解。乖巧、活络、能干、聪明,就可能是智慧的一些通俗标识;才储八斗、技胜一筹、艺高胆大、计谋深远、心灵手巧、料事如神等等,也都很像是对智慧的赞美。现代汉语词典里归纳性解释说,它是辨析判断、发明创造的能力。这个解释不够丰满,但通过所举的例证可以让人稍解其意:人民的智慧是无穷的;领导干部要善于集中群众的智慧。

看来,这是一个可以会意甚至可以理解的词语,同时又是一个难以言传、难入精髓的词语，很容易引出歧议。而且，因为在日常的文字和电子传媒中出现的频率很高，有的是随便说说，有的却有理有据，更能吸引人们的思索。特别，在教育这个神圣的领域，有一个非常神圣的方面——智育，按字面理解，那就是培养或发展人的智慧的教育。这可不能只将智慧视为一个普通的词语，进行不着边际的发挥。事实上，确有一些受过教育的人，包括一些受过高等教育的人，并未显现有智慧的头脑。有的人甚至沉湎于社会的流行病中，追名逐利、损人利己、损公肥私而不能自拔；或没有本事，又不愿付出努力，饱食终日而无所用心；更有甚者，不解生命与生存的价值和意义，愚蠢地走向极端——轻率结束他人或自己的生命。而恰恰是这些人，也都接受了我们教育中最具实质性、最难轻视的智育。看来，以今日之大规模、大批量、产业化、流水作业式的教育试论，不是受教育的层次越高，智慧就越高；知识就是力量，这也只是一条相对真理；学科学技术，高、精、尖、新是否就是智育的唯一的追求？学了经济学，其成就似乎也不能只以能够把公家或别人口袋里的钱弄到自己腰包的能力作为有了智慧的依据；学管理、领导科学，是否越能管住别人，管得别人越俯首听命越好？是否越能高高在上，不断发明新"提法"、新口号、新大话，越能一言九鼎发话，就越有智慧？在我们中国，每天都可以听到的"加强管理"、"加强领导"，是否真的有效？文艺、文学、媒体、广告专业的智慧，是否只表现在能充分表现专制王侯的所谓丰功伟业或高档次的腐朽生活，是否只表现在具有自带掌声、自带欢呼声的创意，表现在能拿到国外的什么大奖上面？"以人为本"这个时髦口号中的人，人文关怀中的人，应不应该有中国现代人，应不应该有普通人、穷苦人、真实人？……

教育能养成智慧，这与文化传统、政治气候、民族素质、社会道德氛围和理性乃至自然环境及其现实的发展等等都有关系，而最具体、最关键的条件，还在于那一群庞大的教育者或施教者队伍的素质，和他们的智慧水准有关，和他们是否用心于此有关。难以解释但却众所周知的反面例证可以包括：文艺复兴时期的伟大科学家、艺术家达芬奇，近代美国发明家爱迪生，当代中国道德、学问皆为人敬仰的学术名师梁漱溟。他们都没有读过大学，没有受过高等教育。这些智慧大家当时所受过的教育究竟如何？包括他们所受的家庭教育、小学教育、中学教育、社会教育等等，都有些什么特征和内容？他们之成为智者与他们所接受的教育到底有何关系？他们自己的感受怎样？他们是否真的受到过如前贤叶圣陶先生所说过的那种神秘的"不教之教"？（我们只知道当今的世界首富、著名慈善家比尔·盖茨，他虽然在哈佛大学读过书，但也只不过是个肄业生）——今天，看来要令人信服地搞清这些问题，恐怕已经是一件极为困难的事情了，而且据说，影响教育成败的因素达千万种之多，许多影响因素和作用机理，很可能还没有落在我们这些习惯于安全思维的常人的认识或实践圈套之内，现世的那些著作等身、名闻遐迩的教育家们更是不屑于去研究这些费力不讨好的问题的。

如果不急于把话题局限于教育，我们还可以看到一部专论智慧的《智慧书——永恒的处事经典》。此书的作者是一位于17世纪上半叶活跃在西班牙的哲学家、作家、以西班牙概念主义代表人物著称的葛拉西安（Gracian）。译者辜正坤的评介认为，它与我国春秋战国时期的《孙子兵法》、16世纪初意大利人马基雅维里（Machiavelli）的《君王论》等书一起，可以称得上人类思想史上具有永恒价值的智慧奇书。可见，智慧的问题，早已是一个经典的论题。此外，书店里的书架上也有不少记录名人论世事的新书，且均彰以智慧之论，如《爱因斯坦的智慧》、《富兰克林的智慧》等等。

面对现实，在我们这个时代，肯定还需要智慧，不言自明的结论首先是还需要智育。对教育中的人来说，我们应该认真思考智慧是什么，应该认真思考现时代我们需要什么样的智慧，进一步还应该反思我们既往的智育——我们发展人的智慧的教育，究竟教得怎么样？怎样才能真的达到培养智慧的目的？至少，这些都应该成为我们认真思考的话题。

其实，按笔者的理解，"人民的智慧是无穷的"，这个发现就是智慧的成果，这是马克思主义唯物史观的核心；而"善于集中群众智慧"的领导干部，就是很有智慧的领导干部，我们共产党的事业，现时代特别需要很多这样的领导干部。

总而言之，讨论和思考什么是智慧，讨论和思考我们需要什么样的智育，这是一件非常有意义的事。

如果要讲发明创造，人类迄今确有很多值得自豪的发明创造。科技革命特别是所谓新技术革命，使得最近的一百年间所创造的物质财富，就比以往数千年间创造的总和还要多。不仅如此，人类还在预制自己的未来：全球化、机器人、干细胞和器官培育、人体克隆、外层空间移民或旅游、热核武器的战略战术游戏，等等。这些都不妨认为是人类智慧发展的成果。但是，我们有理由相信，进一步的发展前景尚有歧路，人类未来是很美好的，人类未来也是艰险的。建设美好，当然需要人类自己的智慧；化险为夷，更需要自己的智慧。

人类未来要对付频发的自然灾害：火山、地震、山崩、海啸、干旱、水涝、风暴、酷热、虫灾、瘟疫、流星和陨石的袭击，等等。

人类未来还要对付自身金钱至上、名位至上、技术至上、唯利是图、享乐无限、浪费无度的积习蔓延，要对付自身互不信任、个体或群体对抗、欺诈、边界纠纷、战争威胁、恐怖活动、杀人越货、自杀和自相残杀等等病灶的恶化，要对付行政和管理效率日趋低下的疲软病，要对付无积极社会效益甚至事实上在腐蚀无罪灵魂的所谓文化活动或文字活动泛滥，要对付生育失控和人口非线性增加的自残自虐之势发展，等等。

不能只讲发明创造，还要发扬人的善良本性。

人类未来必须对自己实行痛苦的自我约束，约束对自然无穷无尽的索取和掠夺，约束自己肆无忌惮的资源开发、消耗、浪费，以免温室效应加剧、臭氧层空洞增大、物种灭绝，以免空气和水质污染更严重，以免天然的或加工过的食物越来越不利于维持健康生命的需要。时至今日，在我看来，能够有效地发扬人的善良本性，抑制肆无忌惮的掠夺恶性，这也应该是一种发明创造，而且比纯技术上的发明创造更重要，也更迫切，当然也更伟大。

保护自然，爱护环境，珍惜资源，是美好未来的重要条件，但现在呼声极其微弱，响应面很狭小，方法脆弱而无力。我们这个小小的地球，正在遭受前所未有的无情践踏。

反思自身，约束自身，克服了所有这些不幸，我们就能避开艰险，摘取人类美好的未来。我们需要勇气，包括剖析自身的勇气，怀着极大的信心；但我们还需要智慧——与时代契合的智慧，以便巧妙地用最小的痛苦和代价，取得最积极的甚至是一劳永逸的美好。

一个有智慧的人，他会表现出对整个人类遭遇的关心与同情，首先是他在这方面的用心真诚，是他锐敏的发现，高尚的情怀，巧妙的对策。他也可能利了己，却没有损害各种各样的别人。笔者实在不想把这样的智慧，与为了私欲而不惜设圈套、造陷阱以图取胜对手的某些所谓经营谋略相提并论。为此，我很欣赏发现了原子能和制造了原子弹的科学家，他们用这种武器参与了对毫无人性的法西斯的回击，但面对这种高效杀人武器所造成的惨绝人寰的景象——如二战结束时的日本广岛，他们又首先起来呼号和签名：坚决禁止原子武器。笔者曾参观过广岛的原子弹纪念馆，很是佩服这些科学家的人格。他们把自己的事业，把科学技术的发展，与人类文明及进步，在自己的心中，实现了高度的和谐、统一。他们就是我心目中具有大智慧的人。据说，存在主义哲学家萨特曾经讨论过什么是知识分子这个问题。他以原子能科学家为例，认为仅仅造出了原子弹还不就是知识分子，只有积极参加了禁止原子武器，在禁止原子武器的和平宣言上签了字，才可以算是一个知识分子。他观念里的"知识分子"，在我看来，就是真正有智慧的智者。

身体健康不佳、行动已经十分艰难的剑桥大学著名天体物理学家斯蒂芬·霍金，前些日子，通过雅虎网站，提了一个问题：在一个政治、社会、环境都很混乱的世界，人类如何走过下一个100年？据说，已有成千上万的网友回应。在霍金的担心中，最担心的是由于地球被过度地开发使用，已导致无数的隐患和危机，并且随时都有可能爆炸。他的主意是，与其费尽力气去治理这个已病入膏肓的地球，不如把这份力气放到开发人类新的居留地上去更好。他是说，人类将很快发现，不得不尽快在宇宙中寻找新的生存家园来代替地球。如果在最近100年内，人类还没有灭亡，也应该有可能在宇宙的其它地方开垦出一块人类移民地。

当然，这只是高瞻远瞩的大科学家的解决方案，是一种悲天悯人的大智慧。对待这样大问题的大智慧，笔者虽然非常关心，但却无力深入置评。我愿意讨论更具体、更现实的问题，考察更接近受过教育的普通人、普通知识分子和普通学者的智慧。

我们确实需要发明创造的智慧。

正如本文一开始说的,把智慧理解为一种发明创造的能力没有错,是因为发明创造,做前人之所未做,解前人未解之难,为人类文明的发展铺路引航。因为发明了指南针,我们可以在无边无际的崇山峻岭、浩瀚密林或大海深渊之处,也不致迷失方向;因为发明了蒸汽机、内燃机、喷汽涡轮发动机,使我们可以一日千里的速度,从地球的一端到达另一端,甚至可以飞出地球、遨游太空;因为发明了电话、电视、电脑及互联网,通讯联系十分快捷,人际交往非常方便,使我们这个地球,犹如过去的一个小村庄,有人戏称其为地球村……

但是,就是这些表现睿智的发明创造,有时也可能潜藏着预想不到的不智之处。例如,人们已经知道,地球上大规模不可再生的能源消耗,是地球温室效应的根源,由是引起的地球两极冰山融化、海平面升高、空气中二氧化碳的含量增加、人在炎夏灼热难熬,都与我们对能源的无止境消耗相关,与令我们神往的汽车相关。当我们在空中乘飞机飞行时,一个起落,就可能烧掉几十吨汽油(有时甚至要超过空壳飞机的自重许多),一些人的浪漫、潇洒、事业、致富、成功,却是整个地球人类和其它的许多地球生命以未来相许。最近,又看到有资料说,海船对地球温室效应的"贡献"比飞机还要大许多。

所以,我们还需要有对发明创造进行反思的智慧。

把人类潇洒地周游地球甚至遨游太空,与地球的灾难性前景相联系,这也应该认为是一种智慧。所以,发明创造需要智慧,对发明创造的反思也需要智慧,克服技术进步弊端更需要智慧。科学家的研究使人们认识到,由于我们太过追求用既有的发明创造牟利、争权,对包括不可再生能源在内的地球的无度开发,就是最活生生的表现。由此，地球物种的日渐减少，有的甚至已经灭绝，空气污染、水污染严重，实际上我们的地球大环境已经渐渐蜕化成了不太适宜人类生存和发展的环境。富有高度人文情怀与智慧的科学家、发明家、工程师和学者告戒我们的，首先就是不要过度开发，要为子孙后代的发展留下空间！这是他们对整个人类社会和技术进步的反思，也是对自己先辈前贤业绩的反思。但是，这能否成为未来的受过教育的所有人的生存和发展智慧呢？能否成为未来的经理们、未来的经济学家、未来的当权者和政客们的生存和发展智慧呢？教育自然不能解决其中的所有问题，但她是解决问题的一位极其重要的角色。

传统说教之中有一条，曰："留得五湖明月在，不愁无处下金钩。"取其积极意义，也许能对我们的发明创造智慧增加更多的精彩。

在许多更具体的发明创造中，我们也可以更细、更具体地看到人类智慧之光，包括反思发明创造的智慧之光。

19世纪的英国，煤矿工人下井作业的照明灯，常常发生爆炸，伤亡事故频发。人们研究的结果，提出了需要发明一种安全灯的设想。这种安全灯放置在碳化氢气体中应该不会发生爆炸，而矿井中恰恰含有大量的这种气体。工程师戴维发明了这种灯，解决了这一难题。但结果是，旧的问题解决后不久，新的问题又出现了。因为新的安全灯，使更多的人们能够在更深、更大的矿井下采矿，矿井崩塌、爆炸的事故仍然不断，因而大大增加了更多矿工伤亡的危险。为此，戴维非常痛苦，因为他发明矿井灯的唯一目的，是为人道事业服务，排除苦难矿工们的生命危险。但其结果却使得更加多的工人到更深的矿井里去从事这项危险工作，使老板们更多地积聚财富。他的发明创造，产生了与他为之追求的崇高目标相反的效果,他甚至拒绝为自己的发明申请专利。[1]在我们今天的快速发展和致富浪潮中,矿难频仍,死伤无数,很需要许多许多有道德良知、有反思的责任感而不仅仅只有技术的工程师。戴维,可能会被一些惟利是图的人认为是一个书呆子,我却认为,他是一个样本。从这个很原始的样本中,我们就可以真切地感受到,技术,包括今天我们不懈追求的高技术、新技术,其实是一把双刃剑。

在现实世界中,大学、科技界与产业界、政界的交往,学者、发明家与商家的交往,不少的时候,也会处于这种理性、人道目标与非理性的实利目标之间彼此背道而驰的尴尬情景之中。这需要智慧来克服分歧。戴维的处置方法可能不是最好的,但他是一个可以让我们借鉴和思考的、有良知的知识分子样本。

今天,我们确实很需要许多工程师和发明家,也确实需要凭借良知和智慧来真诚反思我们的许许多多发明创造。

发展是硬道理!但发展到了辉煌的境地之后,又该如何自处?

这里说一个如何面对辉煌的例子。

当人们在蜂拥着某项辉煌,包括某些所谓高、精、尖的技术发明创造辉煌,包括高居全球经济发展规模或速度之冠的辉煌,在为这些辉煌唱颂歌、当粉丝的时候,也需要有些人、有些受过教育的知识分子,静观其中三昧,甚至泼一点凉水,发一点不和谐的声音,这很有助于人们在伟大成就与辉煌的面前,保持冷静的、仍能正常思考的头脑。

我要举例说的,是哈佛的辉煌。

在国内,笔者可能要算最早讨论人类杰作——世界一流大学辉煌成就的作者之一。拙编《世界著名大学概览》就是从1988年我们的研究讨论开始,直至1994年成书出版的一项成果。研究中,我对哈佛大学产生了极大的兴趣。在我的"前言"中,多次提到哈佛，因为她已成为了我心目之中的大学偶像。[2]今天，最成功的大学、一流大学、顶尖大学、最好的大学，这些称道和捧场话语几乎可以不动脑筋地对哈佛随意使用。在市面上的许多著述里、媒体报道里，我们经常可以看到哈佛的辉煌：她出过6位美国总统，还出过18位美国联邦最高法院大法官；在200多名具有美国高等教育学历的诺贝尔奖获奖者中，有40人是哈佛校友，有34人是哈佛教授；在前述拙编中，为了颂扬这些诺贝尔奖得主，我曾不厌其繁地依时间先后列出了其中直到1990年止的有名有姓的30位，包括他们得奖的学科领域；此外，哈佛还出过许多著名的音乐家、文学家、社会学家、心理学家等等，当然还有奥斯卡金象奖得主、普利策奖得主、奥林匹克运动冠军，等等。哈佛确实有许多难以匹敌的辉煌，哈佛的辉煌，是人类创造物——顶尖一流大学的值得骄傲、值得历数的样板，自然也是人类智慧的结晶。面对辉煌的哈佛，一般是无人说"不"的，一般也很少有人会想到或看到哈佛的不足，这是我们这个时代的特色，也是包括我本人在内的我们许多中国同胞、媒体、特别是高教研究学者和教育领导人看待问题和研究问题的特色。

但是，也有个别胆子不小的人对哈佛不买账。他们批评哈佛人像牛津大学、剑桥大学的所谓"势力集团"一样，以哈佛划线、抱团结伙的恶习；批评他们在律师事务所、在大公司里，像虱子一样依偎在一起，自以为是、自命不凡，总觉得自己是贵族，应该高人一等，其他人都是凡夫。当然，这些都是小人物、小知识分子的批评。

也有名人的批评。

就像国内大学的"百周年庆"浪潮一样，原创者哈佛早在1936年其建校300周年的校庆期间，时任校长的康南特（Conant）也向全世界的一万名有声望的学者发邀请，但最后只有2000多位出席了庆典。拒绝出席的名人中，就有爱因斯坦，他的理由是：因为哈佛还同时给当时已经法西斯化的德国国内科学家发了邀请，反战的立场不鲜明。他还批评哈佛有排犹倾向。拒绝出席的名人还有一位英国著名作家、诺贝尔文学奖得主、鲁迅先生的挚友萧伯纳，他批评得非常尖锐："如果哈佛将自己的校园烧成灰烬，并且撒上咸盐，用这种方式来纪念300周年生日，会使我非常满足。这会给那些腐蚀青年的著名学府，包括耶鲁、牛津、剑桥、巴黎大学等，做一个榜样。"[3]今天，我们也确实应该认真反思，我们的大学，包括在向一流冲锋陷阵的大学，是否在创辉煌但还远未达到辉煌的时候，就已经在干着非常不明智的"腐蚀青年"的事？

有辉煌就有颂扬辉煌，同时也就应该有批评辉煌，这种西方传统与我们的传统和现实大不一样。我的认识是，看似不和谐的声音，许多时候，可能正是和谐的表现。在这一点上，我们很有必要吸取西方特别是美国人的智慧。为此，读者不妨再去了解一下1986年哈佛350周年的另一次校庆盛典上联邦教育部长班纳对这个哈佛帝国的批评，以及时任校长博克（Derek Bok）的辩驳。

争创一流大学，这是一种奋发向上的情结，是一个不可抗拒的潮流。批评它，其实是在正视它。在一片高亢的吹捧声中，这些不多的平民、学者、乃至名人对名牌或一流大学的洞察和批评，不仅是一种勇气的表现，而且也是一种智慧的表现，是一种更难得的反思辉煌的智慧。今天，我们也非常需要这样的智慧。

发展是硬道理！反思辉煌，以便在更高的水平上更科学、更完美地发展，这也应该是道理。这是既表现勇气、决心、同时也表现智慧的道理。

漫话伊始时，笔者就曾提到过我们的智育。在我们的教育中，包括实践着的教育中和理论的或书本里的教育中，智育，在事实上往往是重头戏。我们虽然常常强调的是德育优先，政治思想教育第一，但事实上学生在校的大部分时间都安排在智育上面：课程、知识的教学，技术、技巧的训练，背外语单词和课文，记数学、物理、化学公式，——并由此形成了对智育的认识：储备结构化、系统化的所谓陈述性知识；训练并习得操作性、程序性的技能；培养分析问题和解决问题的能力，其中当然包括培养发明创造的能力。

对智育的这一认识，是很难挑剌的，因为从这三个方面出发，通过文字演绎，确可通达许多方方面面，包括已知的和未知的方面。只是因为在实践上，前两方面的内容，具有很确切的可把握性、可传授性和可检测性，与之相关的智育，可以精耕细作，而第三方面的内容，我们的智育，相比之下就显得很不得力。可以认为，缺乏这第三方面的智育，是一种不完全的和不成功的智育，因为它只信服"知识就是力量"这个相对真理，没有把人引向智慧高峰的显性诉求。而在笔者看来，智慧是智育的最高目标，甚至也可以说是整个教育的最高目标。

要对这种"缺乏"进行全面的因果分析和评论也是有困难的，但可以粗略地指出如下几个方面：首先，恰恰就是因为与智育的前面两方面内容相比，它的难把握性、难传授性和难检测性；其次，还和我们的教育学的理论体系和认识方法有关，这种将教育分为德育、智育、体育等各个方面的体系和方法，并不能代表真实的人及其真实的发展模型，它只是人们为了认识方便自以为是地对教育的肢解，且无论从理论上或实践上都没有认真进行复原和整合，即我们教育研究的对象不是真实的人而是被肢解了的人；此外，可能还和我们的教育太过封闭有关，虽然教育环境明明是在社会中，社会生活的一切都在影响着教育，正向的影响和负向的影响都有，但教育中的人们却非常轻视社会的这些影响的存在，根深蒂固地我行我素，自命清高，虽然实际情况是浊水污泥也不少。

要对克服这种"缺乏"而献计献策，以我一人之力，更其困难。这里，我也只能从我个人学习和思考过的非常浅薄的心得中，先谈一点粗略的看法，供同道和方家批判。

我以为，我们确实应该重视知识和技能的教学，但不要到此为止。要坦然承认我们的智育还缺那第三部分，这是功亏一篑的缺失。我们还要向书本、向社会、向教育内外的所有人求助，与时俱进地寻求分析问题或解决问题的案例，寻求智育的方法，发现通向智慧的途径。为此，我们当然应该重视历史典籍中已见经传的智慧之说，如战争智慧、治国安邦智慧包括知人智慧、用人智慧、外交智慧等，还有治学智慧、发明智慧、研究智慧、教育智慧等等。我们还更应当重视社会现实生活中各种已见解说的智慧，如生态智慧、经营智慧、交友智慧、生存智慧、生育智慧、休闲智慧等等。我们当然会把分析问题、解决问题的能力，把创造、发明的能力，建筑在具体的、功利的结果之上，但更应该重视观察问题、提出问题、担当问题和进入问题的勇气，重视发明创造者的与众不同的选择和生存方式。[4]我们很难与那些反复炒作封建时代王侯将相的所谓千秋功业的人，去讨论智慧是什么的问题，很难与那一群群的追星族、粉丝们，去讨论智慧是什么的问题；我们更难与那些以模仿西方部分人的生活方式（如性生活放荡、高消费、蔑视穷苦人、信奉机会主义或无政府主义等）为时尚的人，去讨论智慧是什么的问题。我以为，智慧，其实是人类生命有机体所特有，而仅仅有一点点技术或技巧，却不是人类独具的所谓"本质特征"；智慧，是理性向激情的开拓，同时也是激情向理性的收敛，是思维孕育的美丽花朵；智慧，有时还是一种爱的光芒闪现和勇气的守护神降临，引导着对自由的崇敬和向往，破除了对权威或偶像的死心塌地的迷信，是摇撼和颠覆专制、独裁、垄断的超级利器；智慧，既是文明与和谐社会赖以成为可能的基础，又是这一社会里的人进化和日臻完美的目标。所以，它既不是个人追名逐利、欺世盗名的技巧，也不是损人利己、损公肥私的把戏，更不是巧取豪夺、坑蒙拐骗的绝招。身怀这些绝技的人，是真正可悲、可鄙的可怜虫，是真正的失却良知的智愚，我们的智育，我们的整个教育，应该有责任摈弃这样的智愚。

教育（educate）培养的是人而不是训练（train）动物，而人既是万物的尺度，也是宇宙发育的最高成果，是宇宙最荣耀的娇子和宠儿。人类理所当然地比所有的日月星辰都更加光辉灿烂，恰恰是因为只有人类特别是其中受过教育的知识分子，特别是受过高等教育的知识分子，才具有凭借其智慧而认识宇宙万物包括认识自身的存在性、局限性和发展性的能力；恰恰是因为只有人类，才具有凭借其智慧而担待宇宙万物包括关怀他人和整个人类的责任。我们应该站在这样的制高点上审视和反思智育，进而反思我们的全部教育：它当然要培养受教育者的发明创造的技巧和能力，还要培养他们反思包括自身成就在内的既有发明创造的习惯和勇气，更要培养他们对整个人类的关怀、同情和怜悯之心。在这复杂万端、歧路多多的当世，智慧的教育，说到底，就是使这些品质在受教育者身上的合成。合成得越完美，才能算教育更成功，而高等教育，则应当培育更多、更高、更完美、更能引领人类走向光明的大智慧。

参考文献

[1] 赵曙明编著，《西方国家教育新进展》，湖北教育出版社，1991年版，第152—153页。

[2] 杜作润主编，《世界著名大学概览》，四川人民出版社，1994年版。

[3] 舸昕编著,《从哈佛到斯坦福——美国著名大学今昔纵横谈》,东方出版社,1999年版,第3—84页。

[4] 张开逊,《创新型社会,怎样呵护发明家》,载《中国青年报》2006年8月6日。

本文原载《复旦教育论坛》,2007年第5期,第16—21页

浅论教育的素质

摘　要　本文分析了我们的素质教育这个词语，它隐藏的同义反复毛病及其在实践上的模糊性；之后，推荐使用另外一个词语，教育的素质。文章认为，新词所关注的，显然就是提高教育质量的核心问题。全文的要旨在于说明，欲使我们的教育质量提高，首先要从影响特别是主导教育的群体自身开始，即改进教育的素质。这是提高教育质量进而提高全民族素质的关键。

关键词　教育者　教师　校长　领导

这个标题没有写错，本文是想写一写我们影响乃至主导教育者群体自身的素质问题，简称教育的素质问题。就目前我国的情状看，讨论教育的素质问题，可能比讨论素质教育问题更有价值。

一

2004年9月1日的《教育文摘周报》第6版上，曾摘要转载过一篇文章，题目是：谁知道素质教育的真经。该文从当年南京高考大面积歉收引发的一片对素质教育议论的情况,道出了作者自己的认识。他不赞成把语文课变成情景表演,不赞成把数学课娱乐化、开办兴趣班、让学生加学琴棋书画等,都看成是素质教育。"我看现在的学生极其可怜。最可怜之处是没有自己的时间。学校老师爹妈整天忙于塑造孩子,连认识昆虫都得老师爹妈带着孩子去博物馆。""把一大堆根本算不上素质教育的内容当成素质教育,把真正必要的素质教育荒废了。必须有的素质,如作为现代公民的责任感、诚信、环保意识、同情心、宽容、礼貌礼节、敬老尊贤、对自然的爱和敬畏之心,还有男孩子的谦让和保护女性,女孩子的自尊自重,这些真正需要的素质,学校教的少,爹妈教的也不够。凡事当前,缺素质的人必定为自己考虑得极其周全,却很少为别人为公众为社会考虑。这个素质谁教?如果没有什么素质教育的着儿,别创新,别耽误功夫,干脆守旧。"这位作者说得非常在理,虽然有点火药味,但问题提得很深,也提得很实在。无独有偶,据《良友》2005 年 7 月 30 日转载《三峡商报》的报道,山西的榆社县,该年也因为同样的原因,即高考歉收,而诱发了一场所谓素质教育的大地震。中共榆社县的县委常委,通过电视向全县人民道歉,同时宣布,对榆社中学领导班子全员停职待岗整顿。6 月 25 日高考成绩揭晓后,得知本县高考大面积滑坡,县委立即召开了长达 6 个多小时的常委会,除决定上述事项外,还在全省范围内以 10 万元的年薪招聘校长,每年拿出 100 万奖励优秀教师和学生。以县委书记为组长的"教育改革小组"承诺:用 6 年的时间,让榆社县教育大翻身。这,使人更加糊里糊涂:素质教育究竟为何物?

其实,笔者虽然也算在学习和研究教育,但长期以来,对世面上说得很多很多的素质教育,始终没有弄明白到底有什么创意。钻牛角尖的结果，往好的方向上想，无论怎样解释，居然觉得它大体有如许多文件、文章、报刊乃至专著经常使用的"德育教育"、"体育教育"一样，只不过是对教育一般内涵的重复认定而已。具体说来也就是对我们耳熟能详的党的教育方针，即，使受教育者在德、智、体、美诸方面的全面发展，仅此而已。如果要从文件找根据，说素质教育的提法源于《中国教育改革和发展纲要》中的文字："教育的根本任务是提高全民族素质，培养德、智、体等方面全面发展的社会主义事业的建设者和接班人。"那也只说明全民族素质，只要通过正确而积极的教育本身就可以提高了，没有必要再用一个不确切的定语，把本来就指向明白的"教育"再作一次看似拔高而实则模糊的"素质教育"来模糊化。有趣的是，恰恰是这段文件中的话，没有写成"素质教育的根本任务是……"。的确是这样，如果素质教育是今天才被发现的，那在这之前我们认识或实践着的教育还剩下些什么呢？如果本来就只是概念的同义反复，没有什么新意，只在"提法"上绕来绕去兜圈子，却令我们那么多的研究文章去推测、杜撰、神化它的魅力，甚至把它与明白易懂的教育质量（education quality）或高质量的教育（quality education）这些词语搅混在一起，并美其名曰"创新"，还将它强加于外国人，说他们早就实施了成功的素质教育，等等，让人在浆糊里掏金，这究竟是为什么？我们真有这么多的闲情逸致吗？

　　素质，本来是心理学的专门术语，借它来解释或描述人的品格状态或成人状态，确有可取之处。可以说，古往今来的教育，例如中华人民共和国成立以来在马克思主义和毛泽东思想指导下的中国教育，包括改革开放后在邓小平理论指导下的中国教育，都是在改变或改进中国青少年的素质，都是在把他们由无知、幼稚、无能、无力的素质状态，改变成有文化科学知识、有专门技能、听党的话、跟党走的劳动者或革命事业的接班人、新中国的建设者与保卫者、社会主义现代化的建设人才的素质状态。在这两种素质状态的差异之中，我们就看到了教育的意义。由于教育的介入，动物性的自然人，变成了社会人。这其中可能参与有其它因素，但教育是一个促成青少年素质改变或改进的重要因素，特别是学校，还是致力于这一改变或改进的更重要的因素。我国早期的马克思主义教育家是这样解释教育的：正如一般的学校，无论是高等、中等的学校，或者是小学，都是使简单劳动力转变成特殊劳动力的地方。有的人要在这儿学成一个医生，有的人要在这儿学成一个律师，更有些人要在这儿学成哲学家、文学家、科学家……[1]

在不同的社会、不同的时代，由于发展水平不同，或由于文化传统、社会制度或主流意识形态的差异，对成人或所有社会成员、公民的素质，可能有不同的要求，学校、教育，要通过改变或改进自身的培养目标、教育的组织结构、教育的方式方法、教育的内容，通过改变或改进教育的整个制度、方针、法规、管理程序，来适应这些要求。请允许我也用一下"素质"这个被神化了的词汇：这，恰恰就是教育本身的素质问题。我们已经有千千万万的作者和教育研究文章，讨论了在今天的社会条件下，其中的许多问题。可以说，他们都是在为我们教育素质提高出谋划策。但我认为仅仅有这一方面还不够，我们还应当通过改变或改进教育者包括教育的管理者、组织者、领导者的道德认知、知识结构、思维方式、教育理念等等，来适应这些要求。这是教育素质更为关键的一面。

简而言之，不是我们创造性地发现或发明了素质教育，而是我们应该与时俱进、老老实实改进我们的教育素质！从源头上看，这才是教育质量提高，从而获得与时俱进的高质量教育的真正基础。

二

有的领导在做指示或有的研究者在解释素质教育时，把它和应试教育相对，指称它是一个为纠正所谓应试教育片面性的提法。这对把主要目标指向知识灌输，指向考试、升学，而忽略或严重忽略人的全面发展要求的我国教育现状来说，初看事实，确有某些合理性。在这里，应试教育或许可以勉强认为是一种教育状态，甚至可以勉强认为是一种教育思潮，笔者也觉得它有片面性，因而应该改进。但是考试，作为一种检查学生掌握知识多少和深浅程度的方法，又有其合理性，不可能完全被否定，把它拔高为一种教育，也否定不了。要把它作为素质教育的对立面，如前所说，实际上就是将它作为教育的对立面，这更加牵强附会。所谓应试教育，最多也只是一个教育中的教学方法或检查方法问题，从教育学的理论结构来看，它和教育或所谓素质教育不太像是一个层次的概念，或者最多只是教育方法视域里的一个子域，很难和我们所熟悉的政治思想教育、诚信教育、文明礼貌教育、爱国主义教育、公民教育、艺术教育、普通教育、职业教育、生涯教育、人文教育、伦理教育、平民教育、民主教育、自由教育、乡村教育、封建教育等概念相提并论，甚至也很难和知识教育、科学教育等概念相提并论。这些教育的次一层概念，较明确的指向成人素质的某一个确定的方向或对象的某一时空范围。

但是，应试教育的提法，同样因为有其事实上的客观性，即在纠正我们现实教育中过分重视知识灌输、过分重视考试成绩的偏误，而具有一定的批判价值。但谁在重视呢？当然首先是教育者在重视，是包括具有很大的教育权力的国家教育部门在重视，是教育机构、媒体、家长在重视，是领导在重视，是包括所有这些影响乃至左右教育的群体以至整个社会，对教育认知的偏误，而不可能是受教育的学生自己先验和自发的重视。这，正好又指向了我们教育本身的素质问题。本文一开始所举的两个因高考引发的问题案例，不可避免地引发人们，包括笔者，也会从相反的方向去思考素质教育，而无法只从好的方向去解释它。人们会因此而去思考文章里的素质教育和现实世界的应试教育究竟为何物，会去思考这两者之间的严重反差和形成这一反差的原因。要思考的，不仅是教育方针和教育政策中的要求和现实脱节的问题，还包括教育研究的理论不联系实际，只跟上头、只做大而空文章的问题，还会要思考影响我们教育成效的一切方面。没有反思影响乃至主导教育者自身问题的勇气，只在被动的受教育的学生身上去做文章，今天要他们这样做，明天要他们那样做，有的人要他们这样做，另外的人又要他们那样做，文章、文件里要他们这样做，实践上却要他们那样做，并且都争相打着素质教育的旗号。这样居无定所的素质教育，只会造成更多的误会、痛苦和灾难，只会使我们民族的素质越来越低，最终影响我们自立于世界民族之林。

打着改革的神圣旗号，千方百计只在被动的受教育学生身上去做那些未经深思熟虑的试验；一味只去批评受教育学生这也不行，那也不好；惟独不愿反思影响乃至主导教育者群体自身的素质，甚至有意无意遮掩对自身素质的关注。这些正是我们今天教育并不十分成功的重要原因之一。

于是，基于以上两点解释，笔者将有理由正式进入讨论：所谓素质教育，其关键问题，恰恰就是教育者本身的素质问题。或者反过来说，只有首先认真、痛切地改进教育者自身的素质，才有可能使教育沿着我们的正确目标前进。

放弃素质教育的模糊提法，减少教育所承受的有形或无形的额外负担，才有可能使中国教育回归教育正道，真正面对提高全民族素质的大任；加强教育自身的素质建设，才是中国教育走向成功的必由之路。

三

凡在教育中承担教的责任，包括直接承担和间接承担责任，对教育特别是对其中的受教育者施加教育影响的人，都可以认为是教育者。我们讲教育的素质，可以从各个方面展开讨论，但不言自明的首先应该讲教育者的素质，其中同样不言自明的就是教师素质，在高等学校里，还有与教师同在一校的我们的各级领导、各级行政管理人员的素质，当然，和中、小学一样，更重要的是校长们的素质。此外，可能更关键的还是各级教育部门领导的素质。这是影响受教育者素质的一个重要而且庞大的群体。

以下，仅仅是举例性的讨论。

本段，先讨论教师的素质问题。

许多经典的和现代的教育著作，都对教师有要求。在我们的观念中，教师总被习惯性地看成是比受教育的学生拥有更多知识的人，且他们不仅是知识的权威，是学生知识和学术水平的评判者，更被要求是思想、道德的守护人，是政治思想正确、听党的话、跟党走的标兵。在中等及以下的学校，他们还是学生的监护人。这些观念，似乎对教师要求有些过高，这可以讨论，但本文倾向于认可。有位论者在讨论学校管理时的一段话很精彩，笔者不忍调整和补充，原文抄录于下：没有教师生命质量的提升，就很难有高的教育质量；没有教师精神的解放，就很难有学生精神的解放；没有教师的主动发展，就很难有学生的主动发展；没有教师的教育创造，就很难有学生的创造精神。教师是学校促进学生发展的主要资源，正是他们的思维和行为方式决定了学生的发展。[2] 由此可见，教师素质对教育素质具有决定性意义，中国教育要想取得明显的进步，要想以真正高素质的教育成果示人，要想真正完成提高全民族素质这个庄严的任务，建设高素质的教师队伍是无法绕过的关口。

为了从观念到行为演化，举例来说，在高等学校里，应该让教师在思想、学术等方面有自由发展的空间，让他们对自己的信仰和追求、对教育的发展以及整个国家民族的复兴，承担更多的责任。当然也应该有较具体、可检验的规范或条例来约定他们的素质。例如，可以要求教师：系统掌握所在学科或专业的基础理论和基本知识；具备所任职务的教育教学能力和科研能力；遵纪守法、诚实、正派，是具有社会主义公德的模范公民；肯认真提出和探讨包括本校教育在内的整个国家的教育问题；热爱学生，对自己的教师职业有较高的认同感和使命感；努力学习（包括向自己的学生学习）新知识、新思想、新方法，不断充实自己、改善自己，是坚持终身学习的样板，等等。强迫会报思想和改造思想，压制自由思考，不是我们所追求的而是应该反对的思维模式和工作方法，但教师应该有自我反省的习惯和勇气，有面对自身教育教学不足乃至失误的勇气，甚至要有审视和批评自己所在的学校和国家整个教育系统不足或失误的习惯和勇气。他们进入了教育的领域，就要准备为这项无与伦比的塑造人类灵魂的事业付出心血，对待教师的职业，要比皈依基督教的教徒对上帝的虔诚更虔诚。教师的职业是如此高尚，以至于无法以金钱、名位、奖品来衡量。教师的尊荣，就在于他们都是国家教育大政方针的最基本、最直接、强度最大的承担者，实际上也是社会主流意识形态的实践者。任何的政治家、专门家、金融家、超级大富，都不能和一位伟大的教师相提并论。在这大变革的时代，教师就是要超凡脱俗，就是要抵制不正当的权、利、名誉、地位的干扰，特别不要因此丧失了求知、求实、求是、求真的勇气。教师素质，或者说教师的人格，是学生素质或人格追求的典范，是国家民族素质的根，当然也首先是国家教育素质的根。

笔者把我们国家队伍庞大的教育研究人员也视为教师，他们当然也应具有教师的操守。此外还有研究方法和态度的问题，我希望约定，我们都要理论联系实践，都要既见森林、又见树木，不要隔靴搔痒，不要天马行空！教育研究人员的高素质，是我国教育高素质的重要方面。

四

另一类影响中国教育素质的重要代表性人物是校长。

这里，也只是举例性的讨论高等学校的校长。

对中国高等学校校长素质的要求，笔者想改变一下探讨方法，首先看看他们的"公众认同度"。有一项调查结果表明：在3300多份回收到的有效问卷中，有69.87%的人认为，当今中国大学校长的形象更接近官员；认为更接近教育家的，则不过6.54%；认为更接近专家、学者的，也不过9.98%。在这些大部分是青年，少部分是中年及以上，平均年龄为28岁的被调查对象中，"记得自己在校时的校长"的人不算少，达77%；但欣赏和支持率却很低："很欣赏和很支持"以及"比较欣赏和比较支持"两项相加，不过20.77%；抱"无所谓"态度的，达33.3%；"不欣赏和不支持"的，达33.37%；"讨厌"和"反对"的，倒有12.57%。[3]这个调查结果说明，中国大学校长最缺的恰恰就是他们最应具备的，即教育素质。这是一件令大学生，也令所有关注中国大学教育的人十分伤感的事。在上世纪80年代，国内就有许多作者如王亚朴、陶增骈、侯德彭、余立等先生，在他们的高等教育管理类著作中，先后提出了高等学校校长的许多条任职标准。还有一个响亮的呼声——要让校长成为教育家，要为大学校长成为教育家创造条件，在那时曾经引起过轰动；英国剑桥大学前副校长 Eric Ashby 也有四条经验之谈，很具理性思辨的价值；美国加理福尼亚大学前校长 Clark Kerr 素描，[4]对我们探讨校长素质，也非常具有参考价值。笔者不打算在此做整合或拔高，只提一点与此相关的具体建议。

校长要有对大学使命的认识。

这也有许多许多经典的和现代的教育著作，包括上世纪 80 年代以来的许多国内作者的高等教育学著作，包括难以计数的论文都可供参考，此处不打算旁征博引。我只想说的是，校长确实应该修身养性，充分认识和理解这个职位的使命、任务、目标、难点和突破点等，我国大学校长没有就职、宣誓一类的仪式，但这种思考比形式上的仪式更重要。近年来我们对大学精神一类话题的议论，已经不算少了，就是联系现实不多，所以基本上没有引起有关方面特别是校长们的回应，只是文章作者的良好愿望。笔者的意思是，最好不要说得太抽象，必须把大学精神与其所在的社会背景特别是社会制度背景相联系。因为大学集中地反映了它的国家、它的社会、它的民族的凝聚力、忍耐力、思想的容量、文化的追求、智慧的水准和精神的高度。包括大学精神在内，以校长认知为代表的大学对自身使命感悟的灵性，是它的国家、它的社会制度、它的民族灵性的表达。对我们的大学，其中自然包括对我们的大学校长不要过分放任，听任他们越来越向官员的目标倾斜，就像许多的评论一样。他们还可以更好些，但也不能太苛求，因为，他们都是在我们这个社会里，在我们这个文化传统氛围中，在我们这样的制度下的一种存在。我们的论者不应该眼睛只盯住校长个人，埋怨他们何以不是蔡元培，何以不是傅斯年、李登辉、张伯苓、马寅初，而要给他们提供切实可行的突破路径，而且要追寻制度上的缺失。但包括校长在内的所有相关的人都应该逐步加深理解校长这个职位，对社会、对民族和对整个国家的长远意义，而不应该只把它理解为一个官位，不能只追寻它包含的名和利。这是一个为国家民族献身的机会，也是一个需要牺牲精神的职位。而现实的情况是，这样的大学校长太少了。这是我国教育的素质不够高的重要表现之一。

恰如其分地要求中国大学校长学习和思考教育（请注意，这不等于说都要去拿一个学位或文凭，这样的"量化"，可能又将是一场灾难），并内化为自己的人格追求和实践，是完全应该的。再往高处看，大学或许还能进一步承担改造社会的使命，能成为社会变革的主要工具，但这是一个复杂而痛苦的过程，校长首先要站在国家、社会和民族的高度思考这个过程，并下决心开始实践。

当然，因为校长还在学校里直接教育学生、影响学生，他们也是教师，同样也要有抵制不正当的名、利、荣誉、地位干扰的素质，同样也要有勇于求知、求实、求是、求真的素质，像前一段对教师素质的要求那样。

大学校长的选拔方式，也能影响校长的素质，但那更多的是教育领导素质的表现，让我们留待后面讨论。

五

社会，即使仅仅为了使所谓素质教育有成效，也应当改善自己的素质。

教育能促进社会的发展，是推进社会前进的一种重要工具。大学，在现代社会里，还具有直接为社会服务的功能，可以直接推进社会生产力的发展，从而增强社会前进的动力。这也是当今世界各国都很重视教育，把它作为国家发展战略领域的原因，有的国家总统甚至发誓要当教育总统。

但是，教育和社会的关系是一种相互依存的关系。历史清楚地表明，一个社会中教育发展的水平，是该社会诸种因素推动和促成的结果。社会诸种因素对教育的作用，在不同的历史发展阶段和不同的国家里，差异是很大的。社会政治的民主化程度越高，教育的阶级性越隐蔽或趋于消灭；社会物质生产水平越高，教育的生产性越鲜明；社会的科学文化水平越高，教育的科学性越强。[5]通过教育，能提升社会文化和文明素质；反过来，社会文化与文明素质，又是教育的资源，是教育素质赖以提高从而使教育取得实质性成效的重要基础：社会对生态、资源、环境保护的自觉意识和积极的行动，是教育反映这种意识，使受教育的学生确立珍惜资源、维护环境观念的最有说服力的教材之一；社会对民主、自由、人权、法治的正确认识，是教育正确反映这一认识和正确施教并取得成效的条件；学校要教育学生诚信、廉洁、遵纪、守法、创新、开拓，要培养他们具有爱国心、爱人心、向善心、疾恶心、同情心，要培养他们的批判精神、自我反省精神，一句话，欲使受教育者的心灵达到这些美好境界，首先是要在社会生活中已有较多的人身临其境；学校、教育，当然要使学生努力学习文化科学知识，还要教育他们热爱科学、尊重科学、相信科学，社会也就不能过分渲染高消费、高享受和无度的玩乐；大学要创造先进文化、高原文化，学生要能反对迷信和盲从，则小自家庭、大至社会媒体及整个社会，就要有相应的认识和氛围。

可惜，在我们今天的社会中，当人们致力于论述学校的素质教育，对学生提出很多高要求的同时，生活中的许多并不让人欣赏甚至令人忧心的风气或恶习，也在教育着包括学生在内的青少年。在官场中，对位势的不正当竞争，竟至到了买官卖官的地步；贪污腐败、执法犯法、监守自盗、假公济私，大大小小的样板到处都有，有权不用是傻瓜的哲学，在无情地腐蚀青少年纯洁的心灵；在生意场中，造假、贩假的样板多而又多，泥沙俱下的广告铺天盖地，甚至稚嫩的少年、幼儿也被诱入其中，接受追名、逐利和造假、贩假的启蒙教育，我们早就把大哲人柏拉图的告戒忘得精光了：不要让孩子接近金钱，不要让他们接受金钱万能的教唆；在学术活动中，粗制滥造论文、著作，实则生产废纸，剽窃他人成果，伪造实验或统计数据，甚至想当然地证明什么是真、什么是很好的学者、专家，欺世盗名、不负责任，客观上也在培育着投机取巧、大而化之、搞假冒伪劣、混世的社会风气和接班人；在文化娱乐中，现代西方的色情、暴力、自杀镜头比比皆是，影视丽人与中国的帝王将相相结合，豪赌、豪饮、高消费、不修边幅的时髦与怠惰、放荡、无所事事、无所用心的混世心态相结合，一齐攻向我们的青少年，使他们魂不守舍，心灵无住，不知游向何方；在日常生活中，不尊重旁人，不遵守起码的行事规则，遇小利争先恐后往前挤，在需要发扬正气之时，却无动于衷或视而不见甚至见死不救，随地吐痰、乱扔垃圾，在公共场合吸烟、高声喧哗、粗脏话不离口，以浪费饭食摆阔饰雅，随心所欲地对待公共的或他人的财物、损毁绿化……小孩子们唱的灰色儿歌，他们相互间的毕业留言，其仿效成人世界的堕落欲望，令笔者我甚至不敢引录。我一直认为：学生考试作弊，肯定是向家长学习的，或者是向其他成人学习的，甚至可能是向老师学习的结果，是这些人对他们"教育"的结果。我的证明很简单，但是无懈可击：当他们呱呱坠地来到人世时，是绝对不会作弊的。我的结论是：学生考试作弊，首先该惩罚的是教育者、是社会，学校党委书记和校长要代表教育者、代表社会真心诚意向学生道歉、请罪，向传奇的乞丐教育家武训学习。这样的教育者素质示范的教育效果,可能比开除作弊的学生要高许多倍,虽然我并不反对处罚学生。

当然,我们也能看到与这些社会病灶相反的健康因素,也能看到报章电视里的先进人物和先进事迹,但总的来说还是太微弱、太遥远,无法有效抗衡这些私心、利欲、无度、无公德心的社会病毒向青少年扩散。

社会是个大课堂,社会也是一个大染缸,它对人、对青少年的影响,有着多向度的特点,我们每一个公民、每一个成人,都应该自觉反思,增强进取心,克服混世心,增强公德心,克服自私心,努力追寻人生真谛,逃离低级趣味樊笼,以为了国家民族的兴旺发达与长治久安、和谐稳定、永远自立于世界民族之林的名义,以为了子孙后代健康成长的名义,努力提升自己的人生品位。学校的素质教育有了这样的社会大反思,有了这样积极向上的大环境,其预期的正向效果,也定会显而又显,事半功倍。

我们党的强有力的领导,应该指导这种大反思,首先要促成这种大反思。

写到这里,笔者想向全社会推荐一本书,就是解思忠先生写的《国民素质忧思录》。这确实是一本好书,有论、有叙、有情、有血、有肉也有骨,只要具有初中文化水平的人就能读,我希望大家都来读,冷静地读,自己思考,必有所得。现转录书中引录的两段美国社会学家、哈佛大学教授 A. Inkeles 通过对好些发展中国家的数千名公众大规模调查得出的主要结论,以便率先与读者共享:人,尤其是普通人,在一个国家的现代化过程中有重要的作用;国家的现代化首先是人的现代化。"痛切的教训使一些人开始体会和领悟到那些完善的现代制度以及伴随而来的指导大纲、管理守则,本身是一些空的躯壳。如果一个国家的人民缺乏一种赋予这些制度以真实生命力的广泛现代心理基础，如果执行和运用这些现代制度的人，自己还没有从心理、思想、态度和行为方式上都经历一个向现代的转变，失败和畸形发展的悲剧是不可避免的。再完美的现代制度和管理方法，再先进的技术工艺，也会在传统人的手中变成废纸一堆。""一个国家，只有当它的人民是现代人，它的国民从心理和行为上都转变为现代的人格，它的现代政治、经济和文化管理中的工作人员都获得了某种与现代化发展相适应的现代性，这样的国家才可真正称之为现代化的国家。否则，高速稳定的经济发展和有效的管理，都不会得以实现。即使经济已经开始起飞，也不会持续长久。"[6]现实情况是：由于国民素质越来越低，现在我们必须不断地祭出"加强管理"的武器，动不动就会设置一些领导小组、办公室、委员会一类的机构对下面实施监护或督促，还有保安、协管、联防，还有制定没完没了的检查、考核指标，还有加固和加高围墙、篱笆、栅栏，——所有这些看似合理的事情，又都是低素质的人在做。在这样的循环中，我们国家和社会管理成本将循环攀升，持续发展将很可能落空。

高素质的现代人，是教育的目标，首先因为它是、也应该是我们的一个社会目标。学校里卓有成效的教育，社会和社会群体、个人的高素质，这两件事是相辅相成的。我们的领导包括教育的领导，首先要反思，首先要进行有效的自我教育，使自己的素质真正达到一个较高的境界，并以自己的体认、更重要的是行为，去教育全社会。对此，笔者将在下一段做更多的讨论。

六

教育的素质，由前一段已提到，当然还包括教育领导的素质。以事实判断，这一领导对教育产生着巨大的影响，而且可能比教师、校长对教育的影响还要大。这一领导的核心当然是共产党,具体化之后,除了各级党的委员会及其宣传部特别是这些部委的第一把手之外,就是政府的各级主管教育的部、委员会、厅、局、处、直至县里的教育科,当然也首先是这些组织机构或部门的第一把手,其次是在这些机构或部门之内工作的干部,现在的新式称呼是公务员。同样以事实判断,所有这些人,一旦光临学校或教育场合或任何讨论、判断、决定、决策教育事务时,都处于做总结、拍板或作重要指示的崇高地位,他们对其所管辖的学校而言,无可置疑的都是领导。说到底,我们的教育和我们的一切事业一样,都是在跟着领导走的,这是一个无法改变的事实。笔者的认识是:领导特别要提高素质,为了使我们的教育真的有成效,真的能承担提高全民族素质的重任。

首先,教育领导要有依法治教的素质。我国虽然近些年制定了包括教育法规在内的许多法律,包括与领导权或公权相关的法律,但权力的明细程度、可操作程度不够,致使领导的权力仍然无法受到制约或规范,对权力没有到位也无法监督或接受弹劾。如对大学的自主权的规定,其几个方面的自主,仍然过于简约,对民主治校的规定也是如此,特别没有相应的义务、督察或问责规定。这是我国大学至今还没有真正实现依法自主办学和实行民主治校的原因之一,也是他们仍然千篇一律、缺乏独创性和活力的原因之一,当然也是事无巨细都要由上面不断加强领导和管理的原因之一。在这样的制度氛围之下,我们的大学距离所谓现代大学究竟是越来越远还是更近?答案应该是很显然的。在远离现代大学的学校中,却又能培养出高素质的现代化建设人才,这是一个难以简单化解的悖论。又如,我们有法律规定:国家用于义务教育的财政拨款比例,应当高于财政经常性收入的增长比例,并使按在校学生人数平均的教育费用逐步增长，在上世纪末就有具有法律效力的文件规定：逐步提高国家财政性教育经费支出占国民生产总值的比例，本世纪末达到4%。从许多数据信息看到，这些指标都没有达到。教育发展的不均衡情况，更严重地妨碍着教育公益性的实现，这虽然还有其它多种原因，但经费不到位也是原因之一，教育领导在这种情况下缺位是更重要、更深刻的原因。目前，在地区之间、城乡之间、学校之间、阶层之间，都存在教育资源配置不均衡和受教育机会不均等状况。例如，富裕省份与贫困省份之间，小学预算内生均经费相差十余倍。[7]这同样反映我们这个社会的法制秩序远未形成。依法治教，首先要有观念，其次还要有勇气，当然还有方法和策略等问题，教育领导需要大力提高依法治教的素质。

其次，与之相类似和相关联的是，教育领导部门自己的政策、决策和意向，也要提高水平，也要有现代意识。这里，只举许多事件中的一个最近的例子：去年7月19日，教育部下发通知，要求高校加强学生住宿管理，但对于学生校外租房，再也没有规定"原则上不允许学生自行在校外租房居住"，而是表示对于那样的学生，学校要制定切实的措施，加强教育管理。我们回忆前年6月份教育部下发"禁租令"时的情境还记得，当时，政策一出台，地方各级教育行政部门立即制定相应的地方性政策，学校为了响应主管部门的指示，也纷纷采取具有针对性的行动，学生及其家长，更是围绕"禁租令"以及学校的规定折腾了好一阵子，媒体更是起劲地宣传报道了这一新政策。然而，只有一年，教育部又事实上将禁令取消了，没有开新闻发布会，更没有向社会公众做任何解释。颁发"禁租令"时"声势浩大"的渲染，和取消禁令时的悄然无声，着实让人吃惊。[8]如此迅捷的反复，如何能反映领导的集思广益、深谋远虑和说服力。而思想上和认识上的集思广益和深谋远虑,应该是现代领导的重要素质之一。

第三,教育领导在方法上,要认真反思我们文化传统中根深蒂固的下级服从上级、多数服从少数的领导方法和思维方法,至少要在自己的教育领域,寻求更富现代气息的突破。这里仅举一例,即关于校长选拔方式变革的建议。我国高校校长一般由政府任命,这好像是不错。从某种意义上说,这是国家和政府重视高等教育的表现。但是,在确定校长的人选上,目前仍然仅由上级部门决定,没有一套公开或半公开的选拔程序和条例,具有很大的随意性。由于不了解这类教育和学术机构的特性,仅仅把这一选拔工作,视同选拔行政首长或部队首长的工作。如果能让学校的教授也有实质性的参与选拔的机会,对于有影响、有声誉的大学,能让社会名流也有发表意见的机会,而后让相应的领导部门或权力部门裁定和任命,可能是一个很有积极作用的过渡办法。这是一条克服校长职务行政化、官僚化,克服校长失去教育理念、教育良知的重要途径。前面已论及,具有教育理念和教育良知,是校长素质的首要一条。这一改革,涉及教育领导对自己权力的认识,涉及对多年来我们所习惯的不断加强领导的思维定势的反思。虽然这也只是教育领导素质问题之一,但通过这一制度、规范和程序性的革新,可以使参与选拔校长的群体和个人,包括参与其中的教师和发表过意见的社会人士,主动或自觉地承担办教育或办学的责任。因为这个过程本身就是一个调动积极性、激发主人翁责任意识的过程。当然,通过这一革新可以期望选拔到相对优秀的校长,甚至更具体的对在任校长素质的提高,也是一种促进剂。总之,这是一个可以体现领导素质的改进,并可期望其成为促进大学教育素质提高的最具现代意识的重要举措之一。

这里举的只是一个方面的例子,但它可以让我们反思我们在整个教育领域，在这个"知识分子成堆"的地方，领导都应该有不同的思路，采取不同的方法，不能只取民主集中制中的后面一半，不能只用一言九鼎或自上而下的方式拍板和解决问题。在这方面，教育领导素质确实还有很大的改善空间。

最后，教育领导要有问题意识，特别要克服单纯追求功利、政绩目标的思想。

在我们的生活经历中，曾经听见过多而又多的教育成果和经验，这些东西，不能说都没有道理，但许多都是临时有效的，甚至是过后就无人问津的。例如：建立了符合校情的教学质量保证与监控体系，成效显著的经验；切实加强和改进思想政治理论课教育和教学的经验；建立毕业生就业标准化轨道，保证毕业生高就业，使初次就业率持续保持在95%以上的经验；构建复合型人才的因材施教培养模式的经验；把党支部建在班上，推动学生党建工作持续健康发展的经验；学科性公司制的成功探索经验；全方位开展诚信教育的经验；就业指导从入学就开始的经验；加快高校国际化进程的经验；高校后勤社会化的新模式，等等。依笔者的推断，如果那么多的经验都是真经，可能我们的教育现代化早就实现了，可能我们的素质教育也早就成功了。可惜，真实的情况并非如此。还记得，在党的十六大前夕，教育部领导曾号召我们，要认真总结改革开放以来教育战线所取得的伟大成就，向十六大献礼，却绝无要我们回顾历程、提出问题、总结教训的只言片语。而我们的教育，问题或教训，成就或经验，两面都是同样存在的，而且没有任何有说服力的研究表明，前者比后者更少或更无足轻重。我无法理解，我们的教育领导为什么不力争让十六大同时也认真讨论问题或教训的那一面。

人，当然常会为自己有健康的身体而得意，但刻骨铭心的是自己的病痛，总要千方百计的治好它而后放心。教育，如果我们真的把它当成自己切身的事业，难道不应该对它的问题或教训进行刻骨铭心的思考、诊治吗？教育领导的素质，在这一方面，确实也还有进一步提高的空间，为了使我们的教育真的上一个台阶，而且这是所谓素质教育成功的更具决定意义的关键。

窃以为，我们的教育高层领导，特别应该认真对各个层次的教育领导和管理人群，制定出一整套科学合理的指导原则和行为规范，并对实行情况进行认真评估和检查，包括有被领导和被管理的对象参与的评估和检查，制约他们对自身权威的不正确认识和运用，作合格的教育领导者和管理者，并努力服务于教育，努力服务于教师和学生。

此外，对教育主要官员的选拔也有可以讨论的问题，本文虽然不能提出像选拔校长那样的具体建议，但人们一定理解，改进选拔，对教育官员的素质从而对整个中国教育的素质也会产生积极影响。可惜目前还无法深入讨论这一问题，本文只可到此为止。

不能再耽误时机了，对所谓素质教育，从理论到实践都有必要抓紧进行一次大反思、大检查、大讨论，在真诚和民主的讨论中，寻求提高中国教育的素质进而提高全民族素质的真经。

参考文献

[1] 中央教育科学研究所等合编，《杨贤江教育文集》，教育科学出版社，1982年出版，第413页。

[2] 行知一笑，《今天谁有权评价校长》，《现代教育报》，2005年6月29日，第6版。

[3] 陈敏，《他们这样看校长》，《南方周末》，2005年6月30日，第D25版。

［4］Clark Kerr, THE USES OF THE UNIVERSITY, Harvard University Prees, 1982., P. 25.

［5］叶澜著,《教育概论》,人民教育出版社,1999年版,第97—98页。

［6］解思忠著,《国民素质忧思录》,三联书店(香港)有限公司,1998年版,第6页。

［7］张维平,《维护教育的公益性》,《求是》,2005年,第14期,第48—50页。

［8］大丫山,《教育政策出台岂能儿戏》,《中国青年报》,2005年7月22日,第2版。

本文原载：中南大学《大学教育科学》,2006年第3期,
第14—21页

境外高校内部的民主管理——
特征、案例及启示

摘　要　本文讨论了以教授参与为特征的校内民主管理的意义和原理；在对世界高等教育的两类体制模式作了区分之后，列举了一些案例，说明民主管理的方法的可通用性；此外，针对我国高等教育的历史和现实情况，本文还解释了校内民主管理的方法与其他方法或概念之间的联系与区别，指出不能期望"一抓就灵"。

关键词　民主管理　教授会

一、作为方法的民主与民主管理

《中华人民共和国高等教育法》第十一条规定，高校应当实行民主管理。对我国高等教育改革乃至高等教育现代化，这至今仍是一个非常值得讨论的关键问题。

在管理中采用民主的方法，就是允许、提倡和实行被领导者和被管理对象反身参与管理。这是在一定条件下自己管理自己的方法，其管理目标的实现和任务的完成，既与管理者、领导者自身的能力相关，也与对象的参与水平和方法相关。更具体一点地说，这种管理方法，实际上使对象对自己要完成的任务承担了更多的任务，但从表面上看却是被赋予了相当的权力，包括参与制订决策和措施、参与对决策和措施的执行、参与对结果的检查和评鉴等权力。

权力有时会被理解为权利，所以权力的分散，有时会被理解为权利的分散。这是为什么在实际上会存在不喜欢民主管理的原因之一。坦率地说，这是目前还无法解决的道德难题，笔者也只能暂时避开这一难题，即假定本文的读者，都很愿意探索和实践民主管理的方法，不会觉得它是一种讨厌的和应该诅咒的东西，不会酿成对主管者根本利益的损害。

但是，民主的方法是否适用于各个领域的管理呢？是否适用于例如政府机构、部队兵营、金融部门的内部管理呢？是否适用于工厂、农业生产组织的内部管理呢？这难以一言以概之。想象之中，至少在方法的运用形式上，不可能千篇一律，需要具体研究。但这种方法适用于高等院校的内部管理，却是肯定的。

在高校内部可以实行民主管理，其原理也许并不复杂。因为这里的被管理对象，许多都有很高的文化水准，一般都具有理性思辩的习惯和特长，在常态社会里，他们的工作自觉性相对更高，而盲目性相对更少。这里的教师，特别是那些具有真才实学的资深教授，长期与知识、学问和学生打交道，致力于培养人和教育人的崇高事业，致力于对各自专长领域复杂事物的探究和发现，他们对自己所从事的工作的意义的理解，是在这一职业之外的人难以匹敌的，甚至也是许多被定为领导或干部的人难以企及的，虽然不敢保证没有一些例外。即使曾经是学生、高校教师甚至曾经是教授的人，后来成为了管学校、管教师、管政府教育部门的专任干部或专任领导，从总体上或从统计意义上进行比较，他们对学校、教育、教学、科研工作的理解，可能也远不及学校教授群体更深刻。化学系的一门课程的教学大纲或整个化学系的课程改革方案，包括教学方法的改革，很难说必须由校长、书记或教育局长提出或批准。学生的成才教育、全面发展教育、师生关系、通才教育之类的宣言，如果不请学校的教育学教授或其他学科的教授们来出主意、拿办法，让他们不受某些先验原则的制约而自由思考，难道还能有更好的主意？管理科学教授们关于管理原理、原则和方法的讲课，似乎从未有人说过一句"高等院校除外"，那我们为什么常常会愁苦于我们高等院校管理的低效率而不求助于他们？正面应答这些诘问，就可能导致对高校内部采用民主管理的方法的意义和原理的理解。

干部和领导确实有一些特殊能力和特殊视野。采用民主管理的方法，不是否定他们的作用，也不是用教师、教授甚至学生或一般行政人员来取代他们，而是敦促他们同时掌握另外一种方法，也可以说是一种特殊能力，拥有另外一种特殊的视野。他们要借助这些能力和视野，看见教师特别是教授们在高校内部管理中的不同寻常的作用，在尊重知识、尊重人才、尊重创造和尊重劳动方面，为国家、社会和人民带一个好头，树一个样板。

二、院校内部管理的两种模式

有心的读者可能会注意到，由香港教育统筹局委托英国爱丁堡大学宋达能校长领衔撰写了一个报告。这个以《香港高等教育》为题的报告，以香港大学资助委员会的名义，于2002年发布。在讨论所谓"院校管治"时，做了两种模式的区分。其中的甲模式为绝对等级制，权力完全为上层所有，并根据严格的习惯和规定，向下层逐级授权。除了权力外,还有责任和问责义务。而乙模式则是另一极端,笔者建议取名为无等级协商制,即其决策过程涉及所有成员,每一成员发表意见时,原则上都拥有均等的权力,在需要以投票方式表决时,原则上也都是每人一票。[1]

有研究者则从管理决策的统一性或连贯性出发进行分析,而且分得更细致,认为院校内部实际上有四种管理结构类型:高度内聚的结构、联邦结构、联合结构、社会选择结构。[2]如果没有必要作精细的鉴别,此处的"高度内聚结构"就可以与宋达能的甲模式,即绝对等级制相等;另一端的"社会选择结构"就可以与乙模式相对应;而中间的两种结构,则可以理解为向这两个极端类型过渡的桥梁。

综观之,甲模式的吸引力在于,可以迅速作出决策,在行事与过程方面都有较清晰的责任。但这种模式的风险较大,主要涉及对院校价值的理解,理解偏误,即会对过程和结果产生不利的影响,偏误越是趋向高层,消极结果越严重,即所谓"系统误差"会越大;风险还涉及院校内部成员之间的忠诚、信任,涉及对有关事务参与的积极性。而乙模式的吸引力则在于,院校成员共同议决事务,所有决定和措施都可建立在成熟的群体认同基础之上;其风险在于,面临转变的关头,可能会出现长期议而不决的情况而贻误时机,当出现新需求或新的发展可能性时,情况可能更加如此。当然,这种模式在感受新需求时会有其独特的敏捷性。

对现实世界的高等教育体制进行整体的考察,也有两种体制性模式:一种为国家主导型高等教育体系,另一种为社会主导型高等教育体系。为节省文字,分别称它们为 A 模式和 B 模式。[3]

A 模式中的院校,主要通过国家和政府来操办;模式中的院校,则主要依靠社会支持,依靠市场引导。当然这种区分也是很粗略的：有些国家，其主体虽属 A 模式，但也有 B 模式的痕迹；另一些国家，则又有着相反的情况，即虽其主体是 B 模式，但国家出钱办学的比重也很大。在我们的经验视野中，总的情况可能是，A 类型的体制模式，容易形成院校内部的绝对等级制或集权式管理；B 类型的体制模式则更容易形成院校内部的无等级协商制或民主管理。这就使我们从宏观体制的根源上，把握了宋达能对"院校管治"的两种模式区分。

下节的案例举隅将说明，在今天的世界上，无论哪一种体制模式，院校内部管理，都不乏对民主管理方法的使用。当然，或许 B 类型体制模式，其民主管理更为顺理成章。这些案例还说明，民主管理方法的具体展开形式是千差万别的，只要有教授或其他明白人从任何一个角度参与了管理，而不全是干部或领导独行独断、纵横驰骋，都可以接近民主管理。

三、A 类型体制模式下的案例

法国是这一体制模式的代表。在校外，是高度的中央集权；但在校内，教授却很有权威。虽然所有的高级教育人员，包括高级讲师，都享有明文规定的权利和义务，不过，只要教授才有权参与学部、大学乃至国家的各级决策机构的事务。在这里，"无论是系主任还是院长都无权向其同事下命令或仅仅是提示。""除了上帝之外，他就是自己的主人。""行政上的僵化同规章制度内的无政府主义般的自由，这二者的结合是法国政府的典型特点"。[4] 以我们的眼光来看，这种集权模式的核心，除经费主要由政府拨付之外，主要在于大学校长要由政府任命，校长名义上必须对任命他的机构负责。除了特殊情况之外，校长任命之前都要由校内的机构如董事会、理事会或其他组织提名甚至进行选举。在这一道关口上，学校的教师就可以表达自己的强烈愿望和要求，使人深信不疑中央集权和同样使人满意的教授、知识分子自由主义和个人主义的合理性得到了对立的统一。有时，对立非常尖锐，但由于教师参与了意见，在他们看来所谓中央集权，仅仅不过是政府相对学校一级首脑而言的，所以他们很满意。

例如，巴黎第七大学，其校内行政机构的组成，即可见教师民主参与的一斑。根据1984年颁布的《沙瓦利法》，巴黎七大是一所国立大学。几个行政机构，如行政部、科学部、教学部的成员，分别在教学、科研人员、行政人员、学生及校外人士中甄选。行政部有54名成员组成，其中包括教师24名、学生12名，余者为行政人员；科学部由35名成员组成，其中教师和行政人员28人，学生3人，校外人士4人；教学部由30人组成，其中教师和学生各12人，校外人士3人，余者为其他人员。行政部的职责，是主管财政预算和基本规划；科研部，主要负责确定科研项目和科研费用预算及分配；教学部，主管教学计划，建立新的学科专业，并为学生们的专业定向和职业选择准备各种可行途径。校长，则由这三个机构选举产生。

有的大学里设有大学理事会，其成员包括各学部或教学与研究单位的主任，每个单位和学部选出的两名教授，以及若干名学生和校外人士等。这种有教授深度参与的理事会，在有些大学里是分理的，如格勒诺布尔第一大学（University of Grenoble）就有一个大学学习生活理事会和一个大学科学理事会，其成员都由教师、学生、行政人员和技术人员代表等组成。另外，这所大学还有一个董事会，其组成人员与理事会差不多，只不过人数要多一些。通常理事会实施学术管理，董事会则代表各方面的意见进行决策。有的学校则称理事会为委员会，如巴黎理工学校就设立了校务委员会，而巴黎第一大学的委员会则是分理的，分别称为科研委员会和行政委员会等，无不反映了教授对学校管理的参与。

日本是这一体制模式的另一种代表，其国立大学，都受文部省控制，文部省着重维护其属下的名牌大学的地位，实际上是以示范的方法，建立控制权威和维持等级制。为了便于控制，日本国立大学的教授都享受国家公务员的待遇。正是由于这一待遇，使今天日本大学法人化的改革遇到了不少阻力。日本国立大学和私立大学都实行学部制，实际上这就是我们习惯使用的学院或系。在国立大学内，各学部有学部长和教授会甚至董事会，都不乏教授参与的痕迹。

例如，根据《学校教育法》的规定，东京大学设立评议会，为学校最高权力机构，由各学部长、直属部门负责人、每学部两名教授代表组成。总长（与校长合一）为评议长和名义上的法人代表。评议会的职责是审议、协调、决定学校的重大事项和监督总长的工作。各学部的教授会，由全体教授组成，吸收部分行政人员参加，负责选举学部长和决定学部的重大举措。

日本的其它国立大学，情况与东京大学差不多。

四、B 类型体制模式下的案例

这一体制模式，以美国最为典型。美国大学和整个高等教育体系的灵活性、多样性、对外部世界的适应性，常被我们称道，但我们对其根基却关注不多。其实，这个问题也很重要。笔者认为这些特征与他们院校内部的民主管理就很有关联。

在他们的院校内部，一般其基层学术单位是系。系的权力，首先在正教授中分配，其次在副教授中分配。在有些问题上，系主任必须同其他正教授商讨，甚至有时可能还得和全体教学人员商讨。

少数服从多数，是进行决定的主要原则。但由于系主任一般是自上而下经协商而产生的，所以他还要向组织等级中的上级（校级或校内的学院级）负责，是一位处于上挤下压地位的中间人物。而在中间层次的学院一级中，院长一般由大学的最高官员任命，他必须对任命他的人负责；另一方面，每个学院还拥有一个或几个社团组织，如文理学院教授会、本科生院教授会、研究生院教授会等。这些组织定期或不定期举行会议，听取各自学院领导的报告，并通过集体投票进行表决，这是一种需要自我调和的二元结构。这种情况，延伸到学校一级，其结果就是日常工作运行中就需要把教授、行政人员和董事各自所使用的权力形式交织起来。其中，教授等教学人员，通常是通过学术评议会和教授会的组织机制发挥作用的。[5]

选择的具体案例是伯克利加州大学。它是加州大学的一个分校，但实际上是一所相对独立的州立大学。该校始创于南北战争之后，历史并不长，但到1925年以后，即成长为美国最好的大学之一。据笔者所看到的评估资料显示，自20世纪80年代以后，它经常出现在美国前25名最好的大学名单之中。迄至笔者编写《世界著名大学概览》[6]的90年代，伯克利加州大学已先后有15位教授获得过诺贝尔奖。这在美国州立大学中是首屈一指的。我国台湾的《远见》杂志曾组织过一期调查特稿，标题包括"以学术巨人为师：伯克利加州大学成功的例证"、"一流大学，一流管理"等[7][8]，从中都能看到这是一个教授民主参与管理的杰出样板。限于篇幅，以下引述的材料，只就教授民主参与的问题，援引当时华人副校长田长霖（他后来还担任过校长）的答问。田长霖教授说：

虽然几乎全美各大学都有类似的（教授会）组织，但组织最庞大且在学校中力量发挥最强的首推伯克利加大。举凡全校的学术方针规划、全校教授的评鉴、任用、升职、加薪等等，决定权全属教授会。……教授会拥有最大自主权，学校最高行政首长（校长、副校长），只执行教授会决定的学术方针及校董事会决定的非学术方面的行政事务。

一般而言，校长的否决率占1%—3%左右，多半用在与政策有关的事务，或在决定性边缘的事务，或与州议会有关的政治事务。大致说来，校长是相当尊重教授会决定的。

基本上，每一位教授都是教授会的成员，但全校有1600位教授，不可能全部参与实际运作，因此就有所谓"教授代表"约100多位。即使这100多位代表，也很难直接运作，所以是由许多小组来执行各种事务。如预算经费小组，掌管全校教授的评鉴、升等、加薪等，是最重要的小组。又如研究计划小组负责决定研究方针、研究事务及政策的处理等。如学校对星际战争研究应采取何种态度？电机电脑系愈来愈大是不是正常现象？人文社会科学的外界经费支持不如工程科学那么多，应有那些校内补贴措施？还有教学小组负责教学方法的改进，颁发杰出教学奖，等等，其他还有课程小组，负责全校每一门课程的规划与教学计划。

总结来说，教授会力量很大，举凡任何与教学、研究、学术相关的问题，都有教授会掌握决定权。至于教授会中各小组的成员，是由1600位教授经过普选产生的常务委员会（Committee on Committees）指派。

因为传统上伯克利加大校长与副校长人选常常由教授会里活跃人士甄选，所以学校最高当局相当尊重教授会的决定。如现任校长赫曼，曾是教授会政策小组主席，我本人也曾为教学小组主席并参与过其他小组的工作；当然，也有许多位校长、副校长卸任后成为教授会的要员。在如此优良的传统中，校长与副校长即使在会议中与教授会的教授争得面红耳赤，但是在原则上，最后一定会尊重教授会的决定。

在这里，名副其实的是以学术巨人为师。对作为当事人的田长霖先生的话，再作任何解释都是多余的。

B类体制模式下的案例还有很多，限于篇幅，不冗述。但建议读者留心伦敦大学的情况。

五、供批评的几点补充解释

为了更深入地联想我们自己，也为使读者对以下几点补充解释的批评更能直指要害，笔者想对本文作为方法的"校内民主管理"的概念再一次澄清。这指的是，使我们习惯视野中的那些被管理的对象，特别是其中的资深教授和其他教师，有些情况下可能还包括学生及资深行政人员，反身参与管理，包括制定决策和措施方案、参与督促对决策和措施的执行、参与对决策和措施执行结果的检查和评鉴等。本段补充的解释包括：

（一）校内的民主管理，不同于"提拔"教授当官

提拔教授或其他知识分子当处长、校长、局长、市长、部长，安排他们成为代表、委员，这总的来讲只能涉及少数教授等人，而民主管理的方法，则涉及了教授和其他相关人员的整个群体。如确是工作需要，而且符合某种合理合法的安排原则与程序，提拔教授当官，这无可挑剔，也是正常的社会政治生活所不可缺少的。但是笔者还是坚信，不能太多的以加官的方式给有研究才能和成果的人做奖励。加官奖励，从领导来讲，虽然可以团结人、笼络人，但在许多情况下却消解了人们追求科学与创造的意识。所以总的来说，这也是我们的科学研究很难上水平的文化思想和制度方面的原因之一。[9]根据古希腊大哲人柏拉图的分析，每个人都有三种心灵：爱

智（爱学）的心灵、爱胜（爱敬）的心灵和爱利（爱钱）的心灵。[10]我们不要鄙视爱胜和爱利，但更应当激励爱智的心灵，让它长盛不衰，尤其对学校教师这样的知识分子。民主管理的方法，更有利于这种激励。这也能印证"第三思潮"心理学家的所谓"需要层次理论"。

（二）民主管理的方法，也不同于过去我们归纳的所谓"教授治校"

或许由于过去我们戴着有色眼镜，把"教授治校"理解为搞资产阶级知识分子专政，甚至把这理解为教授像封建把头那样，"老子说了算"。所以"教授治校"的名声不好。如果真的是这样，那这里的校内民主管理，确实不能与"教授治校"等同。这里是指教授们（包括其他相关的明白人）与学校的党政领导甚至与校外的教育行政领导，共同来承担办学决策、督促、运行和评估的责任。因为它指的是这个群体以共同认可的规则、规范、制度下的参与，这既能克服教授们因"行会传统"或专业界墙而可能形成的偏执、保守、文人相轻等缺陷与不良积习，又可以最大限度地发挥他们的智慧和创造才能。民主管理的建设性作用之一，在我们这里，起码是可能对领导者起智囊作用、促进作用和制约作用，防止集权型领导中的短期行为或决策失误。所以大学教授们既是专业教学科研任务的执行者、教育教学政策的执行者，又是这些政策的主要源泉。[11]

（三）校内的民主管理，不能期望"一用就灵"

这也是很显然的，因为这要有一个试验过程。从采取什么组织形式，到操作规则和规范的选择与优化都需要创造。这一过程不可能一帆风顺。在还不适应这种方法时，可能会使我们走入二律背反的循环圈。它表现为：以充足的理由和强烈的愿望证明这是一种好方法，但在初始阶段，可能出现针锋相对、僵持不下，甚至出现作出错误决策和反常运作的情况，可能出现分歧的派性化和其他不良积习重现，从而使这种教授们参与的民主管理的方法遭遇非议，甚至被认为是一种坏方法而被拒绝和批判。当这种情况出现的时候，领导层的引导、等待和宽容很重要。"尝试——错误"是一种学习模式，当然也可以成为以教授参与为特征的校内民主管理方法的实践模式，实践也是学习，而且是更重要的学习。高校内部的民主管理，不能期望一用即见效果。

参考文献

[1]（英）宋达能，《香港高等教育——大学教育资助委员会的报告》，《教育参考资料》，2002年第17—18期，第12页。

[2]、[4]、[5]约翰·范德格拉夫等，《学术权力——七国高等教育管理体制比较》，王承绪等译，浙江教育出版社，2001年出版，第54—55，第113—119页。

[3]杜作润，《再议创一流大学问题——案例举隅》，《有色金属高教研究》，1999年第4期，第27—31页。

[6]杜作润等，《世界著名大学概览》，四川人民出版社，1994年版。

[7]魏瑞星等，《出奇才能制胜：访伯克利加大副校长田长霖》，《远见》，1986年12期，第82—83页。

[8]贾志兰，《国外高校改革探析》，上海大学出版社，2001年版，第79—95页。

[9]杜作润，《让"研究型大学"可望又可即》，《现代大学教育》，2002年第2期，第20—23页。

[10]（古希腊）柏拉图，《理想国》，郭斌和等译，商务印书馆，1997年版，第266—371页。

[11]杜作润，《强化激励机制是高校管理改革的重要问题》，《教育管理

研究》,1992 年第 4 期,第 13—16 页。

本文原载《北京大学教育评论》2004 年第一期,第 38—42 页

试论我国高校的自主办学

摘　要　我国高等院校，目前既受传统惯性制约，又受新事态、新进展的激励。其面向社会、自主办学、民主管理的真正进展，必须要在包括教授参与管理、实行自我约束在内的诸多方面，从制度、规范、程序上首先有具体突破，并且必须要有创新。

关键词　高校、自主办学、民主管理、自我约束、制度创新

一、文献引证和问题设定

实际上，早在 1985 年，《中共中央关于教育体制改革的决定》就指出了我国高等教育中的制度性问题，"政府有关部门对学校主要是高等学校统得过死，使学校缺乏活力；而政府有关部门应该加以管理的事情，又没有很好地管起来。"并明确提出了扩大高等院校办学自主权的指导思想。1992 年的《中国教育改革和发展纲要》则进一步要求，"通过立法，明确高等学校的权利义务，使高等学

校真正成为面向社会自主办学的法人实体。……建立起主动适应经济建设和社会发展需要的自我发展、自我约束的运行机制。"从而形成了我国高等院校面向社会、依法自主办学的理论基础。1999年1月1日起施行的《中华人民共和国高等教育法》（以下简称《高教法》）的第十一条，则更直接规定，"高等学校应当面向社会，依法自主办学，实行民主管理。"在该法的第三十二条到三十八条的七个条文中，用总共七个"自主"的词汇，具体规定了高校应该自主的七个方面。这些文献从研究问题的角度看，并不都是完美无缺的，有些条件性定语，往往使"自主"不够充分，容留了一些不确定因素的介入，但总的方向是增加自主成分的办学方向。

通过对这些权威文献的引证和回顾，让我们首先有了清晰的概念：我国高等院校自主办学，是我国改革开放的重大成果之一，是我国学校建设和发展的不可逆转的大趋势。

问题在于自主办学的现实表现还不尽人意。在上，指手划足自以为是的工作方法和作风还挥之不去；在下，等、靠、要的思想方法还比较明显。人们从教育事业发展的愿望出发，依法办事、依法争权和维权的意识还基本上没有被激发出来。所以，高等教育的质量和效率并无明显的改观，院校的外显模式和内在运行方法仍然千篇一律，鲜有个性特色。

自主办学，也确实还有一个"怎么办"的原问题。必须要寻找新方法、新思路，进行具体的制度、规范和程序建设，这要进行必要的研究和探索。不断加深对"自主"的意义的认识，明确自主办学的必然性和必要性，深化对与自主办学相关联的大学和其他高等院校的特性的认识，对它们的内外环境与变迁的认识等，也都非常有助于这种研究的探索。

在这篇短文中,不可能把"怎么办"的原问题都一一讨论到。例如高等院校的特性问题,现代大学存在的价值和方式问题等,因为已有许多论文讨论过了,如果再来重复,肯定没有新意而且会增加本文的赘冗。但将以下几个方面的问题作些简要的讨论,也许还有意义,而是否真的论之有理,就要请读者批评了。

二、中国高校管理体制沿革

本文对此也只能作简要的勾勒。

在古代,被笔者称为古典大学或学院的那些机构,因为大多为官府所设,所以只是一种附属于官僚政府的具体衙门,如国子监、太学之类。它们的掌管人(如国子监祭酒),自然都是由皇室任命、忠于朝廷的官员了。这种学在官府的教育和大学集权管理模式,它的读书做官的教育理念,长久地影响着中国的学校教育,甚至至今还在影响中国高等院校的发展。至于后来兴起的某些独立的古典学院——书院,其内部结构似乎倒也很简单,用现今流行的术语讲,倒也可以称为"山长负责制",但也是一种集权性质的体制,毫无民主管理的基因。

我国的近代高等院校,虽然受古典学院的影响,但最初引进时还是受西方工业国家的启示,进行了许多迂回、曲折乃至失败的试验。以1898年经清政府批准成立的京师大学堂为例,当时的所谓《明定国是诏》规定,大学堂设管学大臣一员,总教习一员;还规定各省的学堂皆归京师大学堂统辖。从中仍可以看出学府和官府合署的痕迹。这种法国帝国大学的高度集权模式,中国的学人和统治当局在自上而下兴办新式大学的时候,一学就会。

近代以来的学术自由试验特别是民主办学试验,发生在辛亥革命之后。1912年,京师大学堂改名为北京大学,1916年北京大学设立评议会，并成为学校的最高立法和权力机构，其成员由各科学长和教授经选举产生；另外，学校还设立了行政会议。在南京的东南大学，1920年成立了董事会，校长受董事会选派，通过评议会、教授会和行政会来推进学校的大政方针的制订及实施教学和行政管理。在上海的复旦大学，1913年成立校董会，首任董事就有孙中山先生，董事长是北洋大学1899年毕业的在我国大学取得本科毕业文凭的第一位学生王宠惠，1933年的董事会章程规定，私立的复旦大学校董会由15人组成，其中校友7人，其他人士7人，校长是当然董事，并规定了董事会的职责。此前，1927年12月，复旦还设置了师生联席会议的民主议事机构，其宗旨为"师生合作，发展学校"。从这些简要的介绍中，我们能看出西方大学民主管理和自主办学思想对中国的影响。但是，那些年代，社会民主气氛淡薄、封建专制制度的精髓未泯，时政混乱、军阀当道、列强虎视鹰瞵，注定了所有试验都是难以成功的。清华大学建立的最初11年间（1912－1922），校长换了10人；而北大校长蔡元培先生，由于受不了官僚政府对学校各种事务的干涉和"训饬"，在高呼"我绝对不能再作那政府任命的校长"、"我绝对不能再作不自由大学的校长"之后，愤然辞职（1919年）。足见"民主"、"自主"、"自由"与中国大学情缘之浅薄。

中华人民共和国建立之后，1952年的院系调整，从形式上彻底摧毁了中国近代大学的西方资本主义大学的微弱基因，组织上，完全成了政府的下级部门，学在官府的实质再一次重现，虽然读书做官已不是教育目的的全部。在"文化在革命"的长达10年的非常时期，学校的一切权力归"革命委员会"，连校长也没有了，代之以"校革命委员会主任"来贯彻中央的政治和阶级斗争主张，并以此为主导管理学校的工作，而这些主任，则或者是军人，或者是工人。这是中国大学和学术最可悲的年代之一。其对高等院校的管理产生的消极影响，和"学在官府"的制度特征一样，至今仍然却之难尽。

所幸，通过20多年改革开放的启蒙教育，包括高等教育和大学改革开放的启蒙教育，今天，我们已有了新的认识，《高教法》，特别是其中的第十一条，及前面提到过的有关自主条文，为我们放胆探讨如何面向社会自主办学和民主管理的问题，提供了合法的依据。在这一历史和现实的难点上，我们毕竟前进了一大步。

三、新事态、新趋势、新问题

事实上，我们也真的应该前进，应该继续往前看。因为我们的高等院校早已不是在一个很纯粹的生存环境之中，既不需要致力于维护那高度统一的、高度专制和集权的封建制度的稳定与"和谐"，就像几千年中国的古典学院和大学的所作所为那样；也不能像中世纪以来许多西方大学那样，仅仅把自己关在高楼深院里研究高深学问和经典，有如今天还有许多研究者对此所作的引经据典的研究和论证那样；当然，它们更不是只致力于阶级斗争和维护某些政治原则的机构。它们必须面对许多前所未有的新事态、新趋势、新问题，必须抓住新机遇，实行脱胎换骨的变革，谋求前所未有的发展。

首先，我们似乎正面临着上世纪中期以后，在美国出现的所谓高等教育的"第一次冲击波"，其中，高等院校要担负国家科学技术发展的重任；要让更多的高中毕业生走进校园，10%的比例太少，15%，25%，30%都嫌不够；它们还要满足越来越多的不知疲倦的学习者再一次返回校园的要求。人们对高等院校乃至整个高教系统提出了越来越多的要求：使精英高等教育向大众化的方向发展，要追求教育的公正或公平，要有国际视野、与国际接轨和推进高等教育的国际化，要为"科教兴国"的国家发展方针作出突出的贡献。国家和整个社会，包括绝大多数的普通老百姓，都在目不转睛地盯着高等院校。这和100多年前很不一样，甚至和50年前乃至20多年前也不一样。

实际上，对我国整个教育而言是一波未了，一波又兴：知识经济、传统经济，对我们都有要求，压力都很大；电子技术、信息技术、互联网、DNA革命及随之而来的争议、希望和恐慌，人口的空前膨胀，资源无尽头的消耗和浪费，环境污染和生态恶化；企业和其他许多热心人对高等院校的企盼和介入，等等。人们恨铁不成钢，公开或私下批评说，教育要对社会的不良风气负责，对社会的诚信缺失负责，要他们对我国包括人文社会科学在内的科学技术的落后水平负责，其中包括对我们至今还没有获得诺贝尔奖负责，甚至有的教育研究者还大度地声称教育要对几千年的文明史负责。至少，高等教育，高等院校，处在这失望与期望、批评与关爱交织的波涛之中。我国高等院校，确实已从社会的边缘，走向了社会生活的中心。

还有，高等教育的投入问题也是一个触动神经的问题，极少有高等院校不在为经费的短缺而伤透脑筋。国家加大投入力度，社会集资，捐赠，受教育者分担教育成本，各种解决问题的办法都在使用。新问题又出现了：高等院校为此必须应答所有各投入方面的要求和愿望，包括对来自院校内外对教育资源使用不当或浪费的批评的应答，对教育效率与公平问题的应答，对市场、竞争和淘汰问题的应答。而且，效率，还主要不是指资金的财务账面效率，而是指决策和运作过程是否规范和有效，乃至学校的专业结构、学科结构、课程结构等，是否真的与社会和科学技术的发展相适应，特别是其科技成果和人才成果的水平是否真的满足了社会的包括投入者在内的要求和愿望等等。

无需什么高深的理性思辩，我们就能感知现时我国高等院校面临的这些新事态、新趋势和新问题。基于这些不完全的现象罗列，我们能感觉到，真的要实现我国高等教育现代化，包括真的能面向社会、依法自主办学和实行民主管理，确实是一项非常艰巨的历史使命，但由于社会的深度关切，它只能前进，虽然这确实有许多难点。[1]这要求我们不要回避新问题，正面主动迎向新挑战。在迎战中，《高教法》的第十一条是对我们的导向。

我们的研究和探索目标，是要找到自主办学的具体"做法"和"规则"，而不能只是"提法"和"原则"，虽然后者有时也必不可少。

四、对"自主办学"的解读

自主办学，这看起来应该首先是一个态度的问题。党和政府给了你一所学校，并给了自主办学的法律支持，而你自己却不肯拿主意，当然这就反映了你的责任心、事业心和成就意识不强。所以与自主办学相对的态度就是，样样办学的事务都让别人推着走，有了问题都向上面伸着头颈要对策和指示。这种态度，不仅不能办好新时代的大学和高等院校，恐怕连古典大学都办不好。

但是，根据笔者的理解，《高教法》里的自主办学，恐怕已不是说态度问题，而主要说的是一种制度性安排，说的是一种模式的变革。具体来说，说的是对我们传统的、习以为常的、高度集权的行政管理模式和思维方法的变革。这种变革，既涉及了政府主管部门对学校的外部管理，同时还涉及了学校内部的管理。

首先，自主办学必须依法，自主部分必须有明确的法律条款加以规定。虽然现行《高教法》中容许自主的部分看起来还比较笼统，比较原则，语言的弹性还太大，不确定的定语还太多，但强调"依法"的字眼，还是明白的、过硬的。所以《高教法》中，最基本的七个"自主"条文，我们应当首先努力实行，校内、校外都要努力依法兑现。只有在实行中发现问题，从而提出改进其不够确定之处的意见，才能促使《高教法》更完善。

其次，还有一个思维方式的改变问题，即政府主管部门与高等院校之间，不应该再是上、下级的关系，不应再使用本质上属于军队才适用的"下级服从上级"的原则，他们之间的关系应该是真正的平等的同志关系、伙伴关系，在办学中出现的问题应当以讨论、协商、沟通的方式，通过法律许可的程序来解决，而不可以上级发指示、命令等方式，强制学校遵从。要改变政府和学校之间现在还不尽人意的这种上下级的主从关系，主导方面现在还在政府，学校方面也要改变请示、汇报的总希望上级监护的态度。大家都应当开始学习和习惯另外一种思维方式：有问题求助于法律、法规。

根据笔者观察，要克服我们在过去几千年中养成的而且在最近几十年的计划经济体制下被强化了的"百姓屈从皇帝"、"下级服从上级"的办学思维方式和习惯，还需要很大的决心，花很大的力气。轻视了它的难度，不愿使出真力，就有可能使"依法自主办学"沦为一个画饼。

第三，我国高等院校办学中，还有一个自我约束的问题。这虽然是道德层面的要求，但在目前的社会风气条件下，确实又是与自主办学的办学原则相辅相成的另一半。正面地说，学校办学，要心正意诚地遵守法律法规，严格依法办事，在法律、法规的范围内，最大限度地发挥自己的创造性、能动性，完成办学的各项任务；道德约束的另一面则是，不走邪门歪道，反对不诚实的交易，一切行政、管理和学术活动都求真、求实，精益求精；自我的道德约束还包括不只"领会领导意图"、"看领导眼色"、"面向领导"、"面向上级"。事实表明，当学校办学的负责人、领导人等眼睛只盯着大权在握的"上级"或领导人的时候，当他们的工作主要在博取信任、提拔和更高官位的时候，他们也就没有多少时间和精力去发挥自己办学的本职工作的积极性、创造性和主动性了。事实上，当前，自我约束的道德建设问题，是一个自主办学中是否能恪守"依法"二字的关键问题。

此外，自我约束，还要体现在面向社会方面。学校各方面，都应当始终以高质量的教育服务和科研成果去满足社会的真实需要，讲诚信、不做假，更不唯利是图。在学术风气上，要为社会良好风气的建设树立榜样，发挥作为教育机构的高等院校对社会的建设性影响。自我约束，对学校自身来说，自然是一种控制消极因素漫延而张扬建设性行为的机制，因此也可以成为一种促进自我发展的动力。这是要求办学者不断总结经验和教训，特别是避免失误的自我约束，是要求正确承担法律责任的自我约束，也是一种要求集中思想全身心、高质量、创造性地办好高等院校的自我约束。

五、对"民主管理"的解读

民主，原指人民有参与国事或对国事有自由发表意见的权利。在教育中，借这一原理，有人还创造了一种民主教学（democratic teaching）的风格：上课时，教师与学生就谁应该学什么、学生应该怎么学、应该如何评价学生的进步等，共同作出决定。教师对学生们不是下命令，而是提出建议，要求他们对自己的学习负责。与之相对的另一种风格是严管教学。具有这种课堂风格的教师的特点是：由教师自己独自决定儿童该学什么和怎样学，并要求无条件服从；一般以课堂讲授方式上课，很少或根本不允许讨论；评价学生成绩的标准也是教师所期望的"正确"答案。这是两种教学风格的极端，本文借以说明将民主的思想用之于教育，并非新问题。对可以依法自主办学的高等学校，如果不采用民主的方法，实施学校管理，则"自主"所产生的实效，就可能要打一个很大的折扣。

笔者注意到，在《高教法》出台后的这些年，各个学校都不时传出新招：实施"通才教育"，本科新生进校不分专业；教师岗位只聘不评的举措；重点学科、重点班、重点实验室的确定；教师岗位津贴标准的确定；终身教授制和终身教授名单的确定；网络学院的建立；各层次办学招生规模的扩大；百万年薪网上招聘教师；为严格管理，学生考试作弊就一律开除；……所有这些举措，也许都有其合理性，有的甚至天然合理、无懈可击，问题在于它们是否都真的管用，真的受到学校师生员工特别是学校的主力——教授这个群体的认同？最根本的问题是，这些政策、举措究竟是以什么人为主制定的？它们的理论合理性、逻辑合理性、实践合理性到底如何？是否经过认真严肃的讨论乃至辩论？是否有改进、改革或者取消的情况？为什么要进行改进、改革或取消？等等。

总而言之，在《高教法》明文规定的学校"实行民主管理"这点上，可能不少高等学校并没有认真施行。当然，既没有学校的教授拿着《高教法》的文本，向学校领导当局提出质疑，其中极其复杂的社会情境与原因，笔者本文也无意进行分析，更无法把这种管理决策上的民主缺失与我国学校的种种惰性、低效率、随波逐流、无个性的表现联系起来进行分析，只想提请读者关注，让我们有机会时作进一步的反思。这里只提出几点浅层具体意见，以供讨论。

第一，必须非常重视高等院校的教授和相关的人员，让他们以某种方式实质性地参与学校的管理决策和实施管理。要充分认识到，这些人的群体，实际上是其它任何社会机构都很难拥有的高级智力资源库。民主管理，首先就是要把他们组织到学校各种层面的管理中来。[2][3]我们没有理由不首先信任他们在治校中的能力，否则，我们要以他们为主培养高级专门人才——硕士、博士、博士后——去为社会各行各业服务，包括管理服务，就很难自圆其说。大学教授参与学校领导的决策，方法多种多样，但首先必须高度参与。这是实行民主管理从而调动他们积极性的最具实质性的部分之一。[4]

第二，必须要有一套实行民主管理的制度、规范和程序，这就是说，要制订确切的、可操作的"游戏规则"。这有许多国外大学的先例可以借鉴，重要的是我们要更过细的研究讨论，并总结我们这方面的经验教训。只要不和《高教法》和国家的其它根本法规相左，"游戏规则"各校可以自行制订，既不强求千篇一律，又不拒绝偶然的或必然的一致。

第三，必须要有一套相应的机构改革的方案。目前的情况是我国高等院校的机构部门越来越多，干部特别是领导干部队伍越来越庞大，行政权力分布自然也越来越深入下层，机构机关化和衙门化的风气越来越浓。有位海外学者曾指出，中国的普通行政人员，本应给专业人员做辅助工作的，却常常能领导和指挥专家。这是我们科技平庸的一个基本原因，可能也是我们的高等院校缺乏创新的一个基本原因。机构多、干部多、行政人员多、权力大，教授、专家、学者只能听命于他们的指挥和领导，民主机制欠缺，发展举步维艰。机构改革、精简、重建的问题，迫在眉睫。

江泽民最近指出，"没有制度建设和创新，就没有中国特色社会主义事业的巨大成就。""要善于总结各方面改革和建设的成功经验，并上升到制度、规范和程序的高度，用以指导实践，同时要在全面建设小康社会的实践中，进一步推进制度建设和创新。"[5]这是对整个国家制度建设问题的总结，也可以是对本文所讨论的高校"依法自主办学，实行民主管理"问题的总结。

参考文献

[1] 顾冠华，《我国高等教育现代化的难点》，《高教探索》，1999年第三期，第9—10页。

[2] 杜作润等箸，《大学论》，四川教育出版社，2000年版，第174—177页。

[3] 杜作润，《再议创一流大学问题》，《有色金属高教研究》，1999年第四期，第27—31页。

[4] 杜作润，《强化激励机制是高校管理改革的重要问题》，《教育管理研究》，1992年第四期，第13—16页。

[5] 新华社记者秦杰的报导，《江泽民在参加吉林和湖北代表团审议时强调：高度重视切实部抓好制度建设和创新》，《中国青年报》，2003年3月13日，第一版。

本文原载《现代大学教育》，2003年第5期，第8—12页

21世纪我国大学改革的动力分析

摘　要　本文以"大学体系的规模和形式，不外由三种力量来决定"的论点为引子，细化并更具体地讨论了当今促使大学改革的各种动力。讨论中，还着重对进入21世纪后我国大学的发展问题进行了粗略的分析。

关键词　大学　改革　动力　张力

本文只讲我国，只分析大学改革的动力。对别的国家，对改革本身的讨论，虽然有时不可避免地会涉及，但不能过多地讨论，因为难度更大。

对大学改革进行动力分析，有助于弄清改革的目标、认准改革的时机、把握改革的力度。这应该是一种研究21世纪我国大学改革的重要方法。

在进入具体分析之前，我们不妨首先鉴赏一下剑桥大学前副校长阿什比（Eric Ashby）的观点。还在1967年，他就认真考察了当时世界上几个主要国家大学改革的情况，之后，他归纳指出，"大学体系的规模和形式，不外由三种力量来决定"，即：求学者的

"压力"、社会需求或职业世界的"吸力"、大学的内在学术逻辑"张力"。[1] 如果再简化一些,我们可以称压力和吸力为"外力",称张力为"内力",则大学改革的全部问题可归结为:调节内力,以适应或平衡外力的扰动和冲击。

大学犹如生命有机体,因其内在的学术逻辑张力而存在,使它具有同化和异化能力,能够吐故纳新,能对外界的任何力量的刺激做出反应,这是世界上任何机构都不能与之比拟的一种特征。

那么,在 21 世纪里,我们怎样认识和理解这些力量对我国大学的作用呢?这要求我们作更具体的补充分析。在这一分析中,与外力相关的各种新事态、新需求、新思想、新成果,都应在我们的视野里,因为它们可能都是刺激大学做出反应的因素,它们都有可能成为大学改革的动力。

本文中,"改进"、"改变"、"变革"甚至"改善"等词语都具有大体相同的意蕴,而且都与"改革"的词意相近,未有尊卑贵贱之别。

一、入学要求的压力

这首先来自所谓"人口爆炸"的事实,以及由人口爆炸引发的"学生爆炸"的事实。文献[2]说,上世纪 70 年代的 8 年间,全球人口从略少于 30 亿增加到 35 亿,而入学的适龄人数则增加了 2 亿,达到了 11.5 亿。人口增长率为 1.99%,适龄人口增长率为 2.35%。而这还不是就全球的平均数而言的。考虑到一些欠发达国家人口的自然增长率实际上远高于一些发达国家和世界平均水平的事实,则这些国家"学生爆炸"的事实更为突出。事实上,上世纪的后 30 年,全球人口已增加到 60 多亿,学龄人口可估算在 20 亿左右,其中中国已超过 4 亿。这是一种促进教育包括高等教育特别是大学,改进传统办学模式、加速扩大规模的静态压力。

在这世纪之初,我国学校每年招生的人数仍然远没有达到所谓适龄人口的 1/10,据说只有 7.6%。[3] 以目前刚刚才超过的每年 250 万招生人数计,始终保持每年 1/10 的增长速度(这几年都超过了这一速度),实际上已经对我国高等院校形成了巨大压力。我们无论出于什么理由都不能无视这种压力,从而促进大学逐步改变例如精英教育的观念,必然要实行旨在推进成本分担、优化集资环境的改革。相应的,学生的选择标准和方法、毕业生的就业模式、学校内部管理的内容和方式、乃至教学设施和手段等,都会逐步有所改变。目前,我国对民办或私立高等教育的解禁,就是一例。高等院校为了提高效率和效益,推进联合、合并办学,促进教育资源和设备的共享或互用,实质上都是应对学生爆炸、应对入学要求压力的改革,虽然它还含有应对其它方面推动力的意义。

应对入学要求的压力、扩展高等教育的规模的改革,肯定是多方面的,以上粗线条的罗列,即可窥豹于一斑。若要进一步作细致的分析,肯定还有很多改革会因此被我们发现。

例如,反映在教育内容方面,这要求我们改变无限制发展和无节制消费的态度,要求我们充实对可持续发展方针的教育、对保护生态环境的教育,充实对能源危机的认识、特别是因此要充实节制生育、优生优育的教育等。这诸多方面,各层教育都有责任,高等教育尤其责任重大。大学应当为它们的所有受教育对象提供一个真实的环境图像,增加他们的忧患意识和责任意识,指出缓解人口爆炸、缓解环境恶化的方向。这其中,"学生爆炸"对学校的压力只不过是"人口爆炸"对地球、对我们非常有限的生存空间巨大压力的一个侧面,也可以说是一种警示。

反映在课程教学形式方面,我们必然要改变传统的单向灌输、划一要求的教学、考试、评分方法和习惯性思维,以适应不同特长、不同爱好、不同需求学生的需要。这或许会再一次引发对大学作为"知识超市"的形象和特征的讨论。知识的传授和技能的培训,不能简单地视为商品,但具有商品的特征,当大规模的学生(顾客)涌进校园时,以"知识超市"的办法为他们提供服务,这看来是教学和教学管理上可供选择的一条改革路径。[4]我们今天还在争论的对选课自由的限制可能会因此有了结论。

又例如,入学要求的压力还可能来自许多学生(包括老年学生)会一而再、再而三地进入学校重新学习,这是一种无法确切估量的动态压力,虽然现在我们已经看到了这方面的似乎还是微不足道的事实。成人教育、继续教育、回归教育、职业后教育,新思想、新事态层出不穷。大学面对这样的压力,也许要使自己的形象作极其巨大而痛苦的改变,它可能会真的要变成一个社会,社会大学(Communiversity)在这样的压力下可能要真的成为事实。

二、社会进步的推力

大学在社会之中,它首先以社会的存在为自己存在的条件,这是一种简单的逻辑。它能推进社会的进步,可以为社会进步和发展作所谓"添砖加瓦"的贡献,但这一问题的另一面——社会进步对大学的推力更具实质性和根本性。

不敢保证没有反复,但综观世界和我国的现实,21世纪总的趋势,社会是要继续进步的。从世界范围看,专制、独裁、人身依附、奴役的社会政治,总的是朝着民主、自由、平等的方向发展,人民在日益觉醒,他们的权利在日益扩大,尽管在认识和理解这一变化的意义、实质、必然性的时候,人们会有分歧,会有不同的话语体系和不同的表达方式,甚至还可能会有突发事件插入。对于

21世纪的中国，江泽民在中共十六大的报告中指出，"要扩大社会主义民主，健全社会主义法制，建设社会主义法制国家，巩固和发展民主团结、生动活泼、安定和谐的政治局面"。还要"尊重劳动、尊重知识、尊重人才、尊重创造"，为我们指出了中国社会进步的方向，勾画了社会进步的蓝图。这种促进社会进步的推动力，必然要迫使大学做出反应，即在这一推动力之下引出改革的话题和实践。

一般而言，民主和平等的原则是相联系的，社会主义民主或平等反映在教育上，就起码包含了教育机会平等。反过来说，在一定意义下的教育机会的平等，包括接受高等教育机会的平等，就是这一平等原则最重要和最基本的表达之一。因为据研究，受过较高水平的教育的人，能对价值作独立的判断，能对专制、独裁和不公正的社会政治和文化，进行识别和抵制，并大大加强了参与能力。人们可以不完全赞同这种观点，因为可能忽略了现实世界的每一种教育，是否都真的能养成那样的判断、识别和抵制能力，是否可养成能发挥那种能力的意识和勇气。但是，人们在心理上仍然赞成发展现代教育包括普通高等教育，希望改革不尽人意的大学，实现良性循环。民主、平等的要求本身，就含有敦促大学在教育内容上、指导思想和方法甚至制度上，革除非民主、不平等、非科学部分的一种机制。其次，我们还可注意到，在许多国度，特别是在第三世界和一些中等发达程度的国家，发展教育、改革和改造目前教育的呼声，总与民族觉醒、民族振兴、团结本国人民、增强本民族和本国实力的政治目标相联系。甚至在发达国家，为了保持本国在政治、军事和经济方面的既有优势地位，也常常以之作为竞选或施政纲领，强调教育改革包括高等教育、大学教育的改革。

在我国，社会主义民主、平等的思想和政治旗帜，对教育包括大学教育改革的要求和推力当然是多方面的，我们能说得出的还有：致力于消除地区、种族、信仰、性别等方面的不同而出现的教育水平的过分悬殊，主要充实科学、民主、文明、法治、诚信的教育内容，致力于培养科学精神和求实、求真、辩证的思想方法，而不要仅仅用我们已知的那点知识去充塞学生的头脑，吸收所有对我有用的人类文明精华而不必计较它们的发源地，等等。

在这世纪之初，借助这一推力，我们应当认真反思我们既往作为，找到我们的缺失和原因，进而确认我们紧迫而真实的改革之点。还要行动，必须要以改革的行动，来回应这种推力，为建设先进的现代中华文明、真正的世界强国，必须改革我们的思维方法，面对现实而绝不搞假、大、空，更不能文过饰非。

应对社会进步推力的改革，有的方面或许可以慢慢来；但有的方面却已经显示出了紧迫性，需要我们大学乃至整个高等教育系统尽快做出反应。

例如，全国统一招生的高校入学规则：统一命题、统一评分、统一划出分数线，由高分到低分，择优录取，这在目前看来虽然是相对公平的，但也有进行改革的余地，因为有时仅以一分之差就可能名落孙山，连被选择的机会都没有了，这与任何教育理念、教育思想、特别是与任何成功的教育实践都是不相关联的。但迫在眉睫的问题，是对3+x的考试命题和对所划定的录取分数线的地区差异。这种人为的"调控"明显地有利于某些省市的高中毕业生而不利于另外一些省市。这客观上明显地有地区歧视之嫌，有人为扩大地区差异之嫌。目前对这种调控方式的非议和提出的改革要求，正是追求教育公平的一种表现。

又例如，为了进一步解放我国大学的"生产力"，标志社会进步的四个"尊重"必然应该进一步地得到贯彻。社会必然要认真考虑如何充分发挥大学的教授和其他教师们在办学中的积极性和潜能，而不能只视其为一群教书匠。这就可能要进行更具脱胎换骨意义的改革，让教授这个兼具"知识"、"人才"、"劳动"、"创造"四个显著特征的人群，承担更大的责任。在21世纪里，大约也只有在他们真的承担了办学的责任之时，才有可能是中国大学对国家民族做出辉煌贡献之时。其中，特别是"尊重创造"的推动力，将使大学改进自己的学术生态环境，为作为人才的教授们在学术上的创造，提供更宽松、自由的条件。这种改进同样也会强烈地冲击我们传统的大学组织、管理、领导观念。

三、经济和科技文化发展的吸力

凭直觉，我们很自然地感受到社会经济和科技文化发展对大学的期望和要求。它们所形成的吸引力，包括它们自身的变革的影响力，也是大学改革的最直接的外部动力。

一个社会特定的生产和经济活动方式，是该社会赖以存在和维持的基础，而教育对经济增长的贡献已经成为众所周知的常识。事实确实是，"从早期的工场到产业革命，从明治维新到第一个苏维埃的五年计划，巨大的经济运动总是伴随着教育上的扩展的。今天的许多事实证明，经济发展的要求和新的就业机会的出现，强烈地激起了教育上的扩张。"[5]当今世界上的每一个地方，都梦寐以求在经济上出现奇迹，教育的扩张不可避免，因而教育的改革也更加不可避免。经济发展要科学和技术，大学是产生科学和技术的基地与源泉；经济增长需要各种各样的人才，大学是培养人才特别是培养高级专门人才的处所。经济增长需要新的增长点，大学就要更新专业或改变现有专业的教学内容和模式；经济增长要求人才的高质量和高规格，大学就要采取相应的改革措施，以提高人才的水平、层次特别是质量；社会经济要求人们能适应不同的工种的变换，大学在人才培养中就必须注入这种因素，即提高毕业生的能力和更广泛的适应性等等；经济的发展需要文化的润滑，有时还需要文化为其鸣锣开道，大学是传承优秀文化遗产、创造所谓"高原文化"的地方，这是阿什比"吸力"的本义表现。

据研究，[6]我国若要在2010年实现比2000年的GDP翻一番的目标，需要大专及以上的从业人员6500万—8000万名，这就是说，只有现在每年大专以上的毕业生要在360万以上才能平衡这种吸力。

在发展高科技、广泛建立知识经济的市场和结构的努力中，社会也确实需要得到大学的响应。国内外高技术、知识产业围绕大学发生和发展，大学在其中处于核心和领导地位的事例和取得的成就，如美国的"硅谷"、波士顿地区128公路沿线、日本的筑波科学城、英国的"剑桥奇迹"、我国北京的中关村和台湾的新竹工业区等，几乎已成为家喻户晓、老生常谈的先行范例。大学从这方面引出的改革，最明显不过的，是使得自己的服务功能被十分肯定地得到承认。这方面，不仅斯坦福大学与"硅谷"的关系值得研究，剑桥大学与"剑桥奇迹"的关系更值得研究。[7]大学，对于社会经济及与之相关的科学技术乃至文化，的确具有极大的吸引力。这种吸引力，甚至是大学生存的物质基础，因此，社会经济的需求、期望、它们自身的改革，必然成为大学改革的动力。

在21世纪，因建立市场经济体制的制度性变革，必然推动大学作相应的变革。实际上，这一动力因素的作用还可以说是刚刚开始，特别是在我们的教育领域，计划经济的思维模式，还常常束缚乃至禁锢着我们的教育研究者和改革指导者的思想。因建立社会主义市场经济体制而推动的大学改革，正在考验我们的勇气和智慧，需要我们付出真力,而不仅仅是响亮的口号和完美"提法"。

这里,还特别要讨论一下科学技术与文化的发展和成就,这是兼具内、外力特征的推动力,它能非常强有力地推动大学的改革。在大学教育内容方面引起改革的事实,已经众所周知。另外,还包括文化样式和载体的出新,传播知识的方式和手段的更多样化和更有效,例如,由计算机实现的程序化教学,由视、听设备多样化和精密化、廉价化刺激而发展的在互联网上实施的教学,理论上可以极大地提高教育的效率并扩展受教育的范围和对象,使教育和教育改革包括大学改革更加充满浪漫和理想的色彩。虚拟大学或网络学院就是在这种情势下产生的。这是科学技术进步引发大学改革的一个具有想象力的改革点。它使大学的内涵概念也由传统跃向未来,尽管这还有争议(例如对我国低效率的网络学院),还有许多不确定的因素。

例如,新兴的网络通讯和网络文化,在许多时候,使学生们能比教师更快、更早地获取到许多知识和信息,包括获得许多新的思潮、新的思维方式、新的价值观念等。受教育者在有时候,在某些问题上,可能比教育者领先一步。这种情况,过去就有,甚至远古时代就有,但现在更为明显。因为有了这种新科技,这种网络文化,大学和整个高等教育,实际上已经出现了这种尴尬,特别是传统上作为仲裁者或评判者的教师更尴尬。在教学过程、教学方法、教学组织方面,必须要有新视角。在理论上,前贤大家已经让我们占据了主动,"教学相长"、"学高为师,身正为范"、"三人行必有我师"、"知之谓知之,不知谓不知,是知也"……但我们还要有应对这种新事态的行为规范,肯定要改变我们的教和学的方式,改变我们的教学计划的功能模式,改变我们的思想政治教育工作等等。

大学要适应社会经济、科学技术文化发展的需求,甚至有时要前瞻性地引领这种需要。"发展是硬道理",由这一发展所推动的大学改革,也应该是硬道理。

四、大学的学术逻辑张力

这是由大学的学术传统养成的一种力量。这种力量是支撑大学存在的必要条件。如果没有学术逻辑张力,大学就会失去生命力,甚至会名存实亡。

大学学术逻辑张力,常常可以是一种改革的内在动力因素。当然,有时候它可能表现为对改革的阻抗,但在多数时候,它也是改革的推动力。

我们很难确切地指出学术逻辑张力或传统所包含的全部内容,但至少可以罗列出:强调对理性知识和真知灼见的追求,强调教育的连续性、教育秩序的稳定性,强调知识的系统性、完整性、连贯性和必须向纵深发展,强调掌握知识过程必须付出艰苦的劳动,强调培养人才的质量,强调校园生活的学术价值,强调思想自由对高水准学术建树的价值,强调学术氛围、学术活动的纯洁性,对与学术相对的权术以及对不诚实交易的拒斥,强调对高质量的、卓越的精神生活的追求和信仰等。学术传统或学术逻辑张力,在不同的思想和社会意识形态的背景之下,其强度并不都是等同的。例如,在集权制度之下的大学与在非集权制度之下的大学相比,其学术思想自由的张力,前者就比后者要小,而在二战前的德、意、日等国的法西斯极权统治之下,这些国家的大学完全丧失了思想自由的能力,这是被当局强行剥夺的结果。除了这种极端情况,大学的学术逻辑张力都具有较强的能动性。除了以自身的理性和逻辑方式看待世界,具有高瞻远瞩的眼光,必要时主动采取行动之外,对外界的推动力的反应，也不是亦步亦趋的，这可能引起非议，也可能确有值得非议之处，但学术逻辑张力的社会价值恰恰可能就在这里：可能由此避免了急功近利的改革，避免了"大跃进"式的改革，避免了"齐步走"式的改革，避免了下级服从上级的奉命进行的改革。它所企求避免的这些改革，如果进行了，多数都是不成功的，或不了了之，甚至损失巨大的。

观察和分析已知的许多大学改革，我们可以随时找到这些学术张力的顽强作用，虽然表面上看来它们是对"外力"的适应。而且，这种作用，常常是大学改革具有远见和取得成效的保证。要说最典型的例子，让我们又要重提我国的高考。"文化大革命"结束后，取消只凭所谓政治表现和派别关系推荐上大学，改而采取考试录取的方法选拔学生，就是学术逻辑张力在我国大学改革中的一次显现。今天，我们的改革还在传承它的成功影响，虽然人们已经警觉到它并非完美无缺，如前面第二段里所讨论的，甚至已对我们提出了新的挑战。再一次关注教育理性和公平，再一次表达学术逻辑张力能动性的改革，看来不可避免。

在 21 世纪，推动大学在国家法律制约下的自治的改革，推动高等教育的入学考试改革，推动思想自由、学术民主和治理学术腐败、提升学术水准的改革，推动教学内容、教学方法和课程体系的改革，推动对大学提高教学质量的改革，推动以降低培养成本和降低对教育资源浪费为目标的许多管理制度的改革，为把大学对国家、民族和社会的贡献发挥到新的水平和新的高度，我国大学的学术逻辑张力有非常多的机会表达自己的能动性。一个有崇高责任感的社会，应当认真培育这种能动性，至少应当万分珍惜这种能动性。实际上，大学的改革，可以是整个社会改革的一种演习。[8]

本文的分析可能失之粗放，特别是许多时候，实际的改革是多种推动力合力作用的结果,分解这一合力成为各具特征的推动力,只不过是为了认识上的方便,仅此而已。但作为一种分析方法、一种视角、一种量"力"而行的审慎态度,对认识我国大学在21世纪的改革议题,把握我国大学的发展和命运,应该是有参考价值的。

参考文献

[1](英)阿什比著,滕大春等译,《科技发达时代的大学教育》,人民教育出版社,1983年版,第12—21页和第114页。

[2]联合国教科文组织,《学会生存——教育世界的今天和明天》,上海译文出版社,1979年版,第57页。

[3]郑发展,《市场经济与高校改革》,《河南社会科学》,2000年第4期,第83页。

[4]杜作润,《未来大学之道》,《有色金属高教研究》,2000年第6期,第3—6页。

[5]同[2],第59页。

[6]王金营,《中国经济增长与综合要素生产率和人力资本需求》,《中国人口科学》,2002年第二期,第13—19页。

[7]杜作润等著,《大学论》,四川教育出版社,2000年版,第524—525页。

[8] Philip G. Altbach, HIGHER EDUCATION IN THE THIRD WORLD, Themes and Variations, The reprint of the 1987 edition, p. 181, published originally by Advent Books, New York.

本文与贾志兰先生合作完成,原载《复旦教育论坛》,2003年第1期,第37—41页

大学精神：我的学习思路

摘　要　本文是作者学习大学精神这一问题的思路，获得的主要认识是：在政治上、思想上、学术上、实践上的高度集中统一，是我们国家大学精神的显著特征，我们应该随着社会改革而改进它，但不能不首先承认它。

关键词　精神　集中统一　大学精神　精进

大学精神，这是个大题目，很难找到大学精神的标准版本，很难设想一种大学精神能够古今通、全球通。

讨论这个问题，的确可以站得很高：看历史，看全局，看国外，看我们的缺失、我们模模糊糊的路径，一句话，可以写出高瞻远瞩的大文章。例如本文的参考文献[1]列出的六种大学精神，就很有启发性。但笔者缺少这种胆识，也缺少写这种研究文章的能力，只能写点这个问题的细微末节。本文的方法可以称为瞎子摸象，目的只是借它"摸"出点可供参考的视角，也可叫学习思路，以下就是笔者记录下来的一些学习思路。

思路一：精神这个词语的视点

视点1：在日常的文化生活和人际心理表象中，这指的是人的一种生存、存在状态，即所谓精神状态。在这里，精神，其实只是一个中性的词语。其可追求的上上者，有精卫填海的精神、愚公移山的精神、"欲穷千里目"的精神等。所谓"龙马精神海鹤姿"，就是对良好精神状态的赞美。许多时候，人们使用精神这个词语时，就指的是这种被鼓励、可追求的精神状态。没精打采，这是精神的怠惰、平庸状态，常为人所不屑为。而"有梅无雪不精神"的平庸，则指的是还需要"更上一层楼"的气概。精神的无可奈何的下下者，则包括在"精神恍惚"乃至"精神错乱"、"精神分裂症"之中，这已涉及到人的生理或病理问题了。

视点2：在我国特有的社会政治生活中，习惯上，常把精神和文件、指示、报告的最核心的内容和意义联系起来，即所谓精神实质。例如，领会毛主席最高指示的精神，领会江泽民"三个代表"的精神，学习十六大报告的精神，等等。这是长期以来，与我国普通群众、党员、知识分子、干部联系最多的一种精神。

视点3：在哲学家那里，精神是相对于物质的一个哲学范畴。辩证唯物主义者所说的精神，是高度发展的物质——人脑的产物，它能动地反映物质，并能动地反作用于物质。而唯心主义者所说的精神，则是脱离物质而独立存在的东西，其中又有主观精神和客观精神之分，它们分别对应于主观唯心论和客观唯心论。总而言之，哲学里的精神，指的就是人的意识，包括对客观世界、对人自身存在的种种理解。

总的来讲，精神，是人特有的一种表象。在我们的文化和社会政治生活乃至学术研究中，是一个褒扬性的词语，并且和我们经常习惯使用的理想、理念、灵性、灵魂等词语相关，和人的意志、主张、追求相关，是理想、理念、灵性、灵魂中，最活跃、最富进取性的部分。

思路二：机构、团体、组织的精神

人会把精神带到由人组成的机构、团体、组织之中去。反过来说，任何机构、团体、组织都有精神的问题可以讨论。常见的讨论和归纳有：在部队、军营，就有战斗精神、团队精神的问题，并且已经广泛外化而扩展到其他人群；在企业，就有企业精神、敬业精神等，且敬业精神也已外化；在政府机构中，有公信精神、服务精神、法制精神等等；在运动队，有拼搏精神；在宗教团体中，依其所隶属的宗教教义不同，有佛家的出世精神、救世精神等，有基督教的救赎和忏悔精神以及对耶稣或弥赛亚的偶像崇拜精神等；还有，对一个国家的公众来说，就有爱国精神、守法精神；对一个民族来说，有民族精神，等等。人是精神存在的必要条件，人的精神又是机构、组织、团体精神存在的必要条件。作为一个生命类，人在认识主体和客体的关系中，在意识形态或哲学层次上，就常会面临是否有科学精神、人文精神、自由精神、民主精神等大问题；此外，尼采的酒神精神，也是一种哲学精神；柏拉图在对人的灵魂进行分类的时候，我们可以看到他归纳的人的三种灵魂，即三种精神：求智精神、求胜精神和求利精神等等；[2]李约瑟说西方人有精神分裂症，当然不是说的生理问题，而说的是他们信仰中的异化现象：他们在"世界是一部自动机的哲学"和"世界是上帝创造的神学"之间摇摆。我们都知道，伟大的科学家牛顿就是这一哲学精神和这一神学精神集于一身的最典型的代表。

大学也是一类人的群体，是从事学术、科学、学科、德行的教育和研究的人的群体，是与其它机构、团体、组织非常不同的群体。它有精神，这是必然的，它的精神会显得与众不同，也同样是必然的。

思路三：提炼大学精神有难点

就是因为它与众不同，要对大学精神进行提炼就有难度。它很难借其它机构、团体、组织的精神外化而生，也很难借不存在的大学精神标准版本而得，虽然，我们现在讨论大学精神，在一般实践意义上，亦或是在高等教育的学术理性构建上，都正是时候。至少，通过讨论，可以唤起我们对大学精神的直觉，提升我们对大学精神的理性认识。

难点1：大学发展的历史太长。如从中世纪算起，它已有近千年的历史。这还不算中国古代的太学，孔夫子的杏坛，齐国的稷下学宫，不算古希腊哲人的学园——阿卡德米，还不包括三四千年前西周、殷商的右学、瞽宗、泮宫，还不包括更早的古埃及的宫廷学校。[3]它们都被我国许多教育史家称为大学。

在中国，虽然近、现代大学的历史不过只有一百年出头一点，但它们比之今日可以列出的绝大多数中国社团、机构、组织要老得多，它们的连贯性也更要明显得多。历史长，大学精神随大学之变而变的历史也就很长，说当年某大学的大学精神如何如何，说它们对我们的认识有启示作用并不错，但对今日的大学，却难真的一以贯通。

难点2：大学的地域和社会分布很广。东方、西方，非洲、亚洲，美国、印度、中国、德国，大国、小国，发达国家、发展中国家，都有大学。它们都各自最集中、最深刻地反映了或反映着它们的国家、它们的社会、它们的民族的凝聚力、忍耐力，反映了或反映着各自所在的社会思想的容量、文化的追求、智慧的水准和精神的高度。或反过来说，大学的精神，就是它的国家、它的社会、它的民族精神的最好、最集中的表达。[4]这说明，我们绝难对大学精神作全球适用的形而上的抽象。写文章，说别人的大学如何如何，有参考和借鉴作用，但很难说准我们的问题，很难抽象出我们应有的"提法"。

难点3：社会现实对大学的企求，有极大的多样性。企求多，源于与大学发生关联的人和人群多，而且比迄今我们所知道的许多机构都多。当大学由社会边缘走向了社会中心之后，它甚至比一个国家和政府所要面对的对象都多。所以笔者曾在拙著《大学论》中根据参考文献[5]反复指出的现代大学与社会的人的广泛联系的情况，列举了长长的一串与大学有关联、对大学有企求的人群之后，写道：世界上还没有一个社会系统、社会机构能有这样的吸引力，对这么多人，对这么多不同企求的人。[6]社会需要、社会需求，这些词汇看起来很简练，但对大学如何应答，对大学精神有何影响，却是个极其复杂的问题。至少，现代大学已不再仅仅是学者和知识分子的独立王国或精神家园。这点，连文献[5]的作者Clark Kerr也感到难以说清，不知道这到底是大学的失误还是大学的骄傲，只好用Multiversity的概念来描写这种情势，实际上是和稀泥。这是大学精神的一个众口难调的难点。

思路四：中国大学精神试辨析

辨析1：过去有，现在缺。对过去，我们都会以北京大学为例，以蔡元培倡导的高扬学术自由和学术民主"兼容并包"精神为据论其有；对现在，我们都会对国家和政府对大学管得太多、太死，使我们的大学缺乏个性、缺乏创造性和活力而论其缺。

辨析2：外国有、中国缺。对外国，我们都会以纽曼在都柏林大学宣扬的大学理想为例，以剑桥的费希尔、哈佛的康南特、芝加哥的赫钦斯、柏林的洪堡等人的大学理念为例论其有；中国缺，则说的是中国现在缺，由辨析1知道历史上并不缺。现在缺，反映在许多大学诉诸文字的理想、理念、目标的千篇一律，诸如"求实"、"创新"、"开拓"、"进取"之类，表现为大学精神缺个性，笔者曾经看到一个学院挂牌为诚信学院，这倒很独特，但诚信精神是否真的就是这个学院的精神，还要作实证研究。

辨析3：笔者的认识。中国大学精神，在前面两点辨析中已可窥其眉目，实际上中国大学精神是最容易被抽象出来的。笔者的认识是：中国大学都旗帜鲜明地服从中国共产党的领导，都服从政治上、思想上、学术上、组织上、实践上的高度集中统一，都能努力为国家的繁荣富强、安定团结奋斗，为国家民族的统一、复兴尽力。这是我们可以非常自豪的国家大学的精神，它潜藏有大学新成长的极大可能性。我们不能对中国大学精神取虚无主义的态度。

这种精神的合理性，可以从大学发展史中找到佐证，也可以从现时其他一些国家的大学变革中找到佐证，甚至从柏林大学洪堡的思想中找到佐证。所以在观念上，这并非是我们中国人的首创。

这一大学精神有缺失，所以它的内涵的消极性需要认真研究和处置。其中，最令人关注的问题可能在：一，是学术批判和批评精神缺乏；二，是学术民主和学术自由精神缺乏。这两方面的缺乏，都有可能导致学术的平庸。总而言之，还是难，中国大学精神是一个二律背反的难题。

思路五：中国大学精神的前瞻

视点1：中国大学精神还应当精进，要精进则有赖于大学制度的变革。现代大学制度，又导源于国家的社会政治制度，而社会政治制度的变革则是一个异常复杂的过程，不会像我们写这样一篇稿子、提一个响亮口号那样方便。我们应当有耐心，不能操之过急。即中国大学精神进一步精进既然有极大的难度，就要把目光放远些，精进的梯度要放得小些。

视点2：中国大学精神的精进，首先，无疑需要在学术批判和批评上、在学术自由和民主上适当增加含量。这是我们可以追求的方向之一。虽然批判会有伤痛，自由会有悖论，并且如前所述，还有那么多人要想与大学结缘，不可能都醉心于学术，但学术水平是大学精神的重要亮点。又，由于越来越多的人的参与，由于大学越来越大，由于大学与社会、与社区的边界变得越来越模糊，大学必须不断增加服务意识。这不仅是一种道德的使命，而且是学问、知识、学术的最终归宿，虽然在某些时候，学问、知识、学术本身也可以是一种目的。这是我国大学精神精进的另一个重要亮点。还有，中国大学还应当在社会政治改革方面参与试验，对整个国家的社会政治改革作出贡献。这种试验，也可以看成是精进大学精神的一个方面，至少在中国，这应当是一个重要方面。

视点3：中国大学精神的精进，各个大学的领导人，校长、党委书记是最有可能作出贡献的人群之一。基于他们的实际操作，才能改变被批评为千校一面、没有个性的中国大学群体的局面；基于他们的先知先觉、勇于试验，才能保护和启发学者、教授和青年们去和那些愚昧落后的旧传统抗争，为实现学术批评、学术民主、学术诚信而抗争，这本身就是现代大学理念的一种积极、能动的表现；他们领导下的大学实践，是学者们研究大学精神的顺理成章的目的。

总而言之，要充分重视中国大学精神精进的难度、渐进性、与社会进步的极大关联性、与大学院校领导者们的积极性的极大关联性。

大学精神是在大学的进步中铸造和提炼的,大学的进步反过来必受大学精神的引导。笔者期待我们统一、一致的大学精神,能产生出更富生命力、更有创造性的大学学术生态环境。

以上是笔者学习大学精神这一问题的思路,写成文字,是为就教于各位专家、学者,希望得到批评。

参考文献

[1] 刘宝存,《何谓大学精神》,《高教探索》,2001年第3期,第13页。

[2] 柏拉图著,郭斌和译,《理想国》,商务印书馆,1997年版,第266页。

[3] 曹孚,《外国古代教育史》,人民教育出版社,1981年版,第18页。

[4] 杜作润,《大学论》,四川教育出版社,2001年版,第46页。

[5] Clark Kerr, The Uses of the University, Harvard University Prees, 1982.

[6] 同[4],第176页。

本文原载《上海大学学报》(高教科学管理版)
2003年第3期,第4—6页

试论"研究型大学"及其中国指标

摘　要　本文考察了"研究型大学",包括其"研究性"的缘起,并以美国指标为参照,有的放矢地讨论了中国"研究型大学"指标的确定方法问题。

关键词　研究型大学　指标　质量　数列

一、两个指标和一个问题

"研究型大学"原是美国人发明的,它有两个实证性指标:①能提供从学士学位到博士学位的多个学科的课程计划,每年要授出至少 50 个博士学位;②每年从联邦政府至少能获得 1550 万美元以上的科研经费(第二类研究型大学),如能达到 4000 万美元或以上,则"研究性"更强(第一类研究型大学)。[1]在他们那里,这好像是两把尺子。要判断一所大学是否研究型大学,只需要用这两把尺子一量就行。这是一种近乎自然科学中的精确量度方法,没有什么似是而非、似有若无的玄机。

研究型大学首先是大学,是教育机构,能培养人才,特别能培养从事研究、发展科学技术的人才；其次它又要是科学研究机构，能产生出水平和质量都较高的科研成果，起到社会上其它专门研究机构一样的作用。

美国人称"研究型大学"为 Research University 或 Research - Intensive University，两个指标就是对美国教育有极大影响力的美国卡内基教育促进基金会（The Carnegie Foundation for the Advancement of Teaching）首先提出的。复旦大学高等教育研究所1988年翻译出版的《美国大学教育——现状、经验、问题和对策》一书，就是这个基金会对全美大学进行长期调查而以该基金会主席 Ernest L Boyer（已去世）的名义写成的。这本书当时还没有明确使用研究型大学的概念，但有时称某些大学为 research institutions。别的国家，包括非古典大学兴起比美国早得多、高等教育也很发达的英国、德国、法国和意大利，此外还有日本、加拿大等，都没有或很少使用这个概念。据说，日本学者也有研究，但笔者还没有见到他们的指标。所以，这是一个具有美国特色的概念和指标。

但是，强调大学的研究功能、要培养研究人才，却不是美国人的首创。实际上，在古典形式的高等教育机构中，就有研究的范例。到了近现代，则研究之风更甚。高等教育的研究者们都曾反复引述过德国人洪堡（Wilhem Von Humboldt）的创造。1810年，时任普鲁士教育大臣的洪堡，奉命创建了柏林洪堡大学。为了摆脱当时法兰西帝国的影响，首先在精神上超越法国人的奴役，他一反过去大学只从事教育和知识传授的惯例，首开大学从事科学研究的先河。我们现在都认为，在高教史上，他是大学两功能论的先驱。他有句名言："大学教师，不仅仅为学生而存在，他们两者都是为科学而共处。"这句话足以完全充分地刻画他的主张，并且确实产生了许多积极的成果。这种思想，过了半个多世纪，才传到了美国。

这就是众所周知的1876年创立的、主要培养研究生和从事研究的霍普金斯大学的建立。不过，美国人对"研究"的视野、"研究"的风格、"研究"的方法，进行了创造性的发挥。提出"研究型大学"的概念和指标，只不过是这种创造性发挥的一种新的具体表现而已。但是，我们还不知道这两个指标是如何设定的。这是一个问题，国内至今还没有文献正面面对这个问题。

二、容易相混的两个概念

在英、美文献中，有 The Top University 和 The Best University 等词语，他们能和我们的"一流大学"相对应。《美国新闻与世界报导》杂志，每年都要对美国大学进行评估和排名。这是一个非常有影响的排名。我们中国人反复引用的美国最好的大学、顶尖大学，几乎都在它的排名的前25名之中。我们也大体就认定最好的大学为一流大学，有时也随便称之为世界一流大学。

至于真正的世界范围的排名，也有一些，但不多。例如，1986年香港《亚洲华尔街日报》的排名中，全世界最好的十几所大学就包括了较多的美国前25所最好大学中的一些大学。[2]

这里必须指出：美国的一流大学，无一例外的都是"研究型大学"。但"研究型大学"并不都是它们的一流大学。一流大学的指标也有"实证性"的或写实的部分，就像"研究型大学"的指标一样，但还有"演绎性"或"意向性"的指标。

我们看到的，根据卡内基指标分类的美国研究型大学，1996年共有126所。[3]它们当然地包括了哈佛大学、加州理工学院、康乃尔大学、哥伦比亚大学、霍普金斯大学、普林斯顿大学、斯坦福大学、伯克利加州大学、芝加哥大学、耶鲁大学、华盛顿大学（圣.路易斯）、弗吉尼亚大学、杜克大学、布朗大学、宾夕法尼亚大学、西北大学、麻省理工学院、密歇根大学等美国经常名列前茅的一流大学。

但是这126所"研究型大学"中，就有例如土伦大学、圣路易斯大学、俄勒岗大学、南佛罗里达大学、路易斯维尔大学、西弗吉尼亚大学、莱斯大学等几十所大学。它们当然都很好，常常在《美国新闻与世界报导》排名的前200名甚至100名之内，我们中国的大学大多尚难有与之匹敌者，但它们大多还不能算是美国一流大学。

比照1986年《亚洲华尔街日报》对全世界最好大学的排名，英国的牛津大学、剑桥大学，法国的巴黎大学（索邦），日本的东京大学等，都既是一流大学，当然也应该是"研究型大学"。我们已注意到，直到1994年，《交流》杂志还在引用这个排名。总之，既然用以评估一流大学的指标有定量的实证性指标，也有演绎性、描述性指标，实施评估的方法，则是相对的、从比较中取高的方法；"研究型大学"的概念和指标，既是完全"写实"的，评估的方法则应该是无弹性的、确切的，因此评估的过程绝对不会是兴师动众的和劳民伤财的。从高教研究的对象来看，对"研究型大学"，重要的是它的概念和指标，而不是如何组织评估。这和研究一流大学很不一样。

三、中国"研究型大学"的前因

如果暂时不跟着美国人转，我们来看看中国自己的认识。一般说来，研究型大学应该属于李岚清20世纪90年代中期以后提出的教学与研究相结合的那类大学。再早，可推到"文化大革命"结束后，邓小平提出，有些高校要成为国家的两个中心，即教育中心和科学研究中心。所以，中国的"研究型大学"应该既是教育中心又是科学研究中心的那些大学之一部分。再早，复旦大学已过世的陈望道校长在20世纪50年代曾指出，大学发育有三个阶段：办总务的阶段、办教务的阶段、办科学研究的阶段。完整的理解是，到了能"办科学研究"的阶段（但不能理解为"总务"和"教务"就不办了），大学就发育成熟了。据笔者所知，在他说这个话的时候，复旦已开始"办科学研究"了。所以，扩展大学功能，在实施教育的同时，还进行科学研究，增加"研究性"，至少对复旦大学来说，不是新问题。对北京大学、清华大学、南京大学、中国科大、浙江大学、南开大学、天津大学、武汉大学、交通大学等名校来说，肯定也不是新问题。

所以，中国的"研究型大学"的总体目标，应当既是教育中心，又是科学研究中心。这是邓小平倡导的，我们无需再添加什么。我们可以做的，就是看如何具体化，如何做好。如果实际上做得很出色，不跟美国人去炒"研究型大学"也无所谓；如果实际上做得很糟糕，炒了半天也还是假文章。

我们经常在讲邓小平理论，可是在这个问题上我们明明有自己的理论，却要将之束之高阁而跟美国人跑，这无疑说明我们的思维方法值得改进。当然，有些事情跟着跑一下也不是绝对不可以，即如"研究型大学"，既有其名，就应该实实在在的有中国的指标，有中国的尺子。不讨论这个指标或尺子，很难认为是在真搞"研究型大学"，最多也只能算是隔靴搔痒（不久前，在一个关于"研究型大学"的研讨会上，笔者就看到过这种隔靴搔痒的研讨）。

四、中国"研究型大学"的具体目标

笔者以为，作为教育中心的"研究型大学"，(1) 应当在各层次高等教育的规模上达到一定的数量和比例。其中，至少首先不应当再在大专教育层面去与教学型的大学争生源,即使成人教育,或许亦应以本科和研究生教育为主;其次,研究生教育和本科生教育要保持各有特色的比例(不能都是1:1);还有,要特别注意攻读博士学位研究生的教育,保持一个适当的数量。(2)在培养"高级专门人才"的学科门类上,要有适当宽广的分布域,特别应有适当的基础学科、技术学科和人文社会科学学科门类,为"高级专门人才"开阔视野提供一个综合性的教育影响环境。(3)对其中的研究生教育,还要有一个能吸引外国留学生的学术环境,以便吸引较多的外国研究生,让我们的研究生教育与国际接轨,促进国际通用人才培养和学术交流的平等后对等发展。(4)最重要的是要保证培养的"高级专门人才"的质量。

中国现有的高等学校都要特别注意人才质量的问题,"研究型大学"尤其要重视。不仅要在人才的主观合格率上(即在考试、论文等校内标准的达标上),更重要的还要在客观认可上,满足国家科学技术、社会经济、文化发展对这些"高级专门人才"的要求;不仅要满足在中国的社会主义建设各个方面的要求,还要满足国际社会的各方面的要求;不仅要创造性地满足现实需求,还要满足未来社会可持续发展的要求。作为科学研究中心的"研究型大学",顾名思义,首先是要明确自己负有与社会一般研究机构相同的使命,以自己的科学研究成果,对国家各个领域的发展做出贡献。这就不仅要承担一定数量的国家的重大研究课题,还要以自己的优势"推进"科学技术的进步,而不是被动地"适应"。

为发展国家的科学技术和文化,"研究型大学"还应当充分利用自身的优势,推进与国际间的科技合作,以科学研究的手段推进"国际化"或所谓"新的国际主义"的进程。

在建设"科学研究中心"的时候,还要把研究和教育即培养人才结合起来，特别是在有发展前景和有生命力的研究领域，不应当出现"青黄不接"、"后继无人"或"断层"的情况，一定要在人才培养，特别是研究生的教育方面提高注意力和着力度，在教育中开展研究，在研究中培养人才，把科学的接力棒顺畅地、一代一代地传下去。科学上的高度，特别是科学研究中的前赴后继和勇往直前的态势，不仅是一所大学兴旺发达的标志，也是其国家兴旺发达的标志。

人才培养和科学研究，都有保持高质量、高品位的要求，绝对要避免急功近利、弄虚作假和学术腐败。以目前的情势看，保持高质量是一件非常难的事，但舍此别无它法。能在教育和科学上真正脱颖而出的我国"研究型大学"，必定是能使出浑身解数，使成果和过程始终保证高质量、高水准及高效率的大学。

五、指标讨论

面对炒得很多的"研究型大学"，我们必须自己来解决前述问题——要有"研究型大学"的中国指标。前两段讲缘起和目标，实际上已阐述了指标应包含的各个方面，具体说来应有：

（1）在教育方面，我们似乎不能取美国的指标。以1998年《中国教育统计年鉴》所列数据为例。1997年我国92所重点高校（全都有从本科到几级研究生层次的教育），共授出7535个博士学位，平均每校授出近82个。那么，我们定在每年授出的博士学位为80个如何？

（2）在科研方面，我们似乎更不能直接采用美国人的指标。仍以1998年《中国教育统计年鉴》的同样资料计算。1997年，我国92所重点高校，他们来自政府（请注意：不仅仅是中央政府——这和美国的计算已有差异）的包括科学技术和人文社科的研究经费，总共是 2394970800 元人民币，平均每所大学是 2600 万元人民币。把这个平均数换算成美元，只有 300 多万美元。若与美国指标相比，还只有他们的第二类"研究型大学"科研经费指标的 1/5。那么，我们就定在每年从政府得到的科研经费为 2600 万元人民币如何？

（3）这里讨论一下确定数量界限的方法问题。这应该要对近年来各重点高校，或研究经费和成果都比较多的高校，进行全面的科研经费统计考察，并由低到高排出一个"数列"，以便在其较集中的高端某部位，切出一个"数"，作为数量的指标，在找这个"数"时，可参照美国指标，或者根据我们的国情作适当的处置。本文用的是 1997 年的资料，当然用 1998 年或 2000 年甚至 2001 年的资料也很好。要找到这个"数列"是不难的，因为它只依赖于各年的教育统计资料。但难在那个赖以切断的"数"。这需要专家和权威人士或权威机构讨论而后定，并且公开宣示，就像美国人那样，以便向世人指明"研究型大学"的中国特色。同样，对于授出的博士学位的"数"量界限在哪里，也可照此办理。

（4）一个更难的问题是，我们在评估"研究型大学"的时候，除了上述的被笔者称之为实证性指标（它有别于意向性或评判性指标）或实质性指标（它有别于演绎性指标或条件性指标）之外，还需不需要意向性指标？还需不需要条件性指标？前者如科研成果和质量、培养的包括博士研究生在内的人才质量、学术声誉评估等，这是无法用现成的统计数字加以计算的，尤其很难确定一个客观的数量界限；后者如研究人员的数量和水平，博士生导师的数量和水平，每年发表的论文数量特别是被 SCI 收录的论文数，博士学位点，博士后科研流动站的个数，等等。这同样难以找到客观的数量界限或命题界限。

在目前我国教育拨款，包括科研立项这类事情上，还有较强的行政权力驱使，社会参与和市场机制尚不充分的条件下，看来，至少在质量问题上附加一定的约束，是必要的。这只能求助于一些意向性或评判性指标的引入。否则，因创建"研究型大学"的激情而导致新一轮数量的膨胀，将是难以避免的。而没有质量保障的数量膨胀，更将是灾难性的。

（5）为了解决上述难题，且使问题变得更简明，在我们的中国指标里，可以加一个名为"学术声誉"的综合性指标。通过权威机构（可以是"中介"的或"社会"的，也可以是"政府"的）对学者、学校、官员、用人单位、学生、家长进行问卷调查，经统计得到评分，以之参与对"研究型大学"的评定。花上这样一点心力，以昭显"研究型大学"的中国特色，既是实践上的需要，还可以丰富"研究型大学"的概念。反之，对于演绎性或条件性指标，笔者认为还是少用为好。如果要用，则一定要同时附加表征效率的指标，就像武书连等人的首次"中国大学研究与发展评估"曾经试做过的那样。[4]

至于仅仅是为了在文字上更全面、在"提法"上更漂亮的那些不可捉摸的指标，还是少用或不用为好。我们的评估，我们的高等教育研究，我们的整个人文社会科学，已经在这方面浪费了许许多多的时间、人力和社会财富。对"研究型大学"的指标和评估研究，应该走出这个怪圈！

参考文献

[1]、[3] 沈红，《美国研究型大学的形成与发展》，华中理工大学出版社，1999年。

[2] 杜作润等，《大学论》（第七章，"大学评价"），四川教育出版社，

2000年。

[4] 武书连等,《中国大学评价——1991,研究与发展》,《广东科技报》,1993年6月30日。

本文原载《江苏高教》,2002年第3期,第32—35页

论我国民办高等院校的管理

摘 要 在我国民办高等院校迅速发展的今天,通过教育评估,把握我国民办院校的办学质量和水平,很必需、也很必要;民办院校要发展,就要讲特色,求灵活。

关键词 民办高等教育 管理 评估 质量 灵活性

一、引言

现时代,我国民办高等教育成为可能,是因为有了许多新的背景。民办高等教育的管理,应该依托这些总的来说属于改革开放积极成果的背景。这在宏观上,应包括制定发展战略以便对数量和规模作恰当把握,通过立法对相关方面的责、权、利作出界定等。但本文所论,只在院校管理的微观层面上。

我国民办高等教育的问题,多少都和它的历史命运相关联:政治和经济的某些悖论,曾长期左右甚至至今仍在或明或暗地左右着它的生死存亡;它不可能自上而下按指令产生,相反,是自上而下奋争的产物;它的现实表现,又浸染着市场和竞争中的一些污泥浊水,在很大程度上与"不得以盈利为目的"相背离,这很可挑剔;它的存在方式,常常受先它而存在的公立高等教育现实模式和与之相应的思维定势所左右;它的实践过程特别容易引起人们评判的兴趣,这具有积极和消极的双重后果,消极后果是许多人没有等待它克服缺失的耐心,它的发展具有很大的艰难性。

如果不戴"有色眼镜",民办高等教育确实没有什么特别的理论。如果说真的有谁已经掌握了教育及其管理的规律,那么这些规律肯定都适用于民办教育,包括民办高等教育。但是,前面提到的那些与民办高等教育"家庭出身"、"社会关系"以及"本人表现"有关的问题,一时是挥之不去的。所以专门讨论我国民办高等院校管理,寻找它们发展的途径,仍然很有现实意义。

二、通过评估看质量

我们都知道,教育这件事极其复杂,其原因在于:它是人的行为,而人又是宇宙间最复杂的存在物。在教育系统的活动中,虽然也会有金钱的投入,物资的投入,但其产出却很难以金钱来衡量。它的实际成效的显现,有一个时间上的滞后,既不可能将教育活动计划得非常精确,更不可能将结果设想得非常清晰,有时因为人们自身的原因,我们甚至不愿意承认种种事实上与目标相背的结果。实践还证明,仅靠教育行政部门走马观花或领导的批示乃至"最高指示",判断一种教育的是非,在许多时候是经不起推敲的。但是,一个常态社会,又不能放任自流,任其在社会大系统中沉浮。

处理这一矛盾,或许有其它我们还不知道的方法,但以实证的方式实行教育评估,肯定是可以选择的方法之一。在市场经济、竞争的社会背景下,通过系统而科学的评估,而不是凭经验或直觉,特别不是凭借手中的权力判断一种教育制度、一所学校、一项教育计划、一种教育政策的优劣和成败，这是现代高等教育、包括民办高等院校运作管理的重要方法。

又，依笔者之见，目前我国民办高等院校评估，最重要的是在办学质量和水平方面，并且是要系统、综合、定期进行的评估。[1] 据估计，目前，我国民办院校，包括"打游击"的办学机构在内，总计有好几千所，其中登记注册的有1000多所，虽然被批准具有发放学历文凭资格的院校只有40多所，与公立院校的数目相比，毫无比例可言，但与之相关联的各种受教育对象，多得难以数计。这么多的学校，显然良莠异常悬殊，人们凭直觉很难判断其质量，之所以与它们发生关联，许多人都是饥不择食或迷信神话。为了自考，为了高考，为了考研，为了各种升级考，为了寄（GRE）托（TOFEL）考，为了雅思考，为了出国考——据说，这些机构都可以为他们包打天下。在我国许多大中城市的大学特别是名校周边，人们只能透过铺天盖地的各种广告传单，窥测到它们的"质量和水平"：它们有"著名"的教育家、"著名"的校长、"著名"的教授担任学校领导，有与外国某大学的联合办学和出国深造的优势机会，有某某名校的最最"权威"的教授上课，有80%、90%、甚至99%的什么、什么考取率，等等，这些向你袭来的被人形容为"使你逃也逃不掉"的宣传广告和传单，明眼人都知道大多是虚假的圈钱把戏，而且马克思主义经典作家早就说过，谁叫得最响，调子最高亢，他的东西就最假。但任何个人都很难进行查实以便对相关学校得出准确的质量或水平认定，他们为了受教育，只能饥不择食。若以我们经常使用的万用良方——加强管理来"整顿"一下、"清理"一下，或又来个"加大处罚力度"，或以少数正规化程度高、已成规模的院校为例，以漫不经心的官话说一句"总的情况是好的和比较好的"，都无济于事。这些现成的办法，施之于教育，除了造成更加迷信权力之外，不会有什么良好的结果。显然，好的办法之一，是组织、推进、容许评估，开展系统、综合、公开、定期的科学评估，并且适时地公布评估结果。当然，这是最费力气、最需要创造、最需要投入的办法。多年的经验使我们认识到，这里如果也用得着"加强管理"，则就要看所加强的管理是否使出了这种需要真功夫的办法。

科学地评估民办院校的教育质量，评估举办者的教育良知和真实业绩，在今天，在中国，甚至可以说是一种人道主义的行为，特别是对那些如饥似渴的求学者来说更是如此。

三、也可以民办评估

《中华人民共和国高等教育法》第四十四条规定："高等学校的办学水平、教育质量，接受教育行政部门的监督和由其组织评估。"这确认了由谁来评、评什么的关键问题，在通常的情况下，这是没有疑问的，特别是包括了对教育质量的评估，这是完全正确的。

但是由谁来评的问题，在现实的条件下，却可以有更宽的思路。

如果我们处在计划经济的条件下，对公立学校，谁来评的问题，答案显然只能是教育行政部门，因为学校的几乎一切活动都是在领导和行政部门掌握的计划之中，办学经费完全由领导和行政部门划拨，相应的学校无任何可以发挥能动性的余地，实际上评估的结果——好或不好、优秀或不合格，归根到底都是为领导、为教育行政部门打分，都是说明他们有功与否，对具体学校中的具体教育质量、对求学的对象，不会起什么实质性的作用，绝对抵不上更上级的领导或行政官员的几句指示，除非学校里有人反对了领导。但是，在社会主义市场经济和目前的社会条件下，这种思路看来已经不那么理直气壮了，或者也只能在改革开放的许多时髦言词之下以其它方式表现自己了。这不只是在痛快地嘲笑作这种安排的人守旧，也是对包括笔者在内的许多人五十多年来养成的思维定势的反思，特别当我们对新思路、新方法还没有成功把握的时候。

推进民办评估，就是另外一种思路。

还在十多年前，笔者就在一篇文章中没有把握地写道：我赞成评估要慎重、严肃、准确，并且在此基础上，保证评估的权威性（因为当时官方和媒体当中，对搞民办评估的主张有这种批评——很有趣，至今，教育行政部门的基调仍然如此）。从道理上讲，通过教育行政部门的官方评估，可以做到这点。但是，目前的情况是他们并没有很好地研究过评估的方法、意义和作用，其一般心态是：工作或其它许多事务本来就很忙，再要搞评估，似乎是一个额外的负担。他们没有想到，只有通过科学的评估取得真实的结果，实施计划、预测、督导等管理行为，才可能产生成效而且实施顺理成章的管理。在将评估视为麻烦事的心态之下，企求官方慎重、严肃、准确的评估，可能只是一种遥无期限的理想。事实上，至今，教育行政部门对公立大学的评估，既没有公开过可以推敲的、系统的评估指标和方法，也没有正式公布过结果。其评估过程外界更不得而知，偶有所闻，无非是找几位管教学的副校长和几位善"打圆场"的专家学者，今天到天津，过几天到武汉，然后到上海、到成都，每到一校，住高级宾馆、受热情接待、送"菲薄"礼品——劳民伤财，不得要领，何来慎重、严肃和准确？

所幸，今天早已有民办评估了，这就是武书连等广东管理科学院的同行们 1993 年给我们带的头，[2] 并且持续至今。这实际上也是改革开放的积极成果。在没有被善待的情况下，他们顶着压力、顶着"不全面"的批评而上,虽然他们的评估当时还没有下沉到本文所论的教学质量上面。

本文想强调,对民办高等教育,更加应当推进民办评估。我们有民办学校,为什么不可以有民办评估?为什么我们的教育评估学会不能在这一可以有所作为的方面,真刀实枪地开展工作?这里,当然也非常需要加强领导和管理,当然应该是支持、帮助、指导和宽容的领导和管理。社会主义建设事业,包括教育事业,包括高等教育事业,包括教育评估这样的小事业,是应当吸引、容纳社会有关方面都来有效参与的事业。这是社会主义这个词语的真义,是它的效率和效益的真义。对民办高等教育,开展包括民办评估在内的教育评估,如能产生成效,必然能在全社会进一步推动关心教育、忠诚教育、评论教育、办一种优质教育的社会文化建设,必然能正确地指导今天人们的选择并长久地影响后世。这种评估与民办高等教育本身一样,是我们的社会主义事业包括高等教育事业可持续发展的真正基础性建设之一。

在推进民办评估中,教育领导和管理部门要首先推动各民办院校自评,责成他们自己按评估要求累积统计资料和教学资料,并以教育良知和诚信态度,保证这些资料的真实性。当然,教育领导和管理部门也要自己累积这方面的真实资料,并同样要排除只为表述政绩的目的而掌握这些资料。

理清了这一思路,评估的过程和方法,只是一个技术问题。如果像对待任何新生事物一样,对民办评估抱着一种宽容、扶植的态度,那我们或许就不会过分苛求这种努力中最初出现的肤浅、片面、不准确等等。

四、办学目标讲特色

有文献[3]讲了高等院校办学特色的问题，笔者理解，应包括：充分认识自己所处的环境以及优势和劣势，准确判断自身可发展的方向和潜力，以便在制订战略、实施管理时扬长避短、发挥优势；充分了解学校可以满足其需求的教育对象，研究和把握对象的特点；制定有个性的办学目标，避免随大流、走弯路和套路；在教育内容、教育方法上，鼓励探究，创造具有本校特色的培养模式，等等。这些建议，虽然是对外国庞大的公立高等学校系统而言的，但对民办高等院校同样适用，甚至更有实用价值。因为它们受传统约束的惯性相对较小，而且总的来说，尚在起步阶段，又有相对较多的办学自主权和自由发展空间，只要有办出特色的意识，就有可能开始行动和试验。

民办院校讲特色，可以在同公立学校的比较之中展现。例如，校内的机构，为了效率，决不能以现行的千篇一律并且愈来愈庞大、臃肿的公立高校为榜样，一定要小而精。又例如，在教师的聘任方面，应以完善的合同制或聘任制为主，不宜一开始就设定终身教授或过多的永久性教职员岗位，甚至校院长，也应该实行聘任制。再例如，在后勤方面，也不能"正规化"到全民所有制的老大学的模式，衣、食、住、行、生、老、病、死，样样都管。政府教育部门和学校所在的有关社区，应该帮助、扶持民办院校后勤社会化，而不要学校办社区。

民办院校讲特色，还可以借鉴许多著名的民办大学的经验，在初创时期就注意形成自己的独特风格，探索有个性和特色的办学管理制度。1636年就建立的美国私立哈佛大学，是今天世界上数一数二的名牌大学，它一直重视自己的制度建设，它的管理，被称为分权制国家的集权管理模式,实际上是校长领导着哈佛董事会,在美国高校群落中极具个性。历时数百年的《设立哈佛学院监督》、《任命哈佛院长和职员条例》,至今仍然被执行着,仅仅是"哈佛学院"改为"哈佛大学","哈佛院长"改为"哈佛校长"而已。这两个文件至今仍是美国高教历史中的珍贵文献。[4]另一所也是世界一流大学的美国普林斯顿大学,在其向本科生公布的"告示"中,计有"研究计划选定"、"出勤"、"自动退学"、"劝令退学"、"学术训诫"等数十种校规。学生的所有考试、考查、学期论文、实验报告等,都是在新生进校时就签字认可的"荣誉制度"之下进行的。[5]由于保证了对学术的忠实无欺,所有笔试都没有监考老师。

以独特的校规校法来规范学校中包括学生在内各种人员的学术行为和道德实践,这是我国民办院校在起始阶段就应当非常重视的基本建设。它们与教室大楼、实验室、计算机房、图书馆等硬件的建设,至少同样重要。谈到纪律,必以校规、校法为据,因为它们在总体上反映院校发展的目标和方向。而优秀的校规、校法,必然有个性和特色,并且能孕育出极具教育功能的有个性和特色的校园文化,当然也能反映出学校举办者的教育思想境界。

此外,在实施管理时,还可以借助外力,其中之一是重视校友和校友会。比较研究表明,在西方许多私立大学中,校友会有时起着举足轻重的作用。所以有人曾经幽默地称它们都是学生的大学。学生们在学术方面对院校的影响,往往超过被承认的范围和重要性。[6]事实上校友的品质和业绩,常是学校的宝贵教育资源之一,校友的成就、地位和贡献,是表征他们的母校成就、地位和贡献的最主要内容,而不仅仅是他们的捐赠。我国民办院校应当独创自己的校友会工作方式,形成校友参与办学决策和管理的特有机制,一

开始就要重视，而不要等自己"正规化"了之后，也不要等校友
们成了名或有了钱以后。这既是一条有价值的经验，当然也是孕育
学校特色的途径。

五、适应需求讲灵活

不能一概讲灵活。因为民办院校的管理，受着多重管理因素的
激励和制约。

有些因素具有很强的刚性，例如那些来自政府主管部门通过方
针政策、法规、认可制度乃至资助等所呈现的管理因素，就必须认
真执行。在执行这些所谓"游戏规则"时，即使它真有不尽合理
之处，我们也只能以教育人者的理性态度进行"合理撞击"，因为
建立良好的法制秩序，培养遵纪守法公民，是现代教育不可或缺的
使命之一。教育人者绝对应当在这方面起表率作用。这里，应该是
没有太多灵活性的。

有些因素，既具有相当的刚性，也具有一定的弹性，例如为响
应董事会、可能还有校务监督委员会等通过决策、咨询、督察、捐
赠、评估等方式所呈现的管理因素。目前，在许多民办院校，这类
管理因素还不够明晰，这是因为相应的董事会等组织机构多还没有
认真建立，或功能还没有充分发挥，学校的运作还基本上是小生产
或家长制的方式，有的也只是联产承包制，还缺乏现代学校制度的
基因。但随着民办院校逐步走上正轨，特别是那些已打好基础，立
志上层次、上质量、上规模的民办院校，除非还有别的创造，现代
大学制度是必然需要的，其中就包括建立和健全董事会，或（和）
校务监督委员会，或相应的其它机构，以推进民主办学和学术自
由，培育现代人文精神。管理必然也就有响应他们发出的办学意向
的问题，也就会涉及人际交往、公共关系，必然就会用得着曲中求

直、退中有进、抓大放小等等体现灵活性的管理艺术。

还有一些因素，具有很大的弹性，因而需要报以非常灵活的反应，例如那些来自人才市场或用人单位的信息，来自反映受教育需求即所谓生源方面的信息，甚至还包括那些有助于扩展学校功能和实现内涵发展的信息，包括来自社会和学生的种种其它意见、建议和批评的信息等等。

根据笔者的观察和体验，我国民办院校，在办学指向方面，大可不必都要去挤那个千军万马都想过的"考试"独木桥。诚然，目前组织应付"考试"的教学方法最容易学、最好办，也最能从中获利，但即使不忙着抨击这种考试教育的浅薄和可能加深的中国传统教育的遗患，那么多学校都只指向考试，至少太单调了。我们为什么不能有院校也指向那么多的在职人员？他们需要知识与技能更新；我们为什么不能同时也关注那么多的下岗人员？他们需要重新习得一技之长或增长自信；我们为什么不能指向那么多古典的或现代型的文盲和打工族，把新时代有用的技术、知识、文化向他们传播？在地区的选择上，东部有志之士，为什么不能去西部建民办院校？那里的教育需求最多，而院校最少。我们为什么不能也用点"心计"，增加妙趣，把那么多经常围在麻将桌上的人们吸引一些到我们的学校里来，让他们对学习或重新学习科学、文化、艺术产生兴趣，让他们过上更有意义和价值的业余生活或退休生活？如果有对幼儿或少年儿童的教育有兴趣的人，找到我们的民办院校，希望得到支持和帮助，我们能否热情接纳？笔者就在一所民办学校遇到过这样的要求。又，如果能够适时地把握机遇或条件，民办院校不也可以开展科学研究，不也可以开展社区服务活动吗？开办一个咨询公司如何？开办一个研究所或网吧怎么样？至少，如果我们能适时地开展教育研究包括教育的试验研究，而不要把这些看成是公立学校特别是公立师范院校的专利，可能也会有一片天地。而从民办网吧到民办网络学院并无不可逾越的鸿沟。

总之，民办院校在适应社会需求的时候，既可以随大流，无可奈何地去抢那块应试教育的大蛋糕，更应该把自己的触角灵活地伸向有教育需求的其它方面，以便找到自己发展的独特目标和方向，最终证明自己存在的独特价值。

参考文献

［1］杜作润等，《高等教育的民办和私立——比较研究》，上海科技文献出版社，1993年。

［2］武书连等，《中国大学评价—1991，研究与发展》，《广东科技报》，1993年6月30日。

［3］李志仁，《办出特色：高等教育发展的新命题》，《教育情报参考》2001年第10期，第28—30页。

［4］杜作润，《世界著名大学概览》，四川人民出版社，1994年。

［5］Princeton University, Undergraduate Announcement 1991—92, Princeton University.

［6］Clark Kerr, The Uses of the University, Harvard University Press, 1982.

本文原载《河南大学学报》（教育科学版）2002年第2期，第60—63页

让"研究型大学"可望又可即

摘 要 大学发展研究功能,至少已有几百年的历史了。当"研究"发展到一定的程度,就可以被认为是"研究型大学",所以建设研究型大学主要是实践的问题。本文主要从某些方面在实践上讨论今天在中国如何创建"研究型大学"。这是一个很具体的而且现时应该很认真对待的工作。

关键词 研究型大学 实践 质量 指标

在美国,人们可以确切地指出哪些学校是"研究型大学"。只不过,年代不同,这个名单可能会有微小的变化,因为"研究型大学"的两个实证性指标是有关学校在长期发展中逐步达到的。

这两个美国指标是:①能提供从学士学位到博士学位的多个学科的课程计划,每年要授出至少 50 个博士学位;②科学研究实力较强,每年从联邦政府至少能争取得到 1550 万美元的科研经费,如能达到或超过 4000 万美元,则"研究性"更强。[1]

研究型大学首先是大学,是教育机构,能培养人才,特别是能培养从事学术研究、发展科学技术的人才;其次它又是科学研究机构,能产生出水平和质量都较高的科学研究成果。

说"研究型大学"是具有美国特色的词汇,是因为美国人发明了它。别的国家,包括非古典大学兴起的历史比美国早得多,高等教育也很发达的英国、德国、法国,此外还有日本、加拿大,都没有或很少使用这个概念。据说,日本学者也有研究,但笔者还没有见到他们有自己的指标。

但是,强调大学的研究功能,并且要培养研究人才,却不是美国人的首创。

高等教育的研究者们几乎都会反复引述德国人洪堡(Wilhem Von Humboldt)的创造。1810年,时任普鲁士教育大臣的洪堡,奉命创建了柏林洪堡大学。他一反过去的大学只从事教学和知识传授的惯例,首开大学从事研究的先例。我们现在都认为,在高教史上,他是大学两功能论的先驱。他有句名言:"大学教师,不仅仅是为学生而存在,他们都是为科学而共处。"这句话足以完全充分地刻画他的主张,并且确实产生了许多积极的成果。这种思想,过了半个多世纪后,才传到了美国。这就是众所周知的1876年创立的、主要培养研究生和从事研究的霍普金斯大学的建立。不过,美国人对"研究"的视野、"研究"的风格、"研究"的方法,进行了创造性的发挥。提出"研究型大学"的概念和标准,只不过是这种创造性发挥的一种新的具体表现而已。

即使在中国,在最近的50年来,讲大学的研究功能也是从未间断的。特别是,由于邓小平、李岚清等领导人的归纳和倡导,较有基础的大学,都已纷纷开展了科学研究。再早,复旦大学已过世的校长陈望道先生,在20世纪50年代的中期就曾提出过大学发育的三阶段论:办总务的阶段、办教学的阶段、办科学研究的阶段。

完整的理解是，到了能"办科学研究"（但不能理解为"总务"和"教学"就不用办了）的阶段，大学就发育成熟了。据笔者考查，在他说这个话的时候，复旦已开始"办科学研究"了。所以扩展学校的功能，在实施教育的同时，还进行科学研究，至少对复旦大学来说，不是新问题。当然，对国内其他许多著名大学来说，也不是新问题。

所以，"研究型大学"，是由大学的既有研究功能演绎而来的。美国人的创造在于：尽其所能，充分发挥大学的研究功能；提出两条具体的而不是抽象的指标，用以测量"研究型"的程度。这是求实、实证、归纳的成果，不是从名家、领袖、文件出发推演出来的成果。要是研究型大学的概念对我们有启发，则最重要的启发应该在这里。

此处，还有一个"研究型大学"与我们前些年经常讨论的"一流大学"的关联问题。

美国人排出的美国最好的或顶尖大学中，无一例外的都是研究型大学。但研究型大学并不都是他们的顶尖大学或最好的大学。一流大学的指标体系中，也有"实证性"的或写实性的部分，但多半是演绎性或"意向性"的指标，而且体系庞大、复杂、富有弹性，要在和指定"范围"里的"左邻右舍"相比较中才能确定。研究型大学的指标显然要少得多，而且前面已指出，都是实证性的、内在的，只需要用纯客观的两把尺子量测一下便可得知。

我们看到的，根据卡内基指标分类的美国研究型大学，1996年共有126所。它们理所当然包括了：哈佛大学、加州理工学院、康奈尔大学、哥伦比亚大学、霍普金斯大学、斯坦福大学、普林斯顿大学、伯克利加州大学、芝加哥大学、耶鲁大学、华盛顿大学（圣·路易斯）、弗吉尼亚大学、杜克大学、布朗大学、宾夕法尼亚大学、西北大学、麻省理工学院、密歇根大学等美国经常名列前茅的那些顶尖大学或最好大学。

但是，在这126所研究型大学中，就有例如图伦大学、圣·路易斯大学、俄勒冈大学、南佛罗里达大学、南卡罗来纳大学、圣克鲁斯加州大学、路易斯维尔大学、西弗吉尼亚大学、莱斯大学等几十所大学，还不能算是美国最好或顶尖的大学。

如果沿用美国的标准，中国应该已有相应的研究型大学，虽然这些大学还远不是一流的。总之，按照美国人的思考方法，"研究型大学"（或"研究性大学"）是较容易判别的，相对来说也是较容易建成的；但是一流大学却要难评判得多，当然，要建成这样的大学更加要艰苦和困难得多，因为这方面的指标要综合或全面得多，必需要进行旷日持久的奋斗。想限时限刻、某朝某日达到一流大学的目标，这只是在我们的某些炒作性文章或规划中看得到，大学或高教史籍中尚无记录。

那么，我们如何向"研究型大学"前进呢？

一般说来，对我们的许多大学来说，或许还只能是为建成"研究型大学"创造条件，以便逐步逼近"研究型大学"（乃至中国一流大学，或极少数达到世界一流大学）的大目标。为此，我们应该把这一大目标进行分解或细化，通过许多具体目标的达成或对过程的改进来展开我们的工作。

在具体的教育目标方面，本文不拟多论，总体上我们已有许多文件和领导人的讲话在讲教育和教学。在教育规模上我们"扩招"了，许多高校还在努力争取，争取研究生与本科生在校人数之比为1∶1。只是，我们应明白，经验也告诉我们，数量没有质量的保证，有时实际上是一种灾难。当前，提高我国研究生教育的质量，保证博士学位的学术含量，实际上已是一个迫在眉睫的严重问题，但这可以另文讨论。

这里，主要是提一点科学研究方面的具体目标。

笔者还要反复强调，这些具体目标在用语上，不能太过原则、太富弹性、太重花哨，应该实在一些。

笔者还认为，这些目标在其现实可能性上是经过努力就可以达到的。为此必须考虑我们目前的校情、国情，必须考虑我们的条件和所有基础。

(1) 如果承认不拘形式、不分资历、不讲尊卑、没有压力的自由交流和恳谈是一种启发教育和研究灵感的方式，我建议：有心创建研究型大学的学校，应开辟几间茶室，为各学科特别是不同学科的师生交流切磋，提供一个安静、优雅但不是豪华的场所。视需要，学校各研究所、各中心、各系都可以设这样的茶室。

(2) 如果承认科学研究的能力和兴趣也可以培养，我建议：有心创建研究型大学的学校，应对本校的教师进行这方面的培养，不能任其自生自灭。可以采取自我教育和进修的形式，也可以由校内有经验、也有成就的教师在实际研究工作中培养，甚至也可以到国内或国外的大学或研究机构进修。无论采取什么方式，都应以被培养人的研究兴趣和能力有明显提高为目标。

(3) 如果承认拔尖人才需要"拔"，如果承认讲效率就不可能平均用力，我建议：有心创建研究型大学的学校，在各个系科、专业，一般都要建立自己的拔尖计划，例如，要在每一个研究室、教研室选拔出1—2名有发展潜力的年轻人，压任务、给条件，使他们能取得预期的进步或作出预期的成果。这个拔尖的计划，在理想的状况下，可以扩展到研究生，但以不打破当事人接受计划中的教育为宜。

1—2名拔尖人才的指标当然很重要，但实际上这一"拔"的过程更重要。我们更应该重视这个过程。

（4）如果承认学术带头人是取得重大研究成果的关键因素之一，我建议：有心创建研究型大学的学校，要在自己的奋斗日程之内，引进1—2名世界级的学术带头人，多几名更好。行动幅度可以大一点，可以在网上向全世界发布我们的要求和承诺，例如学科要求、成果要求。当然，要同时非常重视我们自己拔尖人才群中已经成长起来的学术带头人。如果他们也已有相应的成果在影响着外界，也在起着世界级学科带头人的作用，我们就应当给他们"引进"的待遇。

（5）如果承认我国两院院士的选拔是正直的，确实代表了中国科技人才的最高品质，我建议：有心创建研究型大学的学校，应当在未来若干年内，通过新的货真价实的成果展示，使自己的学校的院士保持在3—5名以上，多一些则更好。为此，必须用优惠的政策聚集一批高水平人才，包括通过长期培养，自己造就人才。引进现成院士，必须进行认真考核，以保证他有真才实学和合格公民的道德水准。

（6）如果承认登入SCI的论文数及其排名表示了一种具有国际可比性的科研水平和能力（应允许一些人士对其持保留态度，并认真研讨其理由），那么，有心的学校应努力使这个论文数每年在600—800篇以上。如有可能，应更多些，再多一些，争取处于国内大学的领先地位。对于名列本校前茅的作者，应实施奖励；对于名列国内各大学前茅的作者，应重奖。

（7）如果承认我国各省（市）、部级科技进步奖、发明奖确能反映这一范围内真实的科技进步和发明创造，则有心的学校在每届的相关奖项中，应保持有比如说至少一项或以上的一或二等奖的成绩；相应的省、部级的人文、社科奖的奖项（如上海市的哲学社会科学奖）也应有类似的具体目标。对于得奖者，学校同样应当给以奖励。

（8）如果承认国家自然科学奖、国家科技进步奖和发明奖确实代表国家最高水平，则有心创建研究型大学的学校，在每届评奖中，应保持有各级别的奖项总数在二项以上。并且在每二届或三届的评奖中，应有一项或以上的一等奖。对所有得奖项目的相关人员，同样应实施相应的重奖。

（9）如果承认当今世界诺贝尔奖是我们可以接受的，特别是物理学奖、化学奖、医学与生理学奖等，是我们应该追求的，那么我们的大学院校，就应当奋起直追，争取在若干年内（最好是在8—10年内），在这些领域获得诺贝尔奖的零的突破，在争取诺贝尔经济学奖、文学奖方面，我们也应当标新立异，通过我们的独特成果发起挑战。

（10）如果承认现在世面上的有些奖项和评奖，水平很低，而且太滥，我建议：有心的学校应当守好门坎，拒绝某些评奖，以便把我们的时间和精力集中于我们的主要目标之上。

以上的许多数字，是根据笔者的直觉提出的，有些是根据一些统计资料推想的。如果这些目标被接受并且不断被实现，或以更好的目标来取代它们，那都是理所当然的，也是笔者所期望和庆幸的。

至于具体的策略原则，可以包括：

（1）校准目标。学校各系科专业、各研究院所、各教研组室乃至各别的专业教师和研究人员，都要校准自己的研究目标。校准的原则可以是：实现目标，就有创新或创造，坚决避免重复与平庸。

（2）团结合作。学校全体师生员工，要持续的研讨，要持续的鼓劲，持续的强调团结合作、同心合力、相互支持、各就各位，持续的为确认的目标去奋斗。

（3）保护竞争。在科研的体系构建或选题上，在开展新的研究方向方面，一定要保护青年人探索的积极性，面对权威的垄断要加以恰到好处的限制，以清除科技和学术进步中的迷信和盲从，为实现目标扫除障碍。

（4）条件保障。当然，准确的目标就是条件，合作共事的群体及组织结构是条件，奋发的精神状态更是条件，但这里强调的是在前述这些条件下，还要有充足的经费和合格的核心设备方面的物质条件。学校有关部门应当花大力气开拓经费渠道来源，并形成正反馈的态势，以保证目标的实现。

（5）加强领导。但是，不要太多的以加官的方式给有研究才能和成果的人做奖励。加官奖励，从领导来讲，虽然可以团结人、笼络人，但在许多时候却消解了人的科学追求和创造意识。所以总的来说，这是我们的科学研究很难上水平的文化思想和制度方面的原因之一。看来，加强领导，还要有更开阔的视野。

（6）国际合作。在学术领域的国际合作，有利于开阔视野、接近前沿。有一批学科带头人活跃在国际科技舞台上，这既是研究型大学的目标，也是一流研究型大学成功的标志。特别应多邀诺贝尔奖得主来学校从事学术活动。

（7）民主参与。这是现代社会，也是现代大学取得成就的重要机制。我们应当认真研讨世界一流的研究型大学 MIT 的经验：教授，不仅仅是执行某种政策的工具，而且是制定教育政策的资源。[2]

（8）全神贯注。最好不要身兼数职，特别不要用行政头衔去占据一个学术职位，更不要私而忘公。要努力优化学术氛围和学术品质，抵制学术腐败，清除学术领域的假冒伪劣。应当有适当的政策和规章制度,"安置"那些精力很不集中的所谓"人才"。

(9) 追求质量。这也是指一种精神状态:必须有高质量的工作才算实现了具体目标,才能算在为建设研究型大学、创一流大学尽力。我们也可以叫做"追求卓越",意思更豪迈,但笔者更愿意首先追求质量。

如果不是存心故弄玄虚,或存心要把浅显问题复杂化,"研究型大学"确实没有什么深不可测的大道理,不必使用那些非常豪迈、非常形而上、也非常不着边际的话语,而应当使用人们都听得懂、理解得了的意思问:我们究竟在什么时候可以达到什么样的具体目标和水平?这是一个"实践论"的问题。

这里,笔者想推荐一个爱因斯坦的公式:**成功＝艰苦的劳动＋正确的方法＋少说空话**。我国的许多大学的科学工作者、研究人员、党政领导、学者教师,如果想建出"研究型大学",这个公式肯定有用,而且非用不可。

总而言之,"研究型大学"既是可以理解的,又是可以建设的。在我国,虽然建成"研究型大学"并非易事,但我们仍旧可以让它可望又可即。

参考文献

[1] 沈红,《美国研究型大学形成与发展》(附录二),华中理工大学出版社,1999年版,第277—279页。

[2] 张成林等,《MIT 工程教育思想初探》,《高等工程教育研究》(华中理工大学),1988年第一期,第30—32页,25页。

本文原载中南大学《现代大学教育》2002年第2期,第20—23页

大学综合课程刍议（上）

近些年，有关改进我国大学教育的文章很多。这些文章，在立论之中，一般都会先指出我们在教学内容、课程体系、教学方法乃至教育思想方面的种种偏颇：重业务技术的训练而轻思想政治教育，有的把这不甚恰当地简化为重智育而轻德育；重知识的传授而轻能力的培养，特别是轻创新能力、创造能力的培养；重科学教育而轻人文教育，或简称为重理轻文；重统一规格的成才要求而轻个性的发展；重知识的记忆、重考试成绩、重"学答"而轻知识的运用、轻做"学问"，等等。面对这些确实并非无病呻吟的现实情境，面对知识经济、知识爆炸、大众化、国际化的眼花缭乱的未来，人们考证和研究了许多教育或课程的概念：专业教育、人文教育、人文主义教育、科学教育、科学主义教育、伦理教育、创造教育、创新教育、通识教育、普通教育、自由教育、通才教育、综合教育、生活教育、职业教育、素质教育、学科课程、活动课程、核心课程、综合课程、群集课程、隐形课程等等，并由此提出了许多极有价值的理论和设想。政府的法规、党的文件不断出台，教育专家、学者和政要的专著不断问世，许多学有专攻的科学家、院士也纷纷贡献他们的才智，表述了许多令人神往而心动的崇高原则：要加强能力特别是创造、创新能力的培养，要加强文化素质教育，要加强政治思想教育，要加强个性发展教育，要加强爱国主义教育，要加强艺术和审美情趣的教育，还有笔者曾提出过的，要加强社会服务的教育，等等。

从批评或评论某种不足或偏向，而后考证权威、名人的经典或文件中的概念，继而提出纠偏的策略原则，这是我国高教研究的基本范式，而"要加强……教育"的结论，更是教育论著的最典型、用得最多的结论范式。此外，如果再加一条："要加强……领导"，这几乎就是画龙点睛的没有任何漏洞的杰作。请注意，在这里，我仅仅说的是没有论述漏洞而已！

遵循这样的过程和结论范式，并没有什么特别不好，相反，有时也会由此产生出高质量、高水平的论著。但是，笔者有时会感觉不满足：难道我们真的只能用这样的思路或范式来研究我们的大学教育问题吗？换一种思路、换一种范式是否也能出高质量、高水平的论文呢？这仅仅是一种思维方式的问题吗？，当我们对着大家高呼创新教育的时候，我们能否在这方面也创新一下呢？这里的创新有价值吗？可惜笔者无法直接回答这方面的问题，包括这篇"刍议"，也还只能照这样的范式写下去。这是一种遗憾，是一种缺乏创造和创新的遗憾。

该"加强"的"教育"，看上去都已经说完了，当我们再也说不出还要加强什么教育的时候，也可以对已被大家说过的命题发表我们的看法。

这里，首先我倾向赞成"科学教育与人为教育整合"的提法，甚至也赞成"综合课程论"的观点。

大学是为社会培养人才的，而社会这个活动舞台对人才的要求，其本身就是多侧面的。因为人们所面临的许多问题，包括他们在生活和工作中碰到的问题，都是相互关联的；社会越往前进，人的社会生活和个人生活的文化含量就越多，这将涉及科学和人文的许多知识领域：有技术技巧的问题，有法律的问题，有伦理道德的问题，有人际交往的问题，有健康和保健问题，有文化娱乐的倾向选择问题，当然还有经济、市场、财政问题，社会参与问题，信仰问题，环境和生存空间问题等等。

就科学和人文世界本身而言，它们的发展，也早已出现了"你中有我，我中有你"的相互交叉、渗透和互为工具的情状，也就是学科综合或整合的情状。而传统的学科分割、自成一体、互不侵犯的局面是为原初探索方便而形成的局面，传统的分科、分类的教学体系，也只是一种适应传统学科发展的"方便"体系。学科发展（包括专业性、技术性很强学科的发展）既已出现了整合或综合的情态（可以举出许许多多的例子，为节省文字，从略），从逻辑上推断，以学科分家为基础的大学教学，也必须改弦更张，弃旧图新。

基于这两个方面的理由，从教育哲学的高度上作总体把握，我们的大学教育，应当对受教育者提供一个尽可能完整而真实的世界图景，让他们不至于只知道世界的一些支离破碎的虚幻的知识，以便将来不仅能自如地生存在这个地球上，而且能正确地理解和感知这个世界，把自己生活的社会乃至我们这个地球的吉凶祸福与他们自己联系在一起。这也是给予受教育者的一种自由，一种能在适当的水准上进行思索、追寻和采取适当行动的自由。如果我要借用一下"教育即解放"的口号，则综合性的课程体系，或许是对受教育者生存智慧或理解智慧以及对世界正确感知能力的解放。

这就是我原则上赞成"科学教育与人文教育的整合"，或赞成集所有教学内容于一体的"综合课程论"的理由。后面还要说，虽然在实践上这是非常难的，但是我觉得我们必须沿着这一目标前进。这是一个能连接"全面发展"教育指导方针的高尚目标。

用结论范式，我们也可以将这里的整合或综合说成"要加强人文和科学两种教育的整合"。

但是，具体的整合途径，或从技术的层面看，要做到完美的综合却是难之又难的。原因有许多方面，最致命的原因是大学的教育者中没有一个人的知识或学术水平处于理想的综合状态。因为他们所受的教育和接受的知识，都获自学术分科发展、教学分科灌输的传统年代，而且至今还绵延不断，了无结束这种局面的征兆。实际上，百科全书式的教育者和学者，在古代也只是传奇，在今天则绝对没有。没有一个恰当的实然的样板，作为行动中所追求的目标，这是我们自己给自己出的一道难题。另一个更难克服的难题，是知识本身的无限膨胀的体态。且不说"知识爆炸"的今天，就是要把十年前、二十年前甚至五十年前的人文学科、自然学科、技术或职业学科的全部知识，进行一番整合或综合，对某一具体的学者来说，也几乎是不可能的。原因也很简单，除了这种超级的智慧和天才头脑难得一见之外，他没有那么多时间。人人都知道，生命是有限的，能用于学习、研究和工作的时间更有限。如果真的要求这样的学者成为通才，要求我们的学生也成为有整合成就的通才，势必又会回到最简单的老问题——"学生负担过重"。而这样的坎子，也是难以跨越的。

不过，有一件事情还是可以讨论的，即，什么知识最重要？我们要给学生的知识，总应该是"最重要而且学生能够学到"的知识吧。经过普遍参与而且持久的讨论，我相信，在大学里能就此取得一定程度的共识，至少会有许多能取得共识的部分。这种讨论，首先当然是分科进行的，然后在相邻近的科目中进行沟通甚至互教互学，然后在更广阔的领域，如人文学科领域和自然科学领域乃至专业技术学科领域进行沟通，从而为有限度的综合或整合创造以实践论为基础的前提。这种讨论是一个需要反复进行，需要组织者的耐心和毅力，特别是需要匠心的过程。这是对我们的教育良知、对我们追求整合或综合的诚意的巨大考验。

经过多年的反复讨论和研究，我相信我们的大学能建立起一套综合或整合的课程体系，而且还要随着文明和技术的发展、科学的进步而不断改进。综合是一个过程，而非一劳永逸的结果。

理想的全面的整合一时难以达成，是否可以降低一点要求呢？是否可以首先进行局部的整合呢？我觉得这是可以的。我们可以通过这一步，以便积累认识和经验，进而实现理想的目标。许多人类工程或交往结构发展的历程就是这样进行的，为此有时我们还赋予这一过程"波浪式前进"或"螺旋式上升"的美名。

基于"退而求其次"的上述想法，我认为，核心课程模式、群集课程模式、拼盘模式，都是可以讨论的模式。

关于前两种模式，在我的新著《大学论》中已有引述。这里，主要议一议我们在国内大学里可以见到的拼盘模式，以及它的综合性质。放眼观察目前的现实，包括我们中国在内的世界上多数大学，都还事实上在实行着一种可以称为拼盘课程的模式。这在总体上似乎是综合的，因为在这里有专业教育、有科学教育、也有人文、社会科学教育，对学生个体来说，似乎更具有综合的意味。

事实上，由于外部社会的变化，职业岗位新要求的不断提出，以及大学和学院学术逻辑自身的演绎，使人们的高等教育观念和目标都发生了变化，三个概念范畴相继出现了：

高等学科教育（或学术教育），对应的课程主要以学术界学科知识体系为背景，并以主流的学科本位为特征，我们用 A 来标记；高等职业教育（或专业教育），对应的课程主要以社会已经或即将出现的职业岗位体系为背景，并以社会本位为特征，我们用 B 来标记；高等普通教育（或称通识教育、通才教育——笔者不太赞成这个太过拔高的称呼），相应的课程，主要以社会文化和信仰中已成共识的一般文化、科学、思想和艺术为背景，并以文化本位为特征，我们用 C 来标记。

于是，A、B、C 三种教育的任何一种组合，都可以与我们现在所看到的大学院校内系、科、专业的课程体系相对应。其实，就整体看，它们就可能是一个综合的课程体系。而对一个具体的受教育者来说，他学习的课程，既可能是 A＋C 或 B＋C，也可能是 A＋B＋C。不过，比较遗憾，他们所接受的教育，是先接受，后综合，是自己实现的综合，这离我们的教育家和学者们所要求的"应然"的综合，还有一段距离。他们要求的，似乎是先综合，后传授。

具体的拼盘模式，大体都与上述拼盘模式的一般情况相去不远，称呼也大同小异，现列举笔者所见到的几种实况模式如下：

复旦大学，有三类课程：普通教育课程（及公共基础课程），如邓小平理论课、美术审美课、法律基础课、计算机网络、普通生物实验课等；基础理论课程，如旅游经济学概论课、西方哲学史（上）、基督教概论课、微机实验课、固体物理课程等；专业课程，如保险学原理课、英语听说课（二）、数学金融学课、化学反应工程课、胶体化学课、结构力学课等。专业课是面向个别的系、科学生开设的，这是复旦大学贯彻自己的通才教育、按类教学的思想，以求拓宽知识面（我们可视为走向整合的第一步）的教学措施之一。

上海理工大学，笔者所看到的教学文件的标题中，也有三类课程，这个文件全名是"关于核心课程、普通课程与目标控制课程的试点方案"，但三类课程的详情尚需进一步了解。

同济大学，笔者所看到的学校文件中，也将课程分为三部分，即公共基础课、专业基础课、专业课。其中，公共基础课包括马克思主义理论课、思想品德课、体育课、外语课、军训课、生产劳动课、计算机基础教育课和文化素质教育课等；专业基础课，包括本专业专业知识、基本理论与基本技能内容的种种课程和相邻专业基本知识内容的课程；专业课，包括专业的核心课程（注意：这里的核心课程是很"专"的课程，与我们知道的哈佛大学的核心课程的含义相反）等。

拼盘式的综合，作为被观察、试验、证实的一步，目前在我国事实上处于主导地位，有其实践上的合理性，但是需要有新的拓展，特别需要进一步探讨其局限性和需要解决的问题。这是在21世纪里，我国大学课程建设的主流。因为，我们还只能大体上在拼盘模式的基础上动作，以避免核心课程模式的费神费力和避免群集课程模式可能带来的"天下大乱"。

本文原载《上海大学学报》（高教科学管理版），
2001年第2期，第5—7页

大学综合课程刍议(下)

一、关于高等学科教育 A

其内容层次应该主要指传统或经典学科大类的学术,包括数、理、化、天、地、生、文、史、哲、经、医、农,以及社会学、人类学、政治学、法律学等纲要性学科,以及它们向纵深发展的内容。其中有些部分我们也可称之为纯学术性课程。

不管我们把学科交叉、综合、渗透说得多么重要和显著,这些经典领域的核心部分仍然是非常重要的。它们自身所达到的高度和深度,仍然是今天或者也是未来许多世代人类积累的最宝贵、最重要的精神财富。强调科学发展的新态势,绝不能无视这些仍然发展着的精神财富的价值。交叉、综合、渗透,也必以各学科的巨大成就和丰硕成果为基础,忽略了这最重要的部分,任何综合都会成为无本之木和无源之水,同时也自动降低甚至丧失了综合的必要性和必然性。

通过对高深的学术或学科课程的教学,以传播和保存人类精神财富中的这部分精华,对一所高水平的大学来说,是一种不可推卸的责任；反过来说，有没有能力实施这一部分教学，有没有为同道公认的高水平的学术性课程，是高水平大学乃至一流大学、研究型大学的重要指标之一。

除了知识的传承意义之外，学科教育还有培育科学精神（其中包括确立辩证唯物主义世界观）的意义，还有养成实事求是和坚持真理、修正错误的品格的意义，还有培育积极探索进取和培育创造精神以及反对欺世盗名、招摇撞骗的伪规律、伪学术和伪科学的胆识的意义，等等。这种培育，是在知识体系的构建与进展的再发现中，由教师的潜移默化赋予学生的。无论是自然科学，或是人文社会科学，在教学向纵深发展的时候，在用良知良识充实学生头脑的时候，都会产生培养科学精神的效应。

科学方法一直与科学本身一样受到学术界的重视。正确的、科学的方法，是引导称得上科学成果产生的条件，错误的方法则会引出谬误甚至产生歪理邪说。方法上的变革，甚至可能凸现新的学科。我们所知道的"比较"的方法，就产生了许多新的学科子域。数学分析的方法，甚至彻底改变了许多学科的面貌，当然数学本身就是一个学科。所以，学科教育还有养成科学方法的意义。

向纵深发展的学科教育，还是职业（专业）教育的基础，当然也是普通教育或通识教育（或通才教育——如前文所述，笔者不太赞成这种称呼，最好只用普通教育）的基础。无视学科本身向纵深发展的成就，甚至轻视它们的存在，不仅下面所讨论的职业教育或专业教育会失去创新或创造的后盾，而且普通教育也会因缺乏高瞻远瞩的视野而使人们对它失去期望和热情。

以前的教育哲学家，称这类课程的教育为"自由教育"（见布鲁贝克著《高等教育哲学》第86页）。今天自由教育应该促使人们从无知、偏执、迷信、歧视等非理性的枷锁中解放出来，导致一定程度的个人自治,这是这类课程教育的根本意义之所在。

二、关于高等职业(专业)教育类课程 B

广义而言,在我国,A 类课程的教育也是职业(专业)教育,它对应的是学术类的职业(专业)。但是,这里的职业教育类课程 B,是狭义的"职业"课程教育。实际情况是,今天即如我们国家的高等教育,所培养的能"发展科学技术文化,促进社会主义现代化建设"的"具有创新精神和实践能力的高级专门人才"(见我国《高教法》第五条)就是为社会的各行各业的职业岗位培养的人才。他们必须要有职业(或专业)能力,包括操作性的技能和按规范行事的能力。因为这里有"高级"二字,所以比之于"初级"或"中级"的专门人才,他们还有"高级"的特质,主要是有"知",还长于用脑。在他们的能力中,还包括学习能力、发现和发展能力(笔者称之为向规范、常规之外的开拓能力),还可以包括高层行政能力等。事实上,现时代,由于社会科学技术和生产力的高度、快速发展,以信息高速传播和知识经济为特征的社会变革日新月异,新的产业在不断形成,传统产业也不断更新,新的职业岗位不断出现,它们要求就职人员不仅具有高超的技术,并具有多种技术综合运用的能力,即不仅要求能动手、能实践,而且要求能动脑,要求就职人员不是一台精巧的专用机器人,而是一个具有能动潜力的、富有革新激情和才能并能适应职业岗位变换的人。现时的大学专业或职业教育不可能都达到这种水准,但应当为实现这样的理想境界而奋斗。

高等职业教育,具有明显的社会和个人的功利性,是大学接近普通民众,高等教育大众化、普及化的最令人激动的、最吸引人的诱导因素之一。

由于社会生活中职业之间总有某些或强或弱的关联性，B类课程的综合化要求，即某些专业之间的沟通是很必要的。此外，它们受相应的 A 类课程的指导也是必然的。因为严格说来，大学的职业性专业和课程的设置，是社会职业性岗位的"需求"力与校内学术学科逻辑在实用层面上的"张力"共同作用的结果。所以离开了 A 对 B 的指导，B 类课程将有可能蜕化而失去对社会职业岗位的吸引力。

在此，我们还可以回顾和参考英国高等教育学家、剑桥大学前校长阿什比归纳的左右着大学的三种力量。笔者将之简化后分别称之为：求学者的"压力"、社会需求或职业世界的"吸力"、大学的内在学术逻辑"张力"。这些力量，左右着大学的规模和形式，当然也左右着大学课程的内容和类型以及它们之间的联系。实际上，"压力"和"吸力"是形成类课程的主导力量，但它们都受"张力"的提升和制约；而类课程则主要受制于"张力"，或许也会从"压力"和"吸力"中得到支撑。总而言之，A、B 两类课程关联着对大学起作用的三种力量的作用与平衡。实际上，包括下面马上就要讨论的 C 类课程在内的所有课程，也都关联着这些力量的作用与平衡。

三、关于高等普通教育类课程 C

在笔者的分类中，这类课程的教育是高等院校里的"基础教育"，现时各高等院校特别是综合性大学里，一、二年级开设的许许多多课程，都有 C 类课程的特点：它们以提高学生的一般文化素养和个性品位为目标，既是进一步学习 A、B 两类课程的基础，同时也具有自身独特的功效——把受教育者培养成有高等文化的人。所谓整合，在这群课程里有丰富的体现。

其中,首先包括与社会现存道德、伦理、法律规范相联系的各种课程,如我国现有的政治思想教育类的邓小平理论、中国革命史、马克思主义哲学、大学生生活导论、马克思主义经济学原理等;其次,包括工具类课程,如高等数学、大学英语、大学语文、普通物理、普通生物学、普通化学、法学基础、中国通史、世界通史、管理通史等;第三,包括一般陶冶的课程,如摄影美学、书法艺术原理、音乐鉴赏、中国古代文学作品赏析、绘画、色彩初步、戏剧艺术;此外,还有军事和体育类的课程,各专业和学科中的其它基础课程,各种讲座和学术报告,各种讨论会,以及许多校园文化娱乐活动、社团活动等所产生的教学乃至教育效应等。

为了理解普通教育的重要性和意义,我们可以继续在布鲁贝克的《高等教育哲学》(第88—89页)中找到某些根据:当我们考虑到未来所要起的公民作用时,我们会通过普通教育使他们具有广博的见解,把他们从本能行为和生活工作中偶然事件可能使他们产生的偏狭中"解放"出来。此外,由于我们共同生活所要求的闲暇时间的增多,使我们还面临着如何有价值地利用它们的尖锐问题。无需多说就知道,对文化作尽可能广泛涉猎总是好的,甚至对满怀功利的职业教育来说也是如此。对普通教育持开阔的眼界是必要的。简而言之,普通教育与职业教育必须携手并进。这实际上,就是笔者认可的课程模式。它既是一种现存模式,也是一种值得继续发掘的教育和教育学宝藏。

此外,C类课程的边界实际上也是不确定的,其中有些可能与A类课程发生粘连或重叠,另外一些则可能和B类课程难分难解,特别是人文、社科课程中的某些课目。如果出现这种情况并不可怕,而且相反,这正是一种发展和进化的痕迹,应该是我们所追求的。布鲁贝克举例说,狩猎和钓鱼曾经是实用的活动,但经过一定的时间后,它们变成了纯粹的竞技活动,其本身也成了一种目的;再如数学,最初它也只是测量和建筑等一些行业的一种工具,但最终它本身也成了一种目的。

四、小 结

在本文最后一段,笔者想以一位西班牙作者(Lucien Michand)所提出的大学使命——功能观,作一个小结。

完整的大学,首先,负有理性使命,它通过发挥教学和科学研究的功能,保存和传播科学文化知识,自由地为追求真理而提出问题、追求新知;其次,负有社会使命,它通过职业功能和服务功能的发挥,进行专家或专业的职业培训,提高劳动者业务能力,以及参与社区乃至国家的社会经济、政治和文化建设,提供鉴定或评价标准;第三,负有教育使命,它通过文化教育功能和人道功能的发挥,养成各种学术思想,使人获得人的基本要领以及理解和鉴赏种种文化成果的能力和评价能力。[1]

很显然,所有这些使命——功能的完美实现,都和我们前面议论的课程教育的成功与否相关联,其中又凸显了加强文化素质教育的基本论题。目前,我国社会上下都很关心大学的文化素质或人文素质教育,寄希望于大学在这方面有一个明显的进展。大学的使命是非常沉重的。其中,"以什么样的人文或文化施教"和"以什么样的态度施教"可能是取得实质性进展的关键。对此,笔者既提不出高瞻远瞩的原则和理论,也不敢对具体的教育内容发表诸多建议,但强烈地意识到,在"加强"的教育中,以下几点是值得注意的。

1. 对这一"加强",是要进行认真负责的研究和设计,并对其产生的结果进行长周期的观察。三、五年,甚至一、两年就总结经验，说取得了成效，甚至说取得了"突破性进展"，这种态度，不是教育实践和研究教育的态度。

2. 强调人文教育的重要性是对的，但以什么样的人文知识内容来教育学生，这是需要特别慎重的。我们应当认真研究现代人文教育和人文精神的内涵，不要期望把古代经典随意传给学生而真的能产生现代意义的结果。用"士为知己者死，女为悦己者容"的封建社会或奴隶社会那种鼠目寸光的伦理观念教育学生，只能使我们重回大泽、再上梁山，而无法期望使我们的接班人能面向世界、面向现代化和面向未来。

3. 许多学者和专家、院士纷纷著文参与重振人文教育的讨论，这是一件大好事。但有说服力的是他们根据自身科学研究和发明发现的实践，回答现实教育中的人文社会科学与自然科学的综合问题。提倡真科学，反击伪科学。重视人的价值，也必以自身的体验和研究为基础。在这方面，何祚庥教授的良知良识和真知灼见，是一个非常好的榜样。有的学人，甚至院士，凭借自己的声望以及在旧时代读过的几本古典著作，在"加强人文教育"的大潮起来之后，并无认真的研究而随便入"潮"，强不知以为知，实际上对"加强人文教育"有害无益。

4. 社会，特别是各级负责人等，应当在廉洁奉公方面，应当在尊重人和爱护人民群众方面，应当在公德心和善良之心的实际表现方面，以及在高瞻远瞩和实事求是方面，给人们——包括在受大学教育的人们，树立一个榜样，以减轻大学在这方面的沉重压力。加强人文和社会科学的综合，是与社会传统，以及现实社会的能动性紧密相关的，特别和有权教育人的人的德行相关。教育研究的过程范式、结论范式，高等教育的课程设置实践，需要一种社会氛围的支持和理解。就教育论教育，只是解决问题的一个环节，虽然这个环节非常重要。

5. 强调"要加强人文教育",还应当防止对科学教育的轻视和削弱。有许多统计已表明,我国公民的科学素质比起许多发达国家,还有一段不小的差距,科学技术发现和发明特别是创造、创新方面,差距更大。我们应当明白,科学技术实力,仍然是当今立国处事的基础,人文教育则要在改进自己的教育品质和教育效果上多下功夫,仅哀怨人们"重理轻文",等待领导来"加强",是无济于事的。综合,更应以优秀的、先进的、有时代感的人文学术思想进入角色。前贤任鸿隽有言曰:"吾绝不抹煞真正文学(此处意为人文之学——笔者注)于教育上之价值,或以智育之事,无待文学而完成者,误也。有科学而无文学,其弊也偏,与有文学而无科学,其弊正同。货宝虽贵,若积之至,反侧其船,则不足以偿其害。"[2]这是对处理"加强"和"综合"问题的经典忠告。

本文毕竟还是刍议,公诸于世,意在请读者赐教,以求抛砖引玉之功效!

参考文献

[1] Lucien Michaud, An Idea of the University, Higher Education Policly, Vol. 4, 1991. (1): 45—48.

[2] 任鸿隽,《科学与教育》(期刊),1915年第12期。

本文原载《上海大学学报》(高教科学管理版),
2001年第三期,第23—25页

首要的是质量和水平——
为我校的发展再进言

我们为复旦的发展，以前曾经写过几篇类似的"进言"，所以，这里叫做"再进言"。

第一，这篇进言的主题，是谓我校加快发展研究生教育，以目前的情状论，首要的是提高质量或水平，而不是扩展规模；就算我们的宏伟目标是要建设世界一流大学，是要建成研究型大学，似乎也没有必要在研究生教育的规模上再做文章，而应着眼于质量。

第二，这就还得说一说"一流大学"和"研究型大学"的称谓问题。

自上世纪80年代中期以后，我国高教研究人员和教育行政官员追求"一流大学"和"研究型大学"的呼声彼伏此起。但这两个称谓却是没有国际权威机构认可的，也没有权威的评估活动，很难找到一个形而上的标准。国外也很少有地方在这方面比我们说得更多。

关于"一流大学"或"世界一流大学"，话题可能出自1986年。当时，香港《亚洲华尔街日报》刊登了一篇投票评选的结果，所评选的就是投票人心目中的名列前茅的世界一流大学和亚洲著名大学。前者，依得分的高低排序为：1、哈佛大学；2、牛津大学、剑桥大学；3、斯坦福大学；4、加利福尼亚大学伯克莱分校；5、麻省理工学院；6、耶鲁大学；7、东京大学；8、巴黎（索邦）大学；9、康乃尔大学；10、密歇根大学、普林斯顿大学。后者没有排出名次，只认可了日本、中国、中国台湾、印度、泰国、菲律宾、土耳其、以色列等少数几个国家和地区有"亚洲地区的著名大学"。中国大陆则有三所：北京大学、复旦大学、清华大学。这一评估结果的消息传到内地，引起了人们极大的兴趣，"一流大学"的话题，从此热门。[1]

全世界大学排名，我们所知不多，而香港《亚洲华尔街日报》的排名并不具有国际的权威性，但对我们仍有参考价值。较系统也较连续的大学排名，在高等教育非常发达的美国做得较好。例如，从1983年以来，"U S News and World Report"年年都要组织评选，并用电脑分析投票的结果。上面排序中的美国大学，常常都在美国大学排名中的前25名之内，但不时也有名次的升沉。美国人的词语称它们为"The Best Universities"或"The Top Universities"。这是在一定的评估指标体系下评出来的结果，而不是学校自命的或官方封赠的。

关于"研究型大学"，这明显的是具有"美国特色"的词汇，因为它首先是美国人发明的，别的国家，包括大学历史比美国早、且高等教育也较发达的英国、德国、法国，此外还有日本、加拿大等国家，都没有使用或很少使用这个概念。但即使在美国，这个概念提出的时间也并不长。包括区分出研究型大学的分类体系，是1970年由卡内基教学促进基金会（The Carnegie Foundation for the Advancement of Teaching）首先提出，其内涵或标准是经过多次改进的。现在我们看到的最近分类，是 1994 年的分类，其中，研究型大学有两类：有博士授予权的大学、有硕士授予权的（综合性的）学院和大学；有学士授予权的学院也有两类，此外还有一类社区文理学院（授协士学位）和一类专业学院，共 10 类。[2]

所谓"研究型大学"，顾名思义，是承担了相当多的科学研究任务的大学。按 1994 年的标准，这两类大学的共同情况是：提供全面的从学士学位到博士学位的课程计划，每年至少授出 50 个博士学位。而第 1 类研究型大学每年从联邦政府要得到至少 4000 万美元的科学研究经费；第 2 类研究型大学所得的这一经费为 1550 万—4000 万美元。与 1987 年的标准相比，其它都相同，只有所得科研经费有变化。1987 年，第 1 类研究型大学的经费是每年 3550 万美元，第 2 类研究型大学则至少要 1250 万美元。

从标准看，确实就这么简单，绝无玄虚的"提法"和其它不可捉摸的话语，人人都能理解，仅此而已。

根据 1994 年的标准，1996 年，美国有 1 类研究型大学 89 所，有 2 类研究型大学 37 所。我们所熟知的许多美国大学或不大被经常提到的大学，都是研究型大学，前者如耶鲁大学、芝加哥大学、普林斯顿大学、哈佛大学、加利福尼亚理工学院、加利福尼亚大学伯克莱分校、密歇根大学、麻省理工学院等，后者如土伦大学（Tulane University）、路易斯维尔大学（University of Louisville）等。

第三，就数论数看规模和结构。

前面已看到，研究型大学和一流大学并没有规模和结构的评判指标，但国内同行喜欢从这方面进行后验分析，也有道理。在我校，从权威方面获悉，目前在校的研究生与本科生人数之比——为节省文字，我们以字母 R 表记——已达到 0.52∶1，并且拟议中的大力发展研究生教育的 R 数标志为 1∶1。

但是让我们看一看,近十年来一些大家所熟悉的研究型大学或世界一流大学的 R 数:

1. 芝加哥大学,1990~1991 学年度,在校研究生 7515 人,本科生 3433 人,其 R 数为 2.19:1,1999~2000 学年度,根据网上数据,算得 R 值约为 2.12:1。

2. 哈佛大学,根据网上获取的 2000 年的数据资料,其在校研究生与本科生人数分别为 9120 人和 6660 人,其 R 数为 1.37:1。

3. 加州理工学院,1990~1991 学年度,研究生 1012 人,本科生 776 人,其 R 数为 1.30:1;还有个 1930 年的数据,当时的研究生和本科生分别是 138 人和 510 人,其 R 数约为 0.27:1。

4. MIT 1990~1991 年度,研究生为 5216 人,本科生为 4325 人,其 R 值约为 1.21:1。

5. 东京大学,1992 年,在校研究生 7108 人,本科生 16134 人,其 R 值约为 0.44:1。

6. 加利福尼亚大学伯克莱分校 1991~1992 学年,研究生 8861 人,本科生 22262 人,R 值约为 0.40:1;1999~2000 学年,网上调查并计算,R 值约为 0.38:1。

7. 普林斯顿大学,1990~1991 学年,研究生 1880 人,本科生 4500 人,R 值也为 0.40:1;1999~2000 学年,经网上查询并计算,R 值为 0.38:1。

8. 密歇根大学,1990~1991 学年度,研究生 14606 人,本科生 36107 人,其 R 值也为 0.40:1。

9. 牛津大学,1990~1991 学年,研究生 3773 人,本科生 10175 人,其 R 值约为 0.37:1。

10. 加利福尼亚大学洛杉矶分校,1991~1992 学年,研究生 11700 人,本科生 35300 人,其 R 值为 0.33:1;1999~2000 学年,网上可得相应的新 R 值为 0.47:1。

11. 剑桥大学，1990 年，在校研究生 3171 人，本科生 10382 人，R 值约为 0.31:1。

12. 耶鲁大学，1990 年，在校研究生 2487 人，本科生 8264 人，R 值约为 0.30:1；1999~2000 学年度，网上查可得的新 R 值为 0.62:1。

13. 莫斯科大学，1990~1991 学年,，研究生（包括进修生）共 5000 多人，本科生 20000 人左右，其 R 值约为 0.25:1。

14. 多伦多大学，1991~1992 学年，研究生 10022 人，本科生 46112 人，其 R 值约为 0.22:1。

15. 早稻田大学，1990 年，在校研究生 3146 人，本科生 44039 人，其 R 值约为 0.07:1。

16. 康乃尔大学，1999~2000 学年，根据网上数据，本科生 13669 人，研究生 5352 人，计算得的 R 值约为 0.39:1，等等。[3][4]

写到此时，似已可停笔，但以下几句话仍然希望不要被认为是画蛇添足。这些一流大学或研究型大学的 R 数从 0.07:1 到 2.19:1 之间都有，而且大部分都在 0.30:1 到 0.44:1 之间，平均值大约在 0.40:1 左右。如果说，非要用 R 数来检验世界一流大学或研究型大学的水平，那么，我们的 R 数 0.52:1 已经超过上述那些大学的平均水平了。这样，我们复旦大学是否现在就可以自称有了世界一流水平或研究型大学的水平呢？关键的问题，我们还是犯了喜欢从数字演绎水平和成就的老毛病，但一流大学或研究型大学的创建，比弄这些数字却要麻烦得多。

第四，由此看来，我们应当把主要精力和心思，把学校的主要注意力，放在提高科研水平、出高质量的科研成果之上。

这是创一流大学和研究型大学的关键。

平心而论，我们复旦大学现在科学研究水平还不够高，而且比之若干年之前，可能相对水平还有下降的趋势。从我们看到的来自有关部门的"内部资料"看，我们的潜在危机的确在科学研究的质量和水平方面。可惜因为这些资料被要求不要引用，只能从其它角度作些比较。

在2000年6月8日《中国青年报》刊出的"本报与网大联合首发2000年中国大学排行榜"中，复旦大学名列"全国重点大学排名"的第四位，在清华大学、北京大学、南京大学之后。但是请注意，复旦大学只在"物资资源"、"学生资源"这几个指标上，比排在其后的几所大学有优势，此外，在"学术声誉"、"学术地位"、"学术成果"等几个重要指标上，都与排在后面的几所大学的得分相近或更低。[5]资源富足，说明我们有潜力；水平相对不高，说明我们必须有危机感，还要为此而奋斗。

在《中国教育报》2000年刊出的1999年"高校科技实力排名"中，复旦大学在科研经费方面已不仅在北京大学、清华大学、南京大学、浙江大学、上海交通大学等校之后，而且也在天津大学、同济大学等校之后，名列第16位。当然，现在这一危机已经没有了。因为我们成了"重中之重"，有了三年共12亿人民币的投入，但我们的压力感应当更大！

该排名认定，校办产业年销售收入，也反映了高校科技实力。这方面的排名，我们复旦大学居于12位，而高校中年销售超过亿元的企业，我们入围的仅有复华实业有限公司一家，排在第13位，而北大、清华却各有3家，分别是1、2、3、20、26、29位，且每校的销售总额，都大大超过我们复旦。[6]如果说，将科研成果转化为现实生产力也是高等院校的使命之一，则产品的销售额，应该被视为实践这一使命的一种体现，追本溯源，也是科研质量和水平的一种体现。在这方面，说我们复旦有危机，不能认为是戏说！

所幸我校现在已对"重中之重"的专业学科，高强度地投入了经费。我们的建议是：要发动相关学科的人员，提建议、出对策、花大力气，争取数年内，在本学科的成果质量和数量方面，货真价实地上一个新台阶；计划和规定一定要实在，要可行，绝对拒绝空话、套话、大话、假话；我们同时再一次呼吁，学校一级的领导，为此必须从会议和应酬中解脱出来，对"重中之重"学科的领导和指导，实行"手工操作"，只有领导在工作方法、工作态度、敬业精神上有新意、有创新，才能真正期望科研质量和水平上新台阶。

在策略上，要把研究生甚至本科生的潜能发挥出来，建立某种机制（如淘汰制、考核制、课题招标等），让他们参与科学研究并努力做出创造性成果，这既有出高质量科研成果的意义，也同时具有培养高质量创造性人才的意义。每一位高职称的教师和研究人员，都应当明明白白地理解此举的双重意义：如果我们认定诺贝尔奖是当今世界科学水平的最高级奖项，那么，我们中国人，我们复旦大学向诺贝尔奖冲刺的希望即在于此举。五年不行就奋斗十年，十年不行就二十年，诺贝尔奖总有一天会与复旦人结缘。脚踏实地的工作应瞄准伟大的目标，宏伟的战略应以一步一个脚印的奋斗为基础。

第五，仍旧是质量问题。

我们在教育质量上最强有力的条件，是本科生教育已经具有的质量基础，千万不能放弃这个基础。

应该说，"文化大革命"之后的一段时期内，由于种种原因，特别是学风正、教师勤、学生资质好、各级领导认真负责，我们复旦大学的本科生教育已具有非常鲜明的特色。据我们高教研究所在上世纪80年代初期和中期的几次调查，毕业生本人自衡和用人单位的客观评价都认为，从整体上看，复旦大学的本科生，在基础知识和理论方面，在包括实践动手能力在内的工作能力方面，以及在外语水平方面，都优于许多兄弟院校的毕业生；许多美国教授对赴美中国留学生的赞美也时有所闻，其中就包括对复旦留美学生的赞美。90年代以后，我校多次对本科生教学进行改进和改革，在继续加强和拓宽基础方面，在培养本科学生的综合素质和能力方面，做了许多非常有价值的探索，使我校本科生教育质量的提高又增加了新内容，发展的势头很好。

在新的形势下，面对知识经济的许多尚未被我们把握的前景，面对教育国际化、教育产业化的许多模棱两可的观念上的冲击，面对我国即将加入WTO的事态，复旦大学在培养人才方面，特别是在培养学生的创造能力、创新精神，培养他们的驾驭能力、参与能力方面，在激发他们的创造欲望和创造激情方面，必须提出和回答许多问题。真的要做出我们复旦人才品牌特色，而不是对外界人云亦云，对别人亦步亦趋，我们还有很大的行动空间。

遗憾的是，作为个人，我们不可能提出一套自信是完美的、非常有用的方案，仅能就此设想几点建议：

1. 进行新一轮的毕业生调查，包括对毕业的本科生和研究生都调查。调查他们的工作情况，单位对他们的使用情况及评价，有条件时还应对复旦的出国留学生进行相关调查。通过调查，找到新的、质量提高的突破点，并征求对复旦办学的更广泛的意见和建议。

2. 立即组织和发动全校教师和管理人员，进行教育思想、教育内容、教育方法、学生管理方法、教师管理方法、道德教育方法、规章制度建设等方面的持续大讨论，必要时将某些讨论形成例会。在大学中，传统和变革总是相辅相成的。基于这一认识，应适当吸收离退休老人中有兴趣的教师和管理人员参加，但绝不能搞一言堂，绝不要相信永恒的和绝对的真理。民主、自由、平等、开放的言论，有助于激发人们的创造性。

3. 以同样的热忱和求真的态度，发动学生们以适当方式进行相关问题的讨论，以充分反映他们的愿望、要求、倾向和建议。必要时可以和前述讨论合并进行。

所有讨论必须记录在案，所有发言都同样受到尊重，但必须整理出共同认可的结果，以便提交学术部门或权力部门再审议和决定是否被接受。

4. 在大调查和大讨论的基础上，制定出课程体系和教学内容改革新方案。

5. 同样，在大调查、大讨论的基础之上，制订出能激励教师积极教、学生主动学、管理部门提高工作效率的简明规章制度和奖惩措施，以便进一步增强凝聚力、创造力，使复旦出现新面貌。

第六，发展研究生教育，应关注的首要问题也是质量问题。

前面第五点所说的提高本科生教育质量的建议，也可为提高研究生教育质量作参考，其质量问题中的特殊方面，我们进一步议论几点如下：

1. 从生源方面看，大家都知道，近年来一直不够理想，且有每况愈下的倾向。本校的真正优秀本科毕业生毕业后如能找到好岗位，即会"举翅不回顾"，其他较好的高校优秀毕业生也很少有报考复旦研究生者。因此我们复旦招到的研究生，相当一部分是因为毕业找不到工作，或因在外地工作和生活不满意，而想到上海找出路的二流或三流学生。难怪有不少教师感叹，现在复旦的本科生比研究生难考，硕士研究生比博士研究生难考。而没有一流的"学生资源"，要培养出一流的研究生，不能说绝无可能，但难度会更大。我们私下经常会听到有不少教师在这方面的忧虑。

所以，我们的首要问题，是要出奇招、发明绝招，以便招收到高质量的研究生。在目前的集中管理体制下，研究生院更要有所前进、有所创造。

2. 从技术层面看，目前的招生办法，不足以选拔优秀的有创造潜力的学生。基本上仍是本科生全国统一考试的"从高分到低分、择优录取"的翻版，总的仍是"分数挂帅"，没有足以证明其具有创造性资质、思考能力、发现问题能力和工作能力的参考资料，有时甚至没有选择余地，导师更少有判断其实际学术水平的机会和发言权。

作为第一步，我们应该争取复旦自己有自主招收或录取学生的权力，包括考试方式、方法、录取标准等，自觉承担起为复旦的质量和品牌负责的重担，这是办学自主权最具实质性的体现方式之一。作为具体措施之一，在按分数高低确定复试名额时，应留有较大的可供慎重选择的余量，例如招生计划的50%甚至100%等。

3. 我们的研究生课程，迄今仍然侧重知识的传授，有许多课程内容陈旧，缺乏现代意识，没有反映现实社会科技和人文思潮涨落的新鲜内容，以及没有对学科综合、渗透、互补的动态成果以及前沿问题加以恰当的关注。

为此，应当组织导师们探讨如何设置复旦独特的学科、专业和课程体系，做到：别人有的学科、专业、课程，如果我们必定要有，则一定要比别人优异或成为一流；特别要鼓励教师们开拓和独创，对别人没有而我们已预见到的、有发展前景的方向，要争取脱颖。学校研究生院和学科建设办公室，应在这方面加以鼓励、倡导,并提供适时的服务。

4. 要对研究生的培养质量进行过程性监测,不能完全等到事后才去照章办事地检查。研究生的出口应当严格把关,不能过宽。适当的淘汰比例,有助于提高教和学及管理方面的质量意识。

质量问题,可以建立和完善我校自己的研究生教学评估制度,并通过认真执行这种制度加以保证。这方面,美国的加利福尼亚大学伯克莱分校已为我们做出了榜样,这也是作为"研究型大学"、"一流大学"给我们树立的榜样,可供我们参考。该校把调查研究作为评估研究生教学质量、教学水平、管理水平的一种手段,把调查结果作为每十年一次的评估各院系研究生培养资格的判据之一。他们不仅每年对应届毕业的博士生进行调查,而且还对已经毕业的博士生进行跟踪调查,以毕业生对人才市场的适应情况来检验其研究生培养的质量,包括调查毕业一年后的博士生和毕业十年后的毕业生。

当然,还是老话:美国人的具体做法,我们不一定要照搬,笔者更希望我们自己发明、创造更好的检测质量的方式。

5. 应当设想对研究生培养模式、形式、方法制度进行改造,以克服非学术人员权力过大的现状,改进作坊式、放羊式的培养方法,改变某些地方存在的"导师是工头,学生仅仅是打工仔"的师生关系,改善人际关系,创造学术民主、思考自由、研究和创造氛围浓烈的研究生教育环境。我们不必寄厚望于每一位复旦大学的研究生将来都是杨振宁、爱因斯坦、巴金、梁漱溟、蔡元培、华罗庚、马寅初、比尔·盖茨、开普勒、李嘉诚、邓小平那样的人物,但我们有理由、也应当做出极大的努力,使他们中的大多数人能成为对社会有卓越贡献的优秀人才。模式和制度的创新,是真心诚意创新的试金石,也是培养高质量人才的关键。

6. 有必要在校内外选拔一些学有专攻，但综合知识的水平和能力强，且创造性成果显著的教师或研究人员，特别是那些对创造性思维有见地的学者，给研究生开设"普通教育"或"创造性学习"的讲座，强化学术探讨意识、创造意识，激励创造氛围。例如，某一学科领域的发现、发明史或历史片段，某一领域如生命科学领域的新动态及可能的新领域，技术文明史片段，以及创造心理学、制度创新、奇异思维、问题与元问题意识、科技进步与现代文明社会、生存危机、思想革命、哲学家的类型分析等等。在理性与激情的交融中，把我们的接班人，推向学术的潮头。

第七，几句结束语。

虽然质量和数量并不构成逻辑上的矛盾，但从经验得知，数量如果从质量方面得到支撑，则其价值或含金量就会高得多；从经验我们还知道，没有质量的数量放大，有时可能是灾难性的。这里的意思是说，在目前我国教育资源还相对贫乏，国家还不太富裕的条件下，大者如国家的高等教育总体规模要发展，小者如复旦大学规模和结构的提升，都应该以相应的质量提高为基础。在我校已经有了较适中的规模和研究生、本科生的 R 数的现实条件下，我们应该全力以赴的，是抓好提高研究生和本科生培养的质量和水平，使其达到一个新的高度。我们现在的方方面面很多，别人说重要的教育形式我们都要，成人教育、专科教育、自学考试、网络教育、留学生教育、半公半民的教育，还有美国人说的"研究型大学"，许多人都在炒的"一流大学"，最近美国人又在说的"服务性大学"，我们可能也都要，也都有兴趣。但最好的教育体系和教育思想，不可能样样都要，而是不要丧失对自我的认同，不要丧失特色，时时注意审视我们自己可以做到的最大限度，我们自己是不是还可以做得更好？一定要坚定不移地信任自己，并且走好自己的路，就像

19 世纪 30 年代以后的美国高教界之对英格兰高等教育的态度那样。

总建议：将学校"为建设高水平的研究型大学，要在保证本科生教育的前提下，把工作重点放在大力发展和加强研究生教育之上"的决定，改为"为建设我们自己的高水平大学，要在保持研究生与本科生目前比例和总体规模的前提下，把工作重点放在大力提高研究生和本科生培养质量、提高科学研究的水平上"。

参考文献

[1] Albert H Yee, "Putting Asian Universities on the Map", The Asian Wall Street Journal, Hong Kong, 1986.5.5.

[2] The Carnegie Foundation for the Advancement of Teaching, A Technical Report: A Classification of Institute of Higher Education, 1994 Edition.

[3] 同上资料。

[4] 杜作润主编，《世界著名大学概览》，四川人民出版社，1994 年出版。

[5] 见《中国青年报》2000 年 6 月 8 日第 5 版。

[6] 见《中国教育报》2000 年 6 月 9 日第 4 版。

本文与林荣日先生合作，原载《复旦教育》，
2001 年第 2 期，第 1—6 页

依法治教和依理治惰

摘 要 《中华人民共和国高等教育法》的颁布，改变了我国高等教育无法可依的落后状况。本文就目前高教界某些状况进行了分析探讨。

关键词 高等教育 法律 探讨

一

当《当中华人民共和国高等教育法》（以下简称《高教法》）公布的时候，高教界人士都很兴奋。1998年9月28日当天，《中国教育报》发表了标题为"千呼万唤始出来"的文章，历数了产生这一文献的漫长过程。

中国高等教育将在这一法律文件的规范下，开始一个依法治教的新历程。虽然这部《高教法》还有许多可讨论和可改进之处，但在理论上，它可以改变我国高等教育无法可依的落后状况。

根据《高教法》，在我国发展高等教育，政府、大专院校、公民、社会有责任，校长、教师乃至学生也都有了明确的责任，各在其位,各尽其责,科教兴国就有望,国家的长治久安就有望。现在大学有了许多法定的自主权:招生、设置专业、选教材和制订教学计划、科研的自主权,虽然在"自主权"之前还有一串串的限制性定语,还可能为有些自恃高明的主管或领导者们不适当地干预学校事务开有许多后门,但这部法律毕竟从文字上明确了许多方面的自主权,依法治教将最终成为高等教育运行的主干道。

高等教育的教育方针,虽然在《教育法》的第5条里已经讲过,但《高教法》的第4、第5两条,说得更具体,更具有针对性:高等教育的任务是培养具有创新精神和实践能力的高级专门人才,发展科学和文化,促进社会主义现代化事业的发展。这当然使高等教育的实践方向更明确,要求也更高。

应当说,目前我国的高等教育和整个教育制度仍然处在高频率的振荡和变革之中,这是社会大环境变革所引发的问题和提供的机遇。在这方面,《高教法》容留了不少变革的空间。例如,普通高等学校的招生,只讲了"招生考试",但并未强调全国的统一招生考试,更未强调仅以分数为依据由高分到低分的"择优录取";又例如,对各高校内部,容留有各校根据实际需要设立管理职能机构的余地,而不必与政府的行政管理部门一一对应。

但是,《高教法》中值得进一步讨论的地方还是不少的。以下试举几例,谈谈笔者的学习和研讨心得,供同行批评、指正。

二

首先一个是对"科教兴国"战略方针的贯彻问题。虽然《高教法》开宗明义指出了它自身就是为实施科教兴国而产生的法律文件,但并没有更多的理性充实和实施保障,仅是重复说一些过去的套话。如第六条中说:"国家鼓励企事业组织、社会团体,及其它社会组织和公民等社会力量依法举办高等学校，参与和支持高等教育事业的发展。"而事实上，近20年只批准了20所民办高等院校正式运作，据说还有一千多所民办高校在排队等待审批。科教兴国，首先应当靠国家办教育，而国家又无力支持高等教育的较大规模的发展；现在希望"社会力量办学"，又只能以每年增加一所民办大学的速度作"鼓励"，人们只能以"不痒不痛"来谈感受。

《高教法》涉及高等教育的总体规模问题，也没有说明如何来体现科教兴国的战略，采用目前既无理论解释，又无法律依据的"适度发展"、"内涵发展"的方针，是很难令人信服的。前几年，高校招生平均每年增加10万，似乎这样的增长就是"适度"的、"稳步"的。殊不知，如果这就是适度，则我国高等教育如要想发展到国际公认的大众化阶段，需要再等20年，而要达到普及化阶段，至少要等到70年之后。我们不需要低水平、低质量的"大跃进"，但长期"稳定"在高等教育的精英化阶段，人们能期望它对科教兴国作出什么样的大贡献呢？对近50年或近100年的中国现代史分析，特别是对之进行社会经济发展与高等教育发展的相关性分析，或许能明了这种精英模式价值的局限性。

在对高等教育的投入和条件保障上，也明显表现出对之积极发展的不经意。回顾高等教育中的某些成功发展的个案经验，社会经济的跃进发展，的确和高等教育的适度超前相关。常被人们引证的有日本、美国、德国、韩国、新加坡甚至还可以有我国台湾、香港。

我们发展教育的力度仍然是柔弱的，根源可能在于有些人对这种开发民智的事业缺乏真正的热情。朱总理说，要解决基本建设战线太长和重复投资，没有效益的问题，还要解决"吃财政饭"问题，把钱集中起来投向科教兴国方面。看来，他的宏愿要兑现还得费些周折，把《高教法》的条文与现实进行比较，还只能算是对人们再提一个醒。

三

如果说"鼓励"、"适应"、"逐步增长"都必须是由国家，实质上是由教育行政部门掌握的"大事"，具有某种不得已而为之的合理性的话，则在另外一些更具体的问题上，笔者仍有疑问。

事实上，在《高教法》中，在容留有进一步改革的空间的同时，也容留了学校的"上级"——国家教育行政部门随意挥舞权力的领导指挥棒，不适当干预学校事务的余地，这实际上是与"扩大自主权"的方向相悖的。例如，根据第54条，代表国家，规定学校的收费标准，根据第62条，去规定学校的经费开支标准。又例如，根据第44条，代表国家，去监督和评估学校的办学水平。此外，"按照国家有关规定"发学位证书、毕业证书，高等学校的教学质量要保证"达到国家标准"，高等学校的校长、副校长"按照国家有关规定"任免，等等，都既有合理之处，也有可研讨之处。

合理之处，至少在字面上，任何人都不能反对建设"保证质量"的高等教育，任何人都不应该反对提高高等院校的办学水平，任何人都不可能反对党和政府给高等院校委派来的校长和副校长，等等，而最重要的，任何人都不能反对人们以国家的名义做的许多事。问题在于，首先，那些"有关规定"、"国家标准"是否都是很重要、很严肃的？如果是，那就应当在《高教法》的文件中明确写出，有多少"有关规定"和"国家标准"，就应当写出多少规定和标准，否则失去了法律的规范，人人都知道其结果和"无法"一样。其次，对学校办学实行监督和评估的"组织"即"教育行政部门"，除了无限制地扩大教育行政部门的权力之外，不会有更积极的意义。以"评估"而论，却是应该鼓励用人部门、社会媒体、学会甚至研究人员和教师参与，才能保证科学性和可信度，即应综合他们的"片面"性而得到全面的结果。这是国外发明评估、评估活跃而有成效的国家的重要经验。我们引入了这一科学方法，却将之变成一种政府干预学校的手段，实在是有点南辕北辙。

有关高等学校的办学质量，从权力——责任制衡关系分析，如果真正赋予校长办学权力，他必定会承担相应的质量责任；如果是"按照国家有关规定任免"的校长，他就应该有能力对学校的质量、声誉、证书、学位等负责；如果他们还被监护管理，那至少"国家有关规定"是有问题的，或者至少是任命校长、副校长的"有关部门"没有尽责，即他们的工作质量本身令人忧虑，只是无法来"评估"和"监督"他们的管理、领导水平与质量罢了。这同样是个漏洞，是个问题。

问题的实质是第14条"国务院教育行政部门主管全国高等教育工作"中的"主管"，没有确切的法律定义：事无巨细，一管到底。《高教法》不够完备之处，不仅是没有列出"主管"的应管内容，最重要的是没有限定学校哪些事不应当由"主管"们来管。如果没有限制性的法律条文，《高教法》给予学校的自主权，即如所谓"面向社会，自主办学"，始终只能是随便说说，它给予"主管"们的自主权反而可能比给予高校的自主权更多。

四

迄今，在高校这个"知识分子成堆"的地方，在这个"尊重知识，尊重人才"的口号震天响的时代，在这个天天从事着培养接班人的知识、道德和智慧的圈子里，那些被尊崇为人类灵魂工程师的人群——学校的教师特别是那些德高望重、智慧超群、知识渊博的教授们，在选择他们的领头人——校长和副校长方面，没有一点发言的机会,甚至选拔的办法、条件都没有公开宣布过,这部《高教法》对此讳莫如深,仅以"国家有关规定"随意带过,令人感到失望,是否害怕重新出现"教授治校"呢?

在目前的体制里,最值得探讨的问题之一,是如何重视那些确有知识的群体。他们的知识,是人类经验和理性成果的结晶。对某些人来说,因为囿于自身研究和教学的领域,可能会有片面性,但其深刻的程度是为那些仅仅有权的人难以比拟的;对于这个群体而言,他们对事态的判断力和洞察力,对学校乃至对国家生活真谛的认识,是其他任何群体都难以比拟的。值得探讨的另外一个问题是:他们的知识是国家花了代价培养的,如果不充分利用他们的那些知识,实际上是国民财富的巨大浪费。

由此类推,学校内部的各项大政方针,包括教授聘用、工资升降、发展规划、专业设置、课程体系、科研选题、机构设置、人事任免、基金使用、奖学金发放、学费标准等等,都应当有教授通过一定的公开程序,参与决定,而不能仅由少数人或被任命的行政官员独自决定。我们常常喜欢使用"机制"、"激励机制"、"强化激励机制"这类词汇。要知道,在大学里,"强化激励机制",其主要对象就是教授或其他相应的人。缺了这一对象,那些好听的词汇,只能是无实际意义的摆设。

"教授队伍是教育政策的主要来源。"这是美国名牌大学的校长的经验,而且是一切有成效的现代大学最普遍的做法,只有中国大学还停留在古代,教授们只是执行教育政策的工具,"激励机制"从何产生?创造性从何产生?创新性如何产生?

在现有体制下似乎已经养成了一种通病,也可以说是一种惰性,即凡是被认为是"重要"的事,或凡被认为要做"好"的事,都必须由"上面"抓,或由"上面"出场,甚至必须由"上面"

作出决定,必须由"上面"统一部署。仔细考察,这种惰性都是由"上面"培养出来的。但是,国家这么大,发展的水平差异这么大,各个领域的能动性、自觉意识差异又这么大,事无巨细都作这样的"统一",都由"上面"在"国家有关规定"的名义下说了算,能把那些"重要"的事都做"好"吗?实践证明,许多事情都是做不好的。

五

笔者曾说过:总的说来,我们办教育的指导思想,总是"管"多于"教";而事实已经 说明领导和上级"管"得越多,效果却越是不佳,主要是被"管"对象的惰性会越来越大。在学校里,教师和指导员、班主任也学来了"管"的道理和方法,要求学生早睡早起做早操,甚至规定晚上十点钟必须关灯上床。但学生们就偏偏要迟睡迟起,似乎就是要和你对着干,越想管就越是管不好。

笔者曾经在一本小说里读到过一个故事,它可能是虚构的,请读者注意关心其中之"理"。故事说的是侍郎纪延寿之子纪献唐,幼时读书识字,聪明出众,只是顽劣异常。及至七岁,随先生读书,竟是一目十行,到口成诵,到十一二岁,便把经书念完,大是颖悟。只是他才略略有点知觉,就要驳诘先生,甚至把先生赶走。这样,一连换了十个先生。一日,纪家来了个姓顾名肯堂的绍兴先生,自称愿为献唐师。先生言道:"天下无不可化育之人才,只怕那为人师者,本无化育人才的本领,又把化育人才这桩事,看成个牟利弄权的生意,自然就难得功效了。"他要求纪太傅以后可以不必过问孩子的功课,任其去玩。忽一日,顾先生的琵琶声吸引了他,他要求学,先生也不客气地教他,及至先生作画、写字、吟诗,他也要学,而且都学得有模有样。以后,先生说:"我的本事都被公子学到了,哪里再有什么新货色?我们何不教学相长,公子有什么本领,何不也指点我一两样?"纪献唐自恃年轻力壮,蛮力过人,并有几分武功,又欲打走先生。殊不知,一经比试,就被先生轻描淡写地斗倒。至此,才诚心拜先生为师,先生也才开始指点他读书的种种道理,使他以后终于发奋学习,中了进士,逐步高升,最后被朝廷赐封为大将军。

笔者对他升了什么官没有兴趣,有兴趣的是在其中隐喻的"理"。即使好心,也要有正确的方法。对学生实行德、智、体、美教育,都应有如顾肯堂先生之所为。空洞说教、管头管脚、虚假的套路,都只会事倍功半或无功而返。

教育行政部门管学校、管办学也同此理。并不十分高明的管,事无巨细都必须向"上级"请示的管,管得越多,惰性越大,既不鼓励和放手让"下级"承担责任,"下级"也就乐得不去冒试验和开拓可能失败的风险,行动怠慢,办事拖拉,谨小慎微,无所用心——这是一种体制上的慢性病,是我们的管理思想和戒律养成的惰性。

社会主义事业是应该吸引社会各方协力同心来做的伟大事业,它的优越性之一,就在于能把全社会、全民族的积极性调动起来,把大家的潜力都发挥出来。社会需要"管",但管的目的,就在于最大限度地发挥这种潜力。如果"管"的结果,阻滞了这种积极性,压抑了这种潜力的发挥,这岂不是与真正社会主义的理性原则和宗旨背道而驰?

依理治惰不力,依法治教这件事,将打一个很大的折扣!

但愿此说大谬,笔者真诚希望有相反的结果!

本文原载《洛阳工业高等专科学校学报》,2000年第1期,第43—45页

未来大学之道

一、解题及定位

本文是最近热起来的"21世纪大学形象"这个论题的一部分。笔者曾以"大学之道"为题,写过一篇拙文,[1]所以就生出了这种继续议论的癖好,又因为不太喜欢"形象设计"而较欣赏顺其自然,所以宁愿使用现在这个题目。

这里是讲大学。大学绝不能全等于高等教育,但却是实施高等教育的主要社会机构。

因此,我理解"高等教育新纪元"特别是其中"新世纪高等教育发展趋势"的主题之中,一定包含有"新世纪大学发展趋势"这个更细致的问题点。基于这一理解,仅就这个问题点,写一写笔者的学习心得。

实际上,即使对这个被分解而小不点化的问题,笔者自问也难说完其全部的方方面面,故仅以"大学之道"为题,主要就其"如何运作"这个侧面,作些分析和猜测,并以"未来大学之道"简称;其中,以"未来"取代"新世纪"或"21世纪",则纯粹是为了写作的方便。

二、历史和现代

大学，作为一种开发人的智慧和能力的社会机构，高等教育，作为所谓"培养高级专门人才"的上层建筑，其产生和发展的基础，当然是社会经济或物质生产的发展，这是根本的，或者说是"归根到底"的，承认这个物质基础之后，其具体情状也还有很大的差异。

（1）有哲学家、思想家，为传播自己的思想而设的大学，这些大学追求知识、追求文雅、追求学术理性。

（2）有教会为宣传教义，"拯救"皈依者而设大学，这些大学有时就是神庙，他们追求的是某种信仰。

（3）有世俗政权或国家建立的大学，为的是对治下子民进行笼络和统治，保持社会的连续性、稳定性。

以上说的是远古。到了近代，从 17 世纪工业革命开始以后，大学与社会政治，特别是与社会经济之间的关系更加直接，更加密切。所以——

（4）还有为发展社会经济、增加社会财富而建立或改进大学。大学分专业、分学科、规格化（制度化）、大批量、以工业的流水作业方式培养专业人才，就从这以后开始。

这种种情状，就像遗传因子，还深深地附着在现代大学的机体上。

现代大学的显著特征，是其功利目标更甚。它常常直接参与社会政治、经济、科学、文化实践。在我们中国最为理直气壮的说法是，要面向市场，要实现党的教育方针。美国人，Gould S B 甚至创造了一个新词"社会大学（Communiversity）"，来表示大学和社会之间所形成的合作关系（1970 年），这是一种高等教育的政治论哲学。在这种哲学思想的支配下，产生了许多新的现代结果。

结果之一，国家对大学开始大量投入，拼命"浇灌"，以便有更丰美的收获：培养更多的社会有用之才，使国家更富强，人民更满意。

结果之二，大学以及整个高等教育的规模开始膨胀，特别是二战以后，特别在美国。许多第三世界的欠发达地区和国家，也不甘落后，急起直追。

结果之三，国家、党派或其它势力集团，更有兴趣对大学进行控制和干预。

结果之四，大学自身，不断变革，设置五花八门的学科、专业和课程，大规模进行科学研究和实践，以吸引各种各样有求于大学的人们：学生、家长、商人、企业家、政治家、宗教家、卫道士、等等，大学从社会边缘走向了社会的中心。

结果之五，大学培养人才的方式，除了规格化、标准化、大批量、流水作业式的操作之外，也出现了非标准的手工操作的苗头。

结果之六，大学凭借对文凭和学位的输出，更具学术的象征性和垄断性，国家有时也怂恿或强化这种垄断，从而强化了社会对大学学历、文凭、学位的狂热追求。

可能还有其它结果，笔者甚至也不敢保证没有遗漏某些更重要的部分。

所有以上结果的后效影响，有积极的一面，也有消极的一面，并且将持续到未来。

三、未来的前景

人人都知道，人人都在讨论，展开在我们前面的未来，是一个"知识经济的时代"，它不再是传统的产业而是知识产业支撑的时代。但是,实话实说,我们对它的认识还是模糊不清的,而且它本身还在发展。所以,探讨未来大学之道,虽然可以从知识经济的大背景开始,但不能太武断、太高亢,否则会被疑为市场上叫卖最响的那部分人而招致误解。

在这一时代,大学仍将受到社会的特别重视,它可能成为知识经济的核心,因为它会越来越变成知识的"超级市场"。这是美国人 Clark Kerr 在20世纪60年代就发明的词汇。[2]在我国,也早在80年代末,学者徐辉就用处理知识为其专门使命来勾勒大学的形象,并由此对大学功能作了分类,即:它有创造和发现知识的功能;有整理、保存知识的功能;它还有传播知识的功能;当然,它还有使用知识的功能。[3]这一研究,比最近人们对知识经济的炒作更早,因此更富独创性和前瞻性。新世纪的大学,或许应当对"知识超级市场"表明看法,并采取应对措施。

从以上意思推演,我赞成"教育产业化"或"大学产业化",但它是"知识产业",而不是传统的第一、二、三产业。这是委内瑞拉的一位教育家的命题。这种产业的经营方式,自然应当与传统产业有所不同,不应当用老方式来处理新问题,但这正是需要研究的,正是对我们大学的研究人员提出了一个重要课题;产业化,对大学的经营者和管理者也提出了新要求。最终的答案,不是先验的,而是要实践——认识,再实践——再认识,不断循环往复,乃至无穷。不应该拒斥围绕知识问题出现的新趋势,也不应该拒斥由此引出的新观念,因为我们正进入知识经济的时代。

以下几点,的确只能算是猜测,是在前述的初始条件和背景条件下,对大学发展可能出现的情况的素描。它们也没有封闭性和严密的逻辑性,并且可能互相包容或重叠。切望引起批评和讨论,是罗列这些点点滴滴的唯一目的。

（1）大学的培养目标将多元化。现在，有人说要培养学生都成为通才，我不太赞成，这没有可能，也没有必要。对未来，我更加不赞成。在现实的教育和生活目标中，实然的目标本来就已形态万千，本来就没有也不可能有形而上的"统一"目标。这应该是 Clark Kerr 归纳的专用语 Multiversity 的内涵之一。

高等教育将继续膨胀而似乎趋于淹没，大学将真的变成 Communiversity，它的存在已不仅在特定的地域和学科领域，社会将到处都有培训"高级专门人才"的场所，人人都可从中获得被培训的机会。社会大学，可以理解为大学消亡，也可以理解为大学随处都在无孔不入。[4]

大学还将部分地复古，为那些自愿或好奇的人们，追求高雅、追求理性、追求信念、追求新价值的人们提供审思的机会，但不是为了专业，不是为了功利，不是为了获得财富，而是为了此外的什么，例如追求精神、理想的自我完善。

你可以挖空心思，在"提法"上去"统一"一个目标，但没有任何实际价值。大学的目标，就是国家、社会和个人这三者之间的协调和互补的结果，或者说，这是一个三位一体的目标。

（2）大学将更加注重提高质量。基于此，大学要做的最重要的事情之一，是生产或总结出更先进的知识，并且更有效地传播知识。这里的关键词是"更先进"和"更有效"。这里的知识，还应当包括新思想、新方法，不仅是那些静态的知识。

生产更先进的知识和最有效地传播知识，对应于我们传统中的科学研究和教学工作。只有在"更先进"、"更有效"上面做文章，一所具体的大学才能在知识市场的竞争中，取得不同凡响的业绩。这里仍旧是高质量、高水平大学或今人称之为"一流大学"的重要判断依据。

相应的,判断是否有水平任大学教师,一是要有科学研究水平,看其能否发现知识,是否有所发现;二是要有教学水平,照本宣科的教学肯定不行。教学的本质在于开发学生的智慧,不是灌输某些死的知识,更不是要灌输那么多的"原则"或"信条",像我们现在的"教育学"那样。所以教学法研究、教育工艺的研究,并取得好成效,是能否充当大学教师的重要条件之一。否则,学生不认可你,自以为水平高、身份高也没有用。

(3)还可以探讨一下课程教学的形式:我以为未来大学"知识超市"的特征将更显著,可能整个大学校园,到处都是大大小小的超市,虽然现在我们复旦校园里已有"教育超市",但这个以销售日常用品为目的的传统市场,比之于"知识超市"的规模、容量、顾客盈门的兴旺景象是不可同日而语的。

我们可以设想的知识超市,当然还是设在教室里的。它们可能包括"人文、社会科学"超市、"自然科学"超市、"工程知识与技术"超市、"农、林、牧、渔业知识和技术"超市、"健康、医药、体育运动问题"超市、"文化、艺术、博物"超市、"环境问题、科技伦理、全球化问题"超市、"教育研究、心理问题研究、社会问题研究"超市、"行政规划、管理技能、制度和机构兴废问题"超市等等,应有尽有。顾客——学生,会不断在这里进进出出。

"每个人都可以为自己设计一个专业"。大学生,可以根据自己对人才市场的认识和判断、对个人特长和特短的判断、对个人智力和兴趣的判断、对自己赶超市的时间和机会的把握等等,来决定自己要学什么和怎样学;特定的教学计划、教师的意见和建议,只不过是这超市里的"货品"之一,人们到这个时候可能才发现,我们中国人炒了几千年的"因材施教"的伟大教育思想的实现,主动权原来还掌握在受教育者自己的手中!

(4) 大学将更加重视管理。未来大学的管理人员和行政人员都应该是货真价实的专家,他们都可能像现在的公司经理、副经理、董事长、总裁、部门经理、业务专员、秘书、推销员一样,精通某一专业,同时更精熟大学管理的理论或营销策略。这真的是一个经营集团,他们在致力于发展知识产业,致力于领导参与知识经济条件下的竞争。

所以,在校内,他们充分了解、理解、尊重求学者——学生,和施教者——教授。

在校外,他们知道世情、行情,能适时调整战略和策略,能制订出发展大学的优秀规划。

更重要的是,这个集团懂得知识经济时代的教育科学,能用心研究和理解那时的教育规律——如果真的有人在那时已经发现了这种规律的话。他们都将有明白的教育理念、教育良知和对教育的忠诚。他们肯定都会有教育的激情。

特别是,到那时,可能高等教育或大学教育的教育研究人员更重要,不过他们的研究可能不再是现在的从文献到文献、从名家或领导的言辞中找真理、提原则的研究。

(5) 大学将会有更加多的自主权。这点,从知识经济具体到市场、到生产、到营销、到售后服务等,作逻辑演绎就能得到解释。据说,西方人发展经济,还是在马可·波罗把"无为而治"的中国道家思想带回去以后,才形成了市场。我不相信中国人的每一项精神财富都只能在西方产生效益。知识经济时代,我们不应当继续拒绝无为而治的思想。不过,到那时,大学究竟自主到什么程度,很难说清。因为社会的进退虽有"归根到底"的因素在起作用,同时也还有不能按订单发送的偶然因素起作用。笔者估计,国家、政府、教会、党派还要控制大学,社会的各种力量也还要从对自己有利的方向去影响大学。所以,关于"大学自主权会更多"的猜测,不能说得太绝、太乐观;大学本身的自主权意识也还有个生长、发展和培育过程。在这方面,历史传统的惯性,仍将在较长时间内起很大的作用。[5][6][7]

但是,可以期望外部的控制、监督完全立足于法规、法律之上。这是市场经济、营销类产业的既往经验和实践原则,用现在通俗的说法,就是要认可共同的"游戏规则"。游戏规则订得好,执行得好,大家都能取胜,国家、社会也能得到最大的利益。否则,在全球性的竞争面前,大学就要败阵,国家、民族也就难以更加兴旺、发达。

所以,未来大学应该欢迎外部的监督和管理;应该竭力呼唤精确的游戏规则;更应该怀着强烈的自主意识,要求精确执行游戏规则。

四、小结及致意

在结束本稿时,笔者有一点问题还是要说声"抱歉"的:本文没有讨论诸如"未来大学将更加注重素质教育"、"未来大学将更加注重创造性教育"等非常时髦、看起来也非常重要的论题。因为这些方面的讨论已经有了许许多多的论文和专著,所以,我就偷懒了。为此,笔者诚意接受说本文有"片面性"的批评,并且诚意接受指导。

总而言之,未来大学,是历史上的大学和现代大学遗传衍生的结果,也是未来知识经济的现实环境培育的结果。如果不考虑遗传因子,则未来大学之道即为无源之水;如果不认定未来时代是知识经济的时代,则所写的这些设想都将重新改写。

参考文献

[1] 杜作润,《世界著名大学概览》,四川人民出版社,1994年,第1—39页。

[2] Clark Kerr, The Uses of the University, Harvard University Press, 1982.

[3] 徐辉,《一种内涵深刻的古典大学观》,《高等教育研究》,1992年第4期,第21—26页。

[4] (美)约翰·布鲁贝克著,《高等教育哲学》,王承绪主编,浙江教育出版社,1987年。

[5] 杜作润等著,《大学论》,四川教育出版社,2000年。

[6] 杜作润,《再论广义大学》,《电子科技大学学报》,1999年第1期,第101—105页。

[7] (英)阿什比著,《科技发达时代的大学教育》,滕大春等译,人民教育出版社,1983年。

本文原载《有色金属高教研究》(长沙,中南大学),
2000年第6期,第3—6页

复旦大学实施创新教育之我见

江泽民同志指出:"创新是一个民族的灵魂,是一个国家兴旺发达的不竭动力。""我们必须把增强民族创新能力提高到关系中华民族兴衰存亡的高度来认识。"

人类社会已进入 21 世纪,知识经济时代已经来临,中华民族要屹立于世界民族之林,从大的方面讲,根本的出路在于大力发展教育事业,全面提高全民族的文化技术素质。从目前我国的实际情况来说,发展教育,重在全面普及初等和中等教育,而高等教育肩负着非常特殊的使命,必须在新的时代里,大力提高所培养的人才的内在质量,重在培养具有创新精神和创造能力的高级专门人才。

我国人口众多,本来我们的人力资源应该极为丰富,但是,与发达国家相比,由于我们在教育方面的落后,人力资源的质量和层次不高。比如,在 80 年代初期,我国拥有的机床数量占世界第三位,排名在日本、德国之前,但是,我们生产的产品数量不到日或德的一半,其质量更不能与人家相提并论,在国际市场上的竞争力极低;我们现有的国有企业,仍有近三分之一处于亏损或半亏损之中。究其原因,主要是我们的工人文化技术素质比人家差得多。据统计，80年代中期，我国大城市的工厂当中，具有高中以上文化程度的工人和技术人员，仅占工人总数20%不到，而日本这一数字达到96.3%。就全国而言，我国具有大专以上文化水平的人数，仅占全国总人口的万分之八，具有中学文化程度的人数占总人口的22%。在现有劳动力当中，小学文化程度和文盲或半文盲的人数，竟占68%。80年代末，我国共有1800万专业人员（日本和前苏联都在2500万人以上），其中自然科技人员不足860万人（其他为文科人员），而从事农业科学研究的技术人员仅占农业劳动人口的万分之一。

文化水平的低下，导致我们的许多工人看不懂最简单的产品说明书和图纸；在机械故障面前，束手无策；对所生产的产品，是好是坏，一无所知。因此，更谈不上进行技术革新或高效率地操作机器了。

所以说，我国首先必须大力发展初等和中等教育，俗话说："水涨船高"，只有普及了较低层次的教育，要发展较高层次的教育才有了坚实的基础，最后，才谈得上真正大规模地发展高等教育。这是我国的国情使然，不能好高骛远。就是说，提高全民族素质，提倡素质教育，并不能仅限于高等教育，各层次教育都应高度重视，但这一方面问题并不是本文所要探讨的。

我们在1999年末，参加了在长沙中南工业大学召开的"高校创新教育与素质教育研讨会"，通过同与会代表的交谈和了解，深感高校实施创新教育和素质教育，的确任重道远而意义重大。有些高校在这一方面已走在前列，如长沙铁道学院，开展全校性的创新教育活动已有16个年头，已形成了一整套行之有效的措施和方法，得到了湖南省和国家有关领导部门的肯定和高度赞扬。该校的"创新教育基地"已被列为湖南省高校创新教育示范基地，全国每年有不少院校派人前往参观和学习。

应该说，我校领导对开展创新教育和素质教育活动，也是非常重视的，已专门成立了由孙莱祥副校长任组长的"复旦大学素质教育领导小组"。迄今，该"小组"已举办过多次工作研讨会。复旦大学在最近几年中，大学生的科技创新活动，的确搞得有声有色，得到了上海市和国家有关部门的许多奖励，最近，再次荣获全国大学生"挑战杯"课外科技活动竞赛总分第一名，就是明证。但是，复旦作为全国著名的以文理科为主的多科性综合性大学，在开展创新教育和素质教育活动方面，应形成自己的特色，并能在全国起表率作用，在设想、设计创新教育的方法和模式方面就应当有独创性。

现在，谈论创新教育和素质教育方面的文章，铺天盖地，但大多在讨论实施这些教育的重要性和意义，当涉及如何实施这些教育时，常常泛泛而谈，很少具有可操作性。为此，笔者就这一方面问题，试着谈些粗浅的看法，供我校领导参考。

一、开设全校性的"创造学系列课程或讲座"

这些课程主要包括：创造学原理与方法、创造心理学、科技创新史、人文社会科学创新史、创新教育论等，均为全校性的选修课，每门课学习时间为一学期 36 学时，2 学分。聘请校内外有经验的教师上课。开设这些课程的目的，主要在于传授创造学原理、方法和有关理论；研讨人类科技创新史和科技进步史中的案例，讲授创造性思维的特征以及创新教育的特征、重要性和意义等，旨在使学生了解和掌握与创造学或创新教育有关的基本原理和方法，激发他们的创造激情、欲望和勇气，使他们懂得什么是创造性思维以及如何养成这种思维定势。这对他们日后的学习和工作无疑会有重大影响。在这方面，聘请的教师必须十分优秀，最好是既有突出科研创新成果，又有良好口才、教学经验丰富的教师。我校能讲授这类课程的教师，其实很多，若领导重视并加以适当的安排，随时都可以开课。

退一步讲，如果这些全校性的系列课程，一时难以开设出来，可在文理科当中各抽选一两个系做为示范，在这几个系里试行开设，让系里的学生（包括研究生）选修，一段时间后（如一学期）对这些系开设这些课程或讲座方面的经验加以总结，并在适当时候向全校推进（但千万不能即刻向校外宣传推广。教育的成效，不可能立竿见影，必须多次反复，循环论证）。若搞得好，我们深信，这类课程也会像我校的"两课"（"邓小平理论课"和"思想品德课"）一样，深受学生欢迎。

二、成立"复旦大学学生科技创新协会"

这种"协会"成立之时，就应制定详细的"章程"，要注明"协会"的宗旨、任务、奖励条例以及会员入会条件与要求等。该"协会"可由"素质教育领导小组"直接领导，并由"小组"定期核拨经费。考虑到我校各院系的实际情况不同，在各院系中，也可设立"协会"的分会，各分会内或分会之间，可定期举行创新活动竞赛和创新成果评比，对优胜者实行适当的奖励。各分会可结合所在院系的特点，进行各种各样的创新活动。另外，各院系领导应全力扶持，在尽可能的情况下，为所有会员的活动提供实验室或其他物质上的帮助。

该"协会"应尽可能激发全体会员的创造热情，要倡导像我校物理系提出的"拆坏无过，修好有功"那样的口号，让会员无后顾之忧。会员的科研创新成果还可参加上海市或全国的竞赛活动，对获奖的会员在校内张榜表彰，并另行奖励，还可在直升研究生和评定奖学金等方面，实行政策倾斜。

我们还建议把现有的有关"学会"纳入到该"协会"中来，不要过于分散学生的注意力。

我们相信，这种协会必然会吸引大量学生参加，会员们也必定会以能入会为荣，而且也必定能从创新活动中学到许多新的知识和技能，这对培养他们的创新能力十分重要。同时，我们也相信，协会的活动活跃之时，也是我校创新教育发达之日。

如据了解，长沙铁道学院在1985年10月就成立了"大学生创造学会"，开始时会员就达500多人，1996年会员为1230人，1997年为1759人，1998年发展到2200余人，约占该校本科生总数的三分之一。其中，有许多会员获得了国家级和省级一、二等奖，有327人次的会员完成了共241项有较高水平的科技成果或科研论文。

因此，如果我校也成立类似的协会，我们也一定可取得优异成绩。

三、创建"复旦大学创新教育基地"

创办上述"协会"和创建"基地"应该同步进行，目的是给众会员有活动的主战场，当然，各院系的实验室、资料室、计算机室等，也是会员们活动的场所。有了这些活动场所，就便于会员们进行思想交流和实验活动，同时，还有利于学校的管理和领导。另外，会员们的科研课题或创新活动，可以在各院系教师的科研选题上进行，既可给教师提供帮助，又可获得部分经费，最终的科研成果，教师与学生可以共享。可以参照国外一些著名大学（如斯坦福大学）的做法，在此不再赘述。

四、设立"复旦大学创新教育基金"

设立该基金的目的，主要是为师生的创新教育活动提供必要的经费支持，并且能给创新教育活动中的先进单位和个人提供奖励金。该基金由"素质教育领导小组"管理，学校可根据自己的财政状况及"复旦大学学生科技创新协会"的实际需要，每年分拨出一定数额的款项投入该基金中，此外，还可向社会各界募捐经费，或通过科研成果转让等其他途径筹措经费，以维持基金的正常运作。在现有情况下，我校目前要筹措100万元左右的这种基金，应该困难不大。

五、设立全校性的"核心课程体系"

对一所目标远大的大学来说，不断进行课程改革，至关重要，正如日本广岛大学教育研究中心教授喜多村和之所说："一所大学建设了漂亮的校舍、美丽的校园，那只是教育外围部分的发展罢了。如果不抓教育的核心部分——课程的不断革新，那么校园的发展也是徒劳的。"

当然，所谓的"核心"还可包括优良的、先进而适用的仪器设备、教学实验室、资源丰富的图书馆等。这些"硬件"的确很重要，至少它们远比那些漂亮的"外包装"更重要。

作为文理科综合性大学，我校在院系结构、文理系科布局等方面与美国哈佛大学有许多相似之处，以文为主、文理并包、注重知识渗透等，均有共同点。美国许多著名大学、不管是综合性大学，抑或是理工科大学，都十分注重文理科知识的相互渗透问题。美国综合性大学以人文学科为主，但也要求学生必须有大约四分之一的课程选自自然科学类课程，而理工科院校（如MIT）除本学科外,也十分重视人文学科课程的开设。下面以哈佛大学为例,介绍全校性核心课程体系的设置原则与指导思想。

设置具有创新精神的核心课程(Core Curricula)是哈佛上任校长德里克·博克对学校的主要贡献之一。其指导思想是:每一位哈佛学生都应该有比较广博的知识、独特的科学思维习惯、熟练掌握本专业的基本科学技能并能在实际问题上加以灵活应用或创造性发挥。我们可以认为,这就是哈佛学生的"哈佛印记"。现代"哈佛印记",首先是通过哈佛核心课程培育的。

为此,哈佛专门制定了一批包括历史研究、文学与艺术、伦理道德、科学以及社会分析等五大科学领域的课程。每个科学领域,又根据层次的高低,分为 A 类课程、B 类课程(有的分到 C 类),其中 A 类层次较低,主要是介绍基础性知识,B 类或 C 类带有研究性质,层次较高。因此,总共分为 9 个小的科学领域。一般说来,上述 9 个小的科学领域中,可以任选 7 个领域,但对某些专业而言,有些领域则是每年必选的,如应用数学、计算机科学、人类学等专业,每年必须从科学 A 与科学 B 中各选一门课程。

核心课程的设置原则是:首先,学生必须了解如何获取和应用自然界、社会及其它领域知识的方法;其次,学生应该对外国文化与国内外历史有所认识,这样才能使他们更好地概括和理解自己在现代世界中所遇到的生活经历;第三,应该培养学生能够用批判性眼光,审视道德与伦理问题、检验自己的道德思想以及客观地评判各种伦理思想和传统观念;第四,通过学习某些科学领域的特定课程,可以提高学生的科学思辨能力,这种能力在理解和评估各种学科领域的知识方面,是不可或缺的。经验表明,学生最好是掌握课程中出现的一些必要方法,这些方法可帮助他们日后最大限度地获取知识。在某一学科中,运用专家们所用的这些方法,并在他们的指导下，通过解决某些有趣问题，学生的好奇心和求知欲最有可能受到激发；第五，通过解决各种领域中出现的某些问题而锻炼出来的分析能力、判断能力和综合概括能力，对帮助学生获取日后生活中需要或希望得到的那些传统知识，具有永恒的价值；第六，定量推理与逻辑表达的基本技巧，对获取和表述许多不同类型的知识，也是极为重要的。

我们特别要记住，哈佛核心课程是在经过几十年讨论、辩论以及许多教授学者长期参与下集成的。那是下苦功夫、用教育良知获得的成果，绝不是一见便知、一蹴而就的神来之笔。

参照哈佛大学核心课程体系的设置办法，我们提议（供参考），把我校核心课程分为十大类，即：1、科学 A；2、科学 B；3、科学 C；4、文学与艺术 A；5、文学与艺术 B；6、文学与艺术 C；7、历史研究 A；8、历史研究 B；9、伦理道德；10、社会分析方法等。其中，A 类层次较低，B 类与 C 类层次较高。

举例来说，文学与艺术 A 的核心课程，主要侧重于文学评论和文学分析法，为学生提供各种经典的和现代的文学批评法与文学分析法，并分析其优缺点。旨在培养学生具有正确的文学批评观，并能提高他们的文学鉴赏力；文学与艺术 B 的核心课程，旨在引导学生了解文化中非文学作品的特点和作用，并在视听文学方面进行观摩或欣赏训练。其中的美术课程旨在培养学生对艺术作品的鉴赏力，并了解艺术的表达方式。而音乐课程旨在使学生对某些音乐作品有所了解，并培养他们对音乐结构及其特点有所认识；文学与艺术 C 类核心课程，旨在探讨人类文化的发展规律，主要应侧重于某一特定历史条件下，某些艺术作品或文学作品的价值及其对人类文明的影响，并使学生了解文化的产生、发展和传播的方式与途径。

我们以为，可以在上述每大类学科领域下设 10 到 15 门的核心课程，要求学生每学期均必须在所有十大类核心课程体系中至少选修一门课程，而在整个四学年当中，至少必须在核心课程体系里选修 15 门以上课程，而且必须有一半以上的课程为跨学科课程。另外，还要求文科学生至少有五分之一的学分来自理工科类课程；同样，理科学生也必须有五分之一的学分来自文科类课程。在此十大类课程体系中，必须特别规定所有学生都必选的某些课程，比如，中国文学、中文写作、中国历史、英语、计算机应用等。

为此，我校应仿照哈佛大学成立"核心课程评议小组"。该小组首先应制定出核心课程的设置原则，并根据这一原则，确定各类核心课程。另外，该小组每年还应对各门核心课程进行定期审核，对上课效果不好的课程，可更换教师或更换课程，对上课好的教师（可利用学生评估、教师自评、同行测评等）给予奖励，并在职称评定和分房等方面给予适当优先。

设置了核心课程体系并加以认真实施，我校学生的质量，必将进一步提高，他们的动手能力、科学思维能力以及创造能力等，必会大为增强，他们的知识将更为广博，他们对外界的适应能力也会得到提高，而且他们将更能满足社会的变革需要。从这一意义上讲，设置核心课程体系，也是我校实施创新教育和素质教育的重要途径。若搞得好，它将使复旦毕业生也显示出"复旦印记"。

六、应采取措施鼓励学生向教师挑战

现代社会已进入信息科技时代，获取知识的途径多种多样，已远不止单纯从书本才能获得，因此，教师与学生应形成互相学习、互相促进的局面。正如香港大学教授程介明所说："过去的那种教师比学生懂得多以及比学生懂得早的看法，已不合时宜。"斯坦福

大学校长 Gerhard Casper 也认为:"教师与学生是互为依赖和相互促进的,向教师挑战和询问,是学生的任务,而教育和挑战学生,则是教师的任务。"因此,我国现今的教育理念,必须有所更改,应鼓励学生向教师挑战,要敢于走在教师之先。每位教师应该有这样的勇气:培养的学生应该一代胜过一代,没有任何学生超过自己的,就算自己教育上的失败,而且学生胜过教师要越早越好,超过得越多越好。

那么,如何才能使学生敢于向教师挑战呢?应该告诉学生,世界上没有绝对的真理,在学术上,也没有绝对的权威,在新时代里,教师不一定就有先知先觉。由于年龄等客观原因,教师的观念可能过于守旧,教师获取知识的方法和手段,可能比较单一(如有些教师至今不会操作电脑,不知网络为何物,对网络上的大量信息一无所知),思想也不一定有学生活跃,如牛顿、爱因斯坦等大科学家,均是在 20 来岁就做出了奠基性的科学成就。所以,学生应敢于向教师提出质疑,敢于提出不同于教师的见解或敢于同教师讨论学术观点,并能同教师一道从事科学研究。我们以为,鼓励学生向教师挑战,首先要鼓励、表彰那些启发学生向自己挑战的教师。这样有利于培养学生的科学研究能力,同时有助于促进我校创新教育的开展。

七、"复旦大学素质教育领导小组"应吸收各院系的至少一名高层领导干部或真正有学问的教授参加,这样更有利于创新活动的开展和管理

在我国,只有得到领导重视和参与的活动,才能真正开展得起来,才能搞得好并取得成效,这是众所周知的事实。同样道理,我校素质教育与创新教育活动,只有学校和各院系领导真正重视与参

与,才能把这些教育活动搞得更好。

"复旦大学素质教育领导小组"要不定期举行工作研讨会,对学校当前存在的素质教育与创新教育活动的主要问题,以及国内其他高校在这方面的动向,进行通报和研讨,同时,在适当的时候,要制定出"复旦大学创新教育与素质教育纲要",对全校的创新教育活动进行宏观导向和技术指导。对上述"协会"的活动以及"创造学系列课程或讲座"进行定期评估或指导,对成绩优异者进行表彰和奖励,对成绩不理想者进行适当的分流处理等。另外,若可能,还应对创新教育方面取得优异成绩的教师,在职称评定方面给予优先照顾。

八、教师总动员

回顾上世纪80年代的经验和教训也许能说明,教育和教学改革只有动员尽可能多的教师参与,才有可能取得实质性的进展。有鉴于此,我们建议:要对全校教师进行创新教育和素质教育总动员,不仅要让教师们懂得实施创新教育的重要性和意义,还应鼓励他们积极探索和进行创造性教学活动本身。学校实施创新教育,首先要求教师要有创新意识,应要求他们努力实践,改变过去的那种"为应试而教、为应试而学"的传统应试教育方式。为此,有必要对教师进行适当的培训或将先进的教学法印成资料(这方面工作可交由高教所完成)分发到每位教师手中,让他们能够借鉴先进的教育理论,在教学实践中不断进行摸索,不断总结出适合自己所教课程的教学新方法。据了解,目前能真正让学生喜爱听的课程并不多,主要是有些教师的讲授方法过于呆板,或照本宣科,或语言干涩,很难让学生提起兴趣来。

实施创新教育和素质教育,改革传统的教学方法,至关重要,而如何培养和激发学生的创造激情和创造性思维能力，是所有教师都应努力思考的重要课题，这是学校实施创新教育成败的关键。

本文是与林荣日先生合作完成的，原载《复旦教育》，2000年第1期，第1—5页

第三部分

普通高校如何正视老年教育？

摘 要 人口老龄化与老年教育的问题，是我国社会必须面对的重要问题，特别是老年教育，我们的普通高校应当特别正视。本文除吁请注意人口老龄化的大趋势之外，其它的讨论，只在克服隔离、课程建设、社会立法等方面为我国普通高校献言，同时也漫游了一下我国老年教育的愿景。

关键词 普通高校　老龄化　老年教育　未来发展

本文标题中的两个主体，其关联性，很具有一些中国特色。例如，快速掀起的改革开放，在推动经济快速发展时，我们才意识到：中国，人口的老龄化程度在快速提升，现在已经成为世界第一的老龄人口大国，老年教育要与经济发展同步的问题被快速提上社会生活的议程；又如，中国传统的民间或官方认知追求中，对高、大、新总是给于特别突出的重视，所以老年教育开始发展了，里里外外首先都想到的是往普通高校靠，要办老年大学，没有人去办老年中学或老年小学。中国传统教化中，本就认定：大学者，大人之学也。面对这样的特色，普通高校，无法推脱。笔者拙作《大学论》的第三章在描述"大学世界"时，虽然也罗列了贵州省贵阳市老年大学、宝钢老干部大学等作为我眼中千姿百态大学群的部分案例，虽然还进行过实地采访，但因为还没有意识到这两个主体之间的紧密关联，所以本文提出的问题，当时并未觉察。现试着补缺，若能有幸及于行家先进之手，并给予批评指正，则幸甚！

一、老龄化与老年教育问题

早在上世纪中叶，人口老龄化就已引起人口学家的重视。从科学发展观看，特别是从可持续发展的战略出发考虑，人口规模问题，以及人口老龄化问题，是我们必须认识和面对的重要问题。

人口老龄化，是指在总体人口年龄结构中老年人口比例增大的一种趋势。这是由人口出生率和死亡率下降以及平均预期寿命延长引起的，是生产力发展、生活条件改善和社会文明进步，以及人口再生产正常运行的结果，应视为人类社会进步的成就之一。国际上通用的老龄化标准是：当60岁及以上老年人口或65岁及以上老年人口占总人口的比例达到10%或7%时，标志着这个国家已是老年型国家。有历史资料显示，法国1865年、瑞典1890年、德国1910年、英国1930年达到了这个标准。我国1999年也已成为老年型国家。虽然时间比发达国家晚许多年，但我国人口老龄化与发达国家相比，具有自己的特点，主要是老龄人口规模巨大，上升速度快。根据凤凰网财经专题播放的2009年5月25日《新京报》的报道，民政部发布的《2008年民政事业发展统计报告》显示：至2008年底，全国65岁及以上人口10956万人，占全国总人口的8.3%，比上年上升了0.2个百分点。60岁及以上人口15989万人，约占全国总人口的12%，比上年上升了0.4个百分点。报告说，我国面临严重的人口老龄化趋势。而在经济较落后的偏远山区和乡村，老人的问题，老龄化的难题，还少有人关注。

面对如此高比例的老年人，面对这么多绝对无法视而不见的大众，在这个高等教育大众化的时代，寻求我国高等院校应对老年教育之道，满足和提升老年人对科学、文化娱乐和高品位的精神生活追求，既是社会总体的发展大势，也是普通高校本身提升品位、创建和谐社区的用武之地。但据 2005 年上海有关部门的调查，在 45167 名被调查老人中，在学的比例，仅有 14.4%；而有 46.6% 的老年人希望参加老年学校学习（但因种种原因未能如愿）。这充分说明，即使在上海这样的发达地区，老年教育的需求和供给之间差距还很大，而现有的许多老年大学都是人满为患。老龄人口比例的快速提高和老年人求知求学欲望日益增长，必然首先要我们合社会之力，参与解决老年教育的问题，让一些老人喊出的口号——"60 岁，我们再出发！"——成为现实。

教育是国家民族发展的最根本、最持久的基石，建立教育对社会的普遍服务机制，不仅是促进教育公平的需要，也是推动社会全面、协调、和谐、可持续发展的最有远见的战略。[1]当前，积极介入老年教育的实践，张扬积极老龄化的理念，是在高等教育大众化的时代，我国普通高校必要的选择。

二、老年大学：课程管窥

老年教育也有目的论问题，笔者已经学习、思考过，本文后面有些论述，但不做专门讨论。这里先看看它的教学内容和方法，老年学员主要在学什么？

限于研究条件，以下的一些实证材料，主要取自上海地区。

上海地区现在已经有十所高校里有老年大学，还有总共十几所市级和区、县级老年大学。先举例看看其中的几所公布的 2013 年的课程门类。

其中一所大学里的老年大学开设有这样 4 类课程：音乐、戏剧、舞蹈类，14 门；书画、文学欣赏类，7 门；健身类，5 门；数码、摄影类，2 门。

另一所大学里的老年大学开设的是这样的几类：音乐、体育健身、舞蹈类，34 门；书画或有关艺术作品欣赏，10 门；英语，3 门；旅游，1 门；编织，1 门。

还有一所区里的老年大学，开设的课程有：音乐、舞蹈、时装等类，103 门；书画、数码、摄影、电脑类，24 门；中医、保健、养生、食品等类，17 门；英语，8 门；旅游、写作、沪语、《红楼梦》欣赏等，4 门；编织，2 门。

贵阳老年大学开设的课程门类，与这里的情况也差不多[2]。

可以毫不夸张的说，中国老年人的快乐生活追求日渐丰富。其中，文娱、体育和保健类课程特别受到青睐，求学的人数最多，常常出现前段所述的供不应求的状况。但笔者与一位研究者的观点认识非常相似：在这热闹的场景之下，还有非常需要我们思考和研究的问题。[3]我们的现实情况已经一目了然：在这些都自豪地称为大学的老年大学里，基本没有普通大学里的科学课程、人文课程；尤其看不到讨论道德修养、讨论公民权利义务等方面的课程，没有看到有可能讨论如何识别和精进民族传统精华、精进人文精神的课程。理学名家朱熹在讲"大人之学"时称，要"教之以穷理正心修己治人之道"。在我们这里，毫无踪影。当前的美好感或幸福感，使我们很快就忘记了曾经的追求，这对老年教育的设计者和领导者来说，对置身于教育、教师位置上的人来说，应当看成是一种责任不轻的缺失。

一项运用国际通用的科技素养调查，以回答一些基本科技常识的正确率（%）为根据的国内问卷调查显示，与公务人员（82.7）、学生（79.7）、企业职工（78.5）相比，老年群体（68.5）的基本科技素养为最低。而在人文社会知识素养方面，老年人对具有中国传统色彩的相关知识掌握得不错，但当他们面对近年因改革开放的深入而出现的新知识、新概念时，有时却表现得茫然无措。在一项国内的人文素养调查中，只有很少的老人知道恩格尔系数，而没有人知道 GDP 是什么意思。该调查的人群达标率（%）显示：公务员为63.8，大学生为52.3，企业职工为39.6，老年人群为12.2。长期的现代科技、人文素养的不足，可能会导致老年人群出现适应社会越来越困难，以致因这些困难的阻挠而被持续边缘化，无法如愿以偿地参与社会。[3]这是以人为本的和谐社会不应该有的情节。

一种思考认为：教育，要重视学生的兴趣或主观意愿，看他们想学什么，我们就要尽可能满足需要。对待我们现时的老年群体教育，这是一种比较良好的态度。但我觉得还可以进一步，还要从人的发展角度，从社会发展角度，思考今天我们的老年人还应该有些什么需要，还应该有些什么追求。我们的责任就在启发他们深层次的追求和需要，即精神世界的追求和需要，为他们创造学习条件，让他们实现更深层次的、进取的快乐。

但是满足这种需要的老年教育课程设计和质量提升，却不是现在的老年大学能够独立完成的。现在这样的基本上是老人对老人的教学，缺少讨论、研究和创新的内容和多数是先生讲、学生听的教学模式，无法完成这样的课程设计和实现质量提升。这里必须有普通高校的参与，需要师范院校的教育系科参与，需要普通高校里的高教研究力量参与。这应该是大学服务社会的一个更具体的场域。没有这些力量的进入，要使我们今天中国的老年大学提高水平，是难以想象的。

三、普通高校课堂，要有老年人

我们的普通高校应是培养德、智、体全面发展的年轻人，这应该没有问题。但这其中隐含的社会行为规范和对传统价值的传承，最好的教育除言传之外还应当有行动教诲，这就是我们通常所说的言传身教。对这些传承的因子，当然还可以有分析认识的合理性、合法性的问题，还有许多其它的"为什么"问题。更重要的还有革新的问题，包括革新的愿景，革新的必然性、必要性、可接受性和时机的契合问题，等等。这些问题，只有新老交汇，共识是非，才能传真去伪，共同发展。

为了鼓励普通大学生加强与退休市民之间的联系，我们可以看到的研究记述是：美国佛罗里达州的埃克德学院（Eckerd college），有一个称之为"高年资者专业学会"的会员计划。该项目录取一百名退休人员，实行每周一次的研究讨论班制度，在他的会员中组织有关政治和文学论题的讨论。后来，这些退休人员还以自己的专业技能和丰富的经验，在几个本科生班级中服务，指导学生讨论。这些会员们对一年级的"西方传统"这门课特别有帮助。项目计划的主持老师评论说："老年人的介入和启发，极大地丰富了讨论班。""而且它常常导致青年和老年之间远远超出课堂范围的友谊。"还有一个吸引老人的例证是福特汉姆大学（Fordham University）。在其曼哈顿林肯中心的校园内，实施一种称之为"六十岁学院"的教育计划项目，专为老年人上课，使他们在与传统年龄的大学生一起进入班级之前，能够有一个获得自信的机会。学院主任说，"这是为他们架设的一座桥梁，使他们能够顺畅地进入学校，复活自己的那些已经多年不用的技能。"对于那些新近退休的人来说,"这也给了他们稍事修整的机会,以便他们就是否可能或需要东山再起的问题作出决断。"的确,许多老年学生在修完一门或两门课程之后就离去了,而其他一些人则立志攻读福特汉姆的学位,与年轻的同学们一道,并肩前进,迈向学位授与典礼日。美国的其它范例还包括,把老年市民的活动机构甚至生活机构设计在大学校园或周边,如宾夕法尼亚大学,就在他的梅西亚学院(Messiah College)设立了一个这样的活动中心,把退休人员的居住生活与他们在校内接受教育、休闲和娱乐活动都联系在一起;而大学生们则轮流在这种退休村中服务。他们的认识是:"不同世代人之间,通过相互接近和认识交流,将使青年人和老年人都得到丰富和充实。从社会和教育两方面来看,这都是文化修养上的一个健全、完好的目标。而原先,大学生与老一代人之间,始终保持着一种隔绝的状态。"[4]

在欧洲,如比利时的鲁汶天主教大学,荷兰的莱顿大学,英国的开放大学等,仅仅从笔者主编的《世界著名大学概览》这本没有特别注意老年教育的书中,就可以看到他们那里的老年人进入大学课堂的记述。上世纪 90 年代,笔者曾去瑞典斯达哥尔摩大学出席一个教育研讨会。在学校教室的玻璃窗外面,就看到许多白发老人与年轻学生在一道听课,我虽然感到新奇,也请教了陪同参观的中国留学生,知道那就是大学课堂向老年人开放的平常事。但由于我与当时与会的中国同事反应迟钝,这没有进入我们的思考和研究的视阈。

回视我们自己的普通高校中的老年大学,其中最值得我们思考的问题是两个课堂的互相分割,年轻人和老年人这两类人的互不往来,两类人的所学、所求大不相同。两代人之间的所谓"代沟",成为名正言顺的存在。仅就这点而论,处于教育顶端、本应高瞻远瞩的普通高等院校，是无论如何也不能处之泰然的。

普通高校的课堂，先开点小门缝吧，老人们不会蜂拥而入的，有的老人可能你请也请不进来呢！笔者希望看到第一个吃螃蟹的我国普通高校。

四、理顺组织机构关系

这是说中国普通高校与其中的老年大学在组织上契合的问题。

从社会层面看我们应该有的制度创新，包括老年教育、继续教育、终身教育制度等。问题是，当我们有一项新的任务时，或有了一个新的设想时，总要第一个想到设置一个新的机构，配备一批行政人员或官员。例如，为了表达重视，就出现了普通高等学校或大学中设置老年大学这样过分别扭的组织层次。这并不表示后者的独立性，如前段所述，是一种人为的分割。

在哈佛大学，就设有一所退休人员学校，但不称老年大学。它的这所由大学直接管辖的学校，可以相当于我们的老年教育学院，创建于1977年，目的就是为波士顿地区的退休老人提供追求现代科学新知的机会，提高他们继续介入社会生活的兴趣、信心和能力。每年大约有650名学生在此就读，年龄从50岁到90岁的人都有。教学方式，一般都采取讨论式，没有传统中的那种单向的灌输。此外，她的大学扩展部，也是主要为本地区的居民服务。目前，该部能开出600多门课程，教师主要都是哈佛的教师。该部一直保持的特色是：公开入学、部分时制、夜校性质、不限性别和年龄、学费适中以及选择水平较高的教师上课等。自1978年以来，学校已经为30多万名学生提供了学习的机会，在7个已被认可的学位课程中，已授出了3500多个哈佛学位。这里，没有年龄限制这一特色，也大大惠及了退休的老年人。

可能与笔者掌握资料是否充分、充实有关,查遍所能查到的国外大学,再也找不到在大学之下还有被称为大学的机构,不仅哈佛大学里再没有,其它大学里也没有。面对这样的事实,我的建议是:我国普通高校的老年教育与其它教育同等地归属校园网络,顺理成章地放在成人教育学院内,或名正言顺地称之为老年教育学院,而不孤独地在大学边缘。这样理顺之后,更可能被认为真正受到重视,更有利于前段所述的跨代人之间的沟通和交流,从而为创造社会和谐献力。

五、法制建设,政策设计

应当统筹社会的相关文化设施,发挥老年教育的功能。这些设施,至少可以包括文化馆、纪念馆、博物馆等,还可以包括许多其它的物质或非物质的自然或文化旅游景区(或景点)。国内的这些设施,许多地方近些年来已经为老年人免费开放,这是我们社会的一大进步。但我认为还可以再前进一步。有些批评性的提示,说我们老年大学的教育就是唱唱跳跳,又"不是在办文化馆、俱乐部",我们也可以反向提问:我们的文化场馆或景区,为了扩大或提升社会效益,为什么不可以利用自己独特的资源,开展相应内容的教育,包括老年教育?为什么不能让老人们在参观游览活动中,接受相应的文学和艺术、历史和传统、地理和地质、民族和人类习性、政治和文明、科学与技术等方面的普及或更高层次的教育,或至少吸引他们思考、追问、讨论的兴趣?这只需要增加一间小会议室,配备一名或几名有相应学历的教师即可,不会增加大数目的财政投入;只需主管领导重视,教学、研究人员参与,注意责任落实,注意经验积累和提高即可。

还有,鼓励志愿者参与、民间关心,鼓励媒体助一臂之力。这也应当纳入社会的法律、政策的范畴。我们可以允许那些有志于向他人传授自己独特技艺的人，有志于解释或讲述文化、历史、人物故事的人，有志于宣讲自己比较独特的学习和思考时事、政策、修身、养性的切身体会的人，在一定的专业认证程序下，进入老年教育的课堂。特别是现今无孔不入的媒体，也可以得到批准甚至鼓励，开设一些面对老人精神、文化、娱乐生活的讲座，名正言顺地开展具有普及价值内容的老年教育。但千万不要以赚钱为目的，而要以志愿者精神育人。

我们应当设计一个公益性的老年教育课堂，让有志于这一行动的人，包括那些有志于在经济或其它方面支持老年教育的人，特别是那些意欲支持乡村老年教育的人，发表或倾诉他们观察和思考的情况，以及内心的动力或目标，让他们在这个能够充分表达爱老、敬老的场阈，实现他们的理想。

这些设想和建议，都不是异想天开。一个现代社会，凡涉及任何一类人的问题，具有共通性，就要有法，就要依法行事，不能只等待领导重要讲话、行政部门文件或工作要点等来解决问题。例如美国，它是世界上第一个实现终身教育立法的国家，也是成人教育立法最完善的国家。它的《高等教育法》、《高等教育资源及学生资助法》等法律也有相关的条款，保障并鼓励老年人参与教育活动。1965年制定的《老年人法》，到2000年就已经先后进行了13次修改。它最先从物质生活保障，如营养、健康、就业、居住开始，发展到护理、教育等，实现全方位保障。在法律规定的政府为老年人提供的服务资源中，老年教育占很大的比例。纽约州的地方立法更积极，州政府为所有的老年公民免费提供学习的机会。[5]所有这些法律，除了规定政府机构的责任之外，都特别强调支持志愿者、非营利组织的参与，它的非营利组织"老人游学营"，特别受到美国老人和旅居那里的中国老人称道。在英国也有这样的志愿者组织,如在剑桥大学社区,就有由老剑桥自发组织起来的民间组织"剑桥联谊社"。它在为老剑桥提供大学发展动态、成就信息和发展意向的同时,还通过学习、思考、讨论,为学校提供建议和呼吁要求。这是这些大人、老人主动学习、自我思考的非常好的形式,虽然他们没有贴上"大学"或"教育"的名片。实际上,1971年正式建立的英国"开放大学"也是这个国家的独立、自治的国家级高等教育机构。它对学生的年龄、学历背景等均无严格限制,只要年满18岁,居住英国本土或欧洲其它国家的英国成人,都可申请入学,一般都没有严格的学习年限,学生还可以自由选择学习的时间和地点。这都大大有利于英国老人们实现求学和接受教育的愿望。

实事求是地说,在我们的社会法制建设和实践行动已有长足进步的今天,在公共政策方面,特别是在法律的制定和执行方面,这样的老年教育可以说是最可实行的创新。为了创新,我主张还是要多自主思考中国特色,真正具有中国特色的老年教育,可能在这里会是一个亮点。

当然,老年教育的政策和法律制定,主要不是高等院校的职责,但是为了发展还比较年轻的中国老年教育,我们负有庄严教育使命的普通高校,有自己的文化精英,有自己的法制专家,有自己的教育学者,从关心老年人、弘扬人文精神的角度,从致力于中国社会发展的根本目标出发,应当特别积极、主动地参与推动,有所思考,有所担当,绝对不应当只是旁观的来宾。

六、透过现实,畅想愿景

这是讨论老年教育的教育目标和未来发展。

首先，从无到有的我国老年教育，可以看成是我国社会进步的重要表现之一。在独特的历史、文化、现实社会条件下，它的成长和发展，可以成为我国学习型社会建设、和谐社会建设的基础。有效学习的成果，是促进社会不断发展的动力源泉，学习型社会，能够最大限度地积聚这一源泉。

对老年人群而言，我们应对他们的个性取向与追求，他们的自我表现欲望，他们的愉悦行动的合理性、合法性，给予恰如其分的维护。进一步，他们要发言，他们要思考，他们要提问，我们也要给予维护甚至鼓励。因为这些都是积极学习的表现。如果我们冷漠，人们就要思索我们今天的社会追求是否值得。因为人人都会老，人人都有可能进入被别人冷漠的那一天。所以老年人的生活境况，是我们社会目标的实证版，而不必做更多的宣示和解释。老年人开始了确有成效的学习，其他人必定会受到启发，而且必定会有意或无意地跟进。一个地区或城市，如果能够给其居民提供在其人生的每个阶段都可以享受的各种学习的机会，并使每个人都自觉地以终身学习为目标，以此促进国家或地区的社会改革，这就是一种学习型的社会建设。一个机构或组织，也可以结合工作任务，进行经常性的思考、讨论和交流，使员工养成学习的习惯。国际上，韩国的《终身教育法》就是一部可以推动学习型城市建设的国家法律。[6]对我们来说，还要有力量来推动，来进行高瞻远瞩的思考，特别还需要社会自主习惯和能力的培育。但"社会自主能力的培育，其动力主要来自于两个方面：一是国家向社会放权，以及与此相联系的权力分布和权力格局的积极变化。二是社会结构的分化、社会本身权利意识的增强，以及社会对利益的合理追求。"[7]这既应该是各级各类教育，包括高等教育，包括老年教育的重要目标，同时也是学习型社会赖以建设的基石。这是一种相互依存的关系。

特别是我们的普通高校，为了建设学习型社会的目标，应当特别重视，争取成为主角。

其次，现代社会的未来学家，还在继续研究马克思主义的共产主义蓝图，即"每个人的全面而自由的发展"。在中国共产党十八大修改过的《中国共产党章程》中，还仍然要求我们的党员，要"不惜牺牲个人的一切，为实现共产主义奋斗终身"。从我们的整个社会的全局来看，实现这个目标还很远。比如说，"在共产主义社会里，任何人都没有特定的活动范围，每个人都可以在任何部门内发展，社会调整着整个生产，因而使我有可能随我自己的心愿，今天干这事，明天干那事，上午打猎，下午捕鱼，傍晚从事畜牧，晚饭后从事批判，但并不因此就使我成为一个猎人、渔夫、牧人或批判者。"[8]在今天，对非老的普通人来说，马、恩的话还只可能被认为是遥远的神话。但对老年人来说，几乎可以成为现实。这应该源于他们学习、追求的目标，不必一定限制在某个具体的专业，他们已经可以大大地忽视职业的功利，而主要是选择个人主观的兴趣、爱好和人生追求。现实老年大学的学员中，今年学英语，明年学舞蹈，再后来可能学音乐或时装表演，有这样追求的人，已经可以找到了。马克思描述的自由发展场景，好像已经开始展现了。他老人家的话，好像真的不是神话。

在老年教育这块沃土上，我们可以进行一系列的教育观察和试验。老年教育，本应只在鼓励人们追求独立、自主，追求正当的快乐，体味人生的意义，发展个人的思想和智慧，这种无功利的教育，恰是社会的未来发展之光，非常值得我们的普通高校关注！

参考文献

[1] 张中原，《教育社会普遍服务与……服务基金初探》，《中国高等教

育》，2009年第10期，第57—58页。

［2］杜作润，《大学论》，四川教育出版社，1994年版，第129页。

［3］刘颂，《从当代老年人口的三大特征看老年教育》，《上海老年教育研究》，2012年第三期，第18—23页。

［4］Ernst L. Boyer, COLLEGE: The Undergraduate Experience in America, Harper and Row Publishers, New York, 1987, pp225—226.

［5］陈静，《美国老年教育应对人口老龄化的启示》，《上海老年教育研究》，2012年第一期，第60—63页。

［6］王涛涛，《韩国终身学习城市政策探析》，《世界教育信息》，2012年12月上，第38—42页。

［7］林尚立等著，《政治建设与国家成长》，中国大百科全书出版社，2008年，65—66页。

［8］《马克思恩格斯选集》第Ⅰ卷，人民出版社1972年版，第37—38页。

本文原载《复旦教育论坛》，2013年第2期，第13—17页

试论老年教育之以人为本——
我的学习、思考和建议

我感到很高兴，参与老年教育近十年后，终于听到一位上海的老领导说：在国家一级的重要文件《国家中长期教育改革和发展纲要》中，明确指出要重视老年教育，要大力发展老年教育。而在上海市一级的《中长期教育改革和发展纲要》讨论稿中，我竟然真的看见了梦寐以求的"老年教育"几个字。是谓要"努力满足社会个体多方面的学习需求。建立广覆盖、多形式、更便捷的社会教育体系，大力发展社区教育、家庭教育、农村教育、老年教育和妇女教育，积极开展与市民社会生活、休闲娱乐、文化体育、医疗保健密切相关、灵活多样的各种教育活动，丰富个体的精神文化生活。实施市民终身学习促进工程，鼓励各级政府部门、各级各类学校、企事业单位和社会力量办学机构为社会提供教育教学资源，充分发挥公共文化设施、新闻媒体的社会教育职能。"这些文化教育的大事，有的已经早有动作，有的还是愿景，伸缩弹性还比较大，虽然现在还是文字的东西，而且还在讨论，但却在一定程度上鼓励着我们继续探索。至少，对我来说，有了这几个字，就极大地刺激和推动了我继续学习和思考老年教育问题的兴趣与积极性。

在这篇短文里，限于眼界不高，我无法讨论得太深、太广，只是沿着我既往的思维惯性，学习和思考老年教育的以人为本问题，并且作为建议，以供办学同仁和有关领导参考。

"人"，在哲学上，似乎常常和"神"、"物"这两个概念相提并论，人是相对于神和物而存在的。关于神的问题，在我们今天的现实社会生活中，明目张胆宣扬神主宰人，直白地以神指路的不多，但相信命运、相信风水、甚至相信鬼的封建迷信活动还是到处可见，其实，这就是一种"神"经。而直接崇拜观音、灶王爷、阎罗王，企求这些偶像赐财、赐福、赐寿、赐好运的男女特别是老年妇女也还不少，这种本质上就是以神为本的污泥浊水，甚至迷糊了某些为政官员的思维、施政视阈；以物为本，则很具体、很现实，而且是和非、真与假、利与害、功与过难以一言蔽之，如金钱、产值、财富、地位、级别、指标、政绩、排名、职称、得奖、考分、GDP，等等。今天我们所追求的以人为本，就是要在理论和实践上，重新认识人的价值，确立人的主体地位。

人本主义思想，起源于西方中世纪晚近，它当时首先是针对社会生活中占统治地位的神权思想而提出的。由于对自然和科学实践、认识的逐渐深入，部分勇于思考、有担当的人们，激烈反思他们自身和许多普通人遭遇苦难的根源，对宗教和神权的残酷统治提出了质疑乃至批判，主张用人的主动性、积极性、创造性反对神权和无中生有的神本主义；强调应该把人的自由、快乐、情感、尊严和价值放到首位。几个世纪以来，一些西方国家的高速发展，其思想理论的根，就是以这个被称为思想和精神解放的人本主义或人文主义思想为基础。有人认为：在今天的世界上，虽然宗教、神学、迷信等还到处存在，神学作为一门课程，即使在一些西方发达国家,是否应该从大学课程表中彻底清除,还有争议。在我们国家的法律中,也还保证人们有宗教信仰的自由。在有些国家、有些地区或民族中,神的地位还非常崇高,甚至还存在为神或宗教殉葬的遗风。以神为本、以神治人的情况还远未绝迹。但无论是西方还是东方,今天,作为一种发展观,人本思想的发展却主要是相对于物本思想而提出来的。以我的观察判断,无物肯定不行,追物必须适度,过分就会走向反面。物本思想,从历史的长跨度观察,可能是今天阻碍我们这个地球世界和谐、有序、持续和科学发展的新的最主要的阻抗因素。有的学人甚至把这种物欲亢奋的物本主义当作一种社会思维理念,一种致富的经济伦理观,批判性地称之为社会拜物教。但是,要彻底摆脱以神为本的消极精神枷锁,摆脱社会拜物教或物本主义,摆脱神和物的奴役,这是一个长期的过程,需要人类积累道德智慧,需要积累文化、科学的文明智慧,需要积累包括老年大学在内的以人为本的大学教育智慧。

在我国社会经济高速发展的今天,深入探讨以人为本的持续、和谐、科学发展观,正当其时。在教育领域,当然名正言顺的包括老年教育,探讨以人为本,弘扬人本精神,更是题中应有之义。

在已经起步并有初步发展的老年教育中,我们重视了入学老年人的文化知识的学习,健身知识的掌握与实训,艺术知识的传播与技巧的训练,以及重视推进电脑数字技术的掌握等等。所有这些,都大大丰富了这些老年人的头脑和活动领域,扩大了他们的生活空间,而且没有过热的功利追求。这自然就应该被认为是以老年人自身的发展为本。这是我们今天的老年教育,走以人为本的发展道路比之于其他各层教育可以更具现实性、前瞻性的原因之一。此外,一些学校还有对老年人的法律咨询或教学,在一定程度上提升了他们的法律、法制意识,提升了他们的权利、维权意识,民主、自由、责任、义务等词语，也已渐渐不再陌生，包括他们自身在内的人的价值观念开始进入心中。

但以更开阔的眼光看，这还真的只能被认为是开始，只是序幕。我们老年教育以人为本的正场戏还有很多，主要还是要进一步理解教育的真义，理解人的精神文明品位问题。本文，先刍议以下几点。

其一，是文化或文明的提升问题

这似乎仅仅与老年教育的教学内容和方法相关。有许多经验总结材料说明，进入老年学校和接受老年教育之后，老年人自身价值得到了提高，也促进了社区社团发展，同时提高了老年人的生活质量。直截了当地说，我认为还要近一步审思我们对以人为本的老年教育的目的与目标的认识，要在现有的基础上，首先着力提升他们的文化与文明水平。这需要创置一些适合老年人甚至能吸引老年人修读的科学常识课程、科技史课程，还要创置一些包括文学、历史、哲学、社会学、人口学、美学等人文学科经典内容在内的人文综合性课程，而不仅仅只是技能、技术、技巧或技艺的培训。我们应该通过所有这些课程的教学，启发和引导学员的兴趣，让他们思考、研讨文化或文明社会的发展是如何在历史时空上展开的，使他们在现有的基础上，拥有更充实、更可靠的文化与文明的学识存储，能更多更深地了解和分析认识客观世界与人的主观世界活动、发展、变化的规律。以他们特有的人生经验资源为基础，能站在较高的高度，审视现实社会文化生活中的许多现象，识别其中真正进步的或先进的成分，有意向、也有能力批评其中落后乃至腐朽的成分。

特别重要的是，对老年大学来说，应该在更高层次上致力于提升老年学员的文化与文明水平。

　　古代人对"大学"的一种通俗解读，就是大人之学。是大人，就要对社会有大的担当，是有文化和文明的大人，就更不能以"已经退出职场"或"已经退出江湖"为借口，推卸责任。当然不要倚老卖老，不要老子天下第一，更不要为老不自重、不自尊，应该弘扬中华民族老而弥坚的传统美德。我们既有"甘罗十二为丞相"的少年奇才的偶像传说，更有如姜子牙、季羡林、梁漱溟那样的终身奋斗的老人的典型形象。百岁老人马相伯，正好生长在从鸦片战争（1840年）到抗日战争（1939年）的中国最黑暗的乱世，他毕生就用他的学识，还有家产，与企图永远殖民中国的教会势力斗争，与帝国主义侵略者斗争，为了教育尚在愚昧和内斗中挣扎的国民，丢官、失财也无畏，到六十多岁高龄，还创办了复旦大学。到1939年去世之前，还仍然不忘国家、民族的前途、命运和成长，悲怆万分地说："我只是一只狗，只会叫，叫了一百年，还没有把中国人叫醒。"[1]这些老人、大人的胸怀，就应该是今天我们以人为本的老年大学的老人、大人学习的榜样。不是亦步亦趋模仿这些前贤，也不是要求我们都达到他们的水平，而是要有他们那样的精神境界，要有他们那样的生存意念。现时代，年高、品位高的文明人，他的老有所乐，应当是"先天下之忧而忧，后天下之乐而乐"，不能仅仅只是个人民主、自由之乐，不能仅仅只是个人福、禄、寿、喜之乐；既然号称大学，大学中出来的文明大人，更应该主动、积极追求老有所为之乐，追求老有所学之乐，追求老有所思之乐。我们的老年大学，真的要以老人为本，就要努力发掘老年人的精神潜能，提升老年学员的文化和文明品位。

　　总而言之，老年教育以人为本，首先要把老年人看作是应该有文化的文明人，看作是应该有肩膀且能担当的人，看作是不仅有肉体而且有思想、有精神的人。在这个问题上，老年大学，既以大学自谓，就必须要有严谨的教学组织和探索，必须要有高瞻远瞩的目标和理念。

其二，是坚持道德教育的问题

这个问题与前面的问题有关联，但还可以从教育的本质、社会政治的视角进行考察。

道德教育，始终是古往今来的教育名家，包括孔夫子、柏拉图、亚里士多德、洛克、卢梭、夸美纽斯、蒙台梭利、蔡元培、陶行知等都非常重视的问题。与孔夫子一样，同为春秋名家的荀况，更有许多为学、为教要重视道德修为的至理名言和对无道缺德的鞭挞。

如："以善先人者谓之教，以善和人者谓之顺；以不善先人者谓之谄，以不善和人者谓之谀；是是、非非谓之知，非是、是非谓之愚；伤良曰谗，害良曰贼；是谓是，非谓非曰直；窃货曰盗，匿行曰诈，易言曰诞，趣舍无定谓之无常，保利非义谓之至贼。"

又如："志意修则骄富贵矣，道义重则轻王公矣，内省则外物轻矣。"[2]

这其中就有许多重视人本身的精神特别是道德修为而轻外物的教育思想。

胡锦涛同志在十七大重申，要贯彻党的德、智、体全面发展的教育方针，要坚持"育人为本、德育为先"的原则。我的学习和理解是：我们的老年教育，也不可能例外，而且应该为实践这一原则去努力奋斗。德育的方法、组织、形式等，可以而且应该多种多样，可以革新说教式的、无效的德育而另创新样，但不能没有，不仅不能没有，而且应当为先。当我在讨论我国目前的高等教育时，已经非常清醒地注意到，我们国家社会、文化与经济生活中，道德现状是令人担忧的。为此，我特别反复吟味古典《大学》一书中的开篇名句："大学之道，在明明德，在亲民，在止于至善。"（注：当年古文中之"亲"，同今日之"新"）这句儒家古老的经典，对我们今天的大学来说，好像是很有针对性，它好像就是指着我们大学的鼻子在说的。大学教育没有了"明德"、"修善"之道，仅仅只有以技术、技巧、技艺、谋略、强身健体等为目标的培训，这应当看成是一种教育危机。以人为本的老年大学、老年教育也不可能例外，他们甚至连被认为是无实效的德育课都还没有。而道德教育的缺失，使我国今天各层教育都处于一个关口：进，可以巩固已有成果，获取真正成功；不进反退，就必然失败。没有对国家民族和主流社会明德、修善的道德标准的认知，特别是没有养成践行的习惯，社会生活中腐败的潜规则和为小利逆向而动的低向德行，许多时候就会自发的滋生和蔓延。中央党校张志明教授曾经写道：反观我们的国民教育，孩子很小的时候就被灌输大量的"道理"。这使他们过早就失去了率真，可到了十八岁也未必懂得一个现代社会公民所必须懂得和遵守的"规矩"，就更别提如何对自己的社会行为负责任了。而如果主流社会阶层的国民多是无法对自己政治行为、经济行为、文化行为尤其是个人私生活领域的道德行为负责的人，多是无法对他人、对社会负责的人，那我们这个社会就是最危险的社会，任何突发事件都可能酿成惨剧。这是最大的国家安全问题，比所谓的政治安全、经济安全、金融安全等要命得多。无论你培养了多少所谓人才，这都是国民教育最大的失败。[3] 张教授的文章，可谓已把话说绝。我们应当提醒老年大学里的大人们，包括那些大人的老师和学校行政领导，让他们也有机会和耐心，好好思考张教授的忠告。我们必须花大力气，提升这些作为主体的大人们的道德认知和践行水平，提升他们的精神境界。

我的具体建议是，首先以胡锦涛同志的"八荣八耻"为主要纲领，当然还可以有所增加，组织一些用心思考过老年道德教育问题的教师，编写一部包含基本道德元素的教材。（其中，特别要注意，只在"提法"上、在大话上、在口号上动脑筋，是绝对没有效果的。）然后，本着"大学之道，在明明德，在亲民，在止于至善"的传统经典之教，施教于受教育的人们。

教育的方法，主要应该是让学生和老师共同观察和评论现实，收集报刊和媒体的相关材料，提出问题，联系思想、联系实际，阅读教材并进行深入的讨论。

写到教学方法，我想再多写几笔。

其三，是教学方法问题

老年教育，特别是老年大学，要上课，要有"先生讲、学生听"的教学氛围。这是我们几千年的传统，实行起来也很方便，前面说过，效果也不错。但是对于这些大人，我们还可以做更多的探索。以德育来说，其复杂性，恰恰就在于它和教育的许多问题联系特别密切。众所周知，它与我们整个的社会生活，包括经济生活、政治生活、文化生活等等更有非常密切的关系。它的教学，和学校的许多其他课程的教学目标相关，也是很显然的。基于此，我认为，德育就可以施行案例教学。案例，自然不会是人工编织的案例，而是从社会现实生活（包括学校自身）中选出的故事性例题。在课堂上，以某些方法、从某些角度，分析它的原因、后果、教训或经验，提升认识，推论愿景，及于理想。我认为案例教学法，对那些老年人特别合适。以下，仅仅为了解释我的建议，举几个我所知道的、可供参考的案例，它们只是我从报刊媒体上采集到的教育问题案例的一部分。

案例一：《法治生活报》2008年9月26日刊登了一封信，是贵州六盘水钟山公安分局一位民警写来的。反映的是他和同事在公共汽车上执行公务，抓捕嫌犯时，与嫌犯接触、对峙、受伤，急呼要求大家帮一下忙，可是旁边的乘客没有一个人伸出援手，之前，他们都亮明了身份。信中说，"为了老百姓的安全，我流血流汗，无怨无悔，但是群众的冷漠让我感到极大的困惑。"建议的教学重点：围绕"困惑"，分析现行公民道德中的问题，以及解答问题的可行路径。

案例二：上海《报刊文摘》2009年2月16日，刊登了一篇题目为"他在大地震中新生"的报道，摘自《监察风云》。说的是一位叫"董维垒"的30多岁的男子，于2008年6月4日上午，在什邡抗震救灾指挥部领取了《抗震救灾荣誉证书》后，与他的抗震同伴一一告别时，大家都叫他"董队长"，并要求他留下通讯联系方法。然而他却说，我没有通讯地址，还是你们留给我吧……最后他只好老实地告诉大家："说出来你们肯定不相信，其实我是一名公安机关通缉的逃犯。地震把我震醒了，我决定今天就去投案自首。"

这是一个很精彩的案例，可惜，我无法全部抄录。教学，可以在"震醒"二字上着力。

案例三：《扬子晚报》2009年6月30日"社会生活"栏里有一篇报道：那天晚上9点多，家住浦口大桥村的王奶奶带了孙子在小区玩。孩子要荡秋千，哪知道秋千被一个"老玩童"占据了。为了争这个秋千，王奶奶与老头发生了争执，到激烈时，她把手中的包，砸向对方，因为包内有硬物，"老玩童"头破血流。——本例可以作为解读道德传承论题的参考导言。

案例四：还是《扬子晚报》的新闻，2010年3月22日的"中国新闻"栏有篇报道,题目是"西安交大造假教授被解聘"。题注说:6名教授连续举报两年,学校领导屡次劝阻,称弄虚作假成风不必大惊小怪。——本案例可以着眼于"弄虚作假成风"之怪患,和"不必大惊小怪"的淡定之"理"。

此外,无论是前面说的提升老年人文化或文明水平的教育,还是德育,也都可以采用讨论式教学方法。但本文不能写得太长,只好点到为止。

对于一些新方法的引入和试验,不能期望一举成功。需要花许多的努力,需要进行长周期的试验和探索。这里最主要的是把老年人、大人,作为有潜能、有主动性和积极性的主体人,有自治、自主、自尊意识的主体人。特别是在这里讨论的对老年人提升文明与道德境界的教育,实际上就像是学员和老师共处于一个"教育沙龙"之中,教师可以主导,可以点评,目的在于给学员们设计和提供一个学习、讨论、思考的场景和氛围,激发他们入场、思考、分析、评论、吸收的意识和行动。在案例教学或讨论式教学方法之下,他们可能学到更多,包括真正领悟到理想信念,学到知识,学到方法,养成学习和思考的习惯,从而达到陶行知先生毕生追求的"不教"之教的水平,可能为建设学习型社会跨进一大步。

参考文献

[1] 杜作润,《复旦校长薪传录》,巴蜀书社,2006年5月,第11页。

[2] 荀况,《荀子》,上海古籍出版社,1996年版,第8—15页。

[3] 张志明,《国民教育的缺失是最大的国家安全问题》,《中国青年报》,2007年11月19日。

本文原载《上海老年教育研究》,2011年第1期,第12—15页

试论老年教育的使命

摘 要 本文首先解释了教育使命的论题与教育其它问题的关系。之后,就老年教育的社会使命、对老年个体发展的使命、文化使命以及对教育的使命等,表述了作者的学习心得。

关键词 教育使命 社会使命 个体发展 文化使命

一、题 解

在社会生活中,人为地设置一种像学校一类的组织或机构,安排一种如教育活动那样的持续活动场景,总要首先明确目的或目标;其次要赋予一定的职能,规定相应的任务,使之发挥一定的作用;再次,要有一定的运作规则,有时还包括其活动结果与目标接近程度的检测规则等;此外,还要创设必要的活动条件,其中不言自明的包括人、财、物等条件。所有这些方方面面,都是相互关联的,甚至是互为因果的,而不是各自孤立的,这也有许多话可以说,但我们还是尽快转向本文的主题。

老年教育这种社会活动,抑或更具体的老年大学这种教育机构,在目的或目标大体确定后,也要有更加具体的职能、任务或作用的规定。这种规定可能是显性的,包括在其约定俗成的观念之中;也可能是隐性的,在相关成员中被默认的;还有可能是模糊的、不甚明了的,需要人们在做中学、在实践中逐步澄清的。至少,笔者大致就是第三类的参与者。坦率地交心,本文就是笔者对此学习、思考的一些结果,算是一点自我澄清的心得。

根据我们的经验,老年教育的职能、任务、作用,都是具有主观工具意蕴的操作性语汇,是从事老年教育或老年大学实际工作的管理人员及教师都能经常感知的。而在老年教育的学习者和探究者的视野中,却更重视这些语汇的教育哲学分析,常常将它们概括为一种思辨性语汇——使命。其优点是可以更多、也更深入地探讨它们的客观价值意蕴。及于本文所指向的论题,即是老年教育的使命。

二、老年教育的社会使命

人是社会的细胞,这与细胞和高级生命有机体的关系一样,个体的人,总是在一定的社会环境之中,离开了社会,孤零零的人就会变得原始和无力。所以,教育的一个重要使命就是使人融入社会,称之为人的社会化。老年教育既是一种教育,同样也有使老年人融入社会的问题。这就是老年教育的社会使命。

老年人因为身体和年龄的原因,退出了职业世界,返回到初出茅庐之前,其人际交往的圈子迅速缩小到主要在家庭。这使他们生命的光华不断减弱,逐步蒙上灰色。然而,老年人的生命还有另外的一面,他们可以审视自己的人生,审视人间世态,从而使自己对人生与社会的认识得到升华,帮助后来人登上更高的生命高峰。[1]为此,社会要创设一定的环境,给老年人提供合适的活动场所,使他们感到社会还在关心他们,使他们在心理上克服孤独感、失落感、自卑感和对衰老的恐惧感;同时,使他们有可能相互启发和交流,恰当地锻炼身体,养成对健康有益的生活习惯,争取健康长寿;还可以用他们身边的事实和案例,现身说法,在各种家事、国事、社会事的认识和行动方面,交流心得,使之成为现实的和谐小康社会中快乐的一群。

其实,在教育家眼里,这就是实践行动中的老年教育:创设一定的条件,再加以适当的示范和引导。这种心理和生理上的关心与抚慰,其最明显的教育价值是使老年人知道社会还在爱护他们,后辈还在敬重他们,使他们自然而然地把自己置身于社会之中。

当然,包括在老年大学中的和上面所说的在实践行动中的老年教育,都不是万能的。它不可能解决老年人的所有问题和要求。但是,关涉使老年人融入社会这个主题,我们至少还可以从以下几个方面来讨论我们的使命。

之一,要启发引导老年人关心国家、民族、社会时事,甚至关心世界大事,包括关心社会生活和社会变革中自己有观察、有感受、有见解的事,启发他们就这些事态发表建设性的意见、呼声和要求。对有能力也有意愿的老人,还要鼓励他们以公开的、正确的方式讨论这些事,以合适的方式参与推动或解决这些事。

之二,要启发引导老年人关心他人,特别要关心那些生存境遇更差的人,同情社会弱势群体,既包括对他们生活物质条件的关心,也包括对他们可能已经变得不合群的心态的关心,更包括对他们改变命运的努力的关心。在这致力于经济建设、实行市场经济的时代,还是要弘扬"人人为我,我为人人"的崇高社会理念。

之三,要启发引导老年人关心社会风气的优化,关心国家的长远发展战略。具体地说,作为社会的一员,作为负责任的公民,他们仍然应该关心社会诚信的重建问题，关心人口问题，关心环境和资源问题，包括对我们国家的人口爆炸、环境污染和资源浪费等让人寝食难安的现实而紧迫的问题等等。我们受过教育的所有人，都应该关心这些事。这是有觉悟、有文化、合格的现代公民应该具备的品质，老年人受教育，无论他的起点如何，至少，在老年大学里，他应当得到这些方面的教育，使他们既要为个人的健康长寿负责，又能为社会的长治久安、持续发展操心和献计献策。这是使他们的生命质量得到升华的更高尚的努力。

总之，老年教育的社会使命，就是要使我们的老年人努力把自己仍然置于社会生活之中，使他们既有智慧和能力呼求社会的关爱，又能主动地尽其可能关心社会、服务社会，使他们的晚年，真正地有一个"超然升华"的美好结果。

不必要计较他们是否每一个人都会取得什么惊天动地的成绩，引导他们参与了，这就是成绩，就是我们践行了老年教育的社会使命。

三、老年教育对老年个体发展的使命

许多研究老年教育的文章，都不会遗漏在其中提及贯彻党的全面发展方针教育的话语。但老年人如何真的全面发展，却始终是一个吃不透、讲不清、得不到要领的论题。如果讲的是"德、智、体"全面发展，或"德、智、体、美、劳"更全面的发展，则需要作更具针对性的阐释。可惜，现在笔者还没有能力来做好这件事（本段后面也只能对一些材料略加引述），但老年人作为个体的人，也应该得到发展，却是可以在常识范围加以讨论的。本段，将尝试进行老年教育对老年个体发展使命的讨论。

我以为，我们应该使老年人在各自原有的基础之上增长科学知

识，提高他们的科学素养，在此基础上再前进一步，努力提高他们的科学和文化水平。这是最起码的发展，从许多调查材料看，也是许多老年人的愿望。进一步，则要对那些希望学有专攻的老人，提供进一步学习的机会，让他们接触新学科、新领域、新技术和新信息。

其次，老年教育还应该努力满足那些有参与和表现意识的老年人的欲望，让他们掌握发挥或表现活力、抒发激情、交流心得、发表见解、开展社交活动的方法和技巧。其中，自然应该包括使老年人提高保健意识，养成科学的饮食和作息习惯，掌握积极而科学的体育锻炼和健身方法，让他们颐养天年的生存愿望和参与社会的发展愿望，建筑在坚实的物质基础之上。

然而，更重要的发展是发展他们的人格独立意识、主体意识、主人翁意识、现代公民意识、民主和参与意识。[2] 我们的老年教育，应当在这些方面立下大志，既把老年人看成需要关怀和照顾的所谓"弱势群体"里的人，同时还要珍惜他们身上的社会经验资源，真心诚意地视他们为我们社会的宝贵财富，努力承担鼓励、启发、示范作用，促进他们这些意识的成长。

以上的罗列，肯定不是老年个体发展的全部。对"全面发展"的更高的抽象，还是要从经典中去发掘。虽然笔者仍然未能找到从教育的本题出发的直接论述，但有些思想仍可供我们参考。例如，在古希腊哲人亚里士多德的哲学中，就把人的灵魂分析为理性的灵魂、意志的灵魂、动物的灵魂等三部分，针对提升三种灵魂的教育，相应的就是智育、德育和体育，而以理性的智育为先，最高的目标是人的洞察能力，是睿智。这是西方教育传统的基础。到了近代，当马克思考察了资本主义生产，发现工人只是被固定在一个生产环节上，永远单调地重复着一项操作时，怀着对这一阶级的深切关怀与同情，进一步加深了对共产主义伟大目标的憧憬。怀着对"了解整个生产领域"的追求，认可了"人应当通过全面的实践活动获得全面发展"的命题。[3]根据扈中平的解释，笔者将之演绎到本文主题，即所谓老年人的发展，就应当包括他们的体力和智力的发展，才能和兴趣的发展，以及共产主义的理想和道德的发展等。[4]至少，我们不能因为他们年龄大了，就轻视或忽略他们在这些方面的发展，听任其自动湮没或消亡，相反，我们的使命正是鼓励和促成这些方面的发展要求。从这一角度看，老年教育对个人的使命，也可以称为老年教育的人道使命。

总之，我们应该清醒地认识国家和社会发展与人发展之间互为因果的辨证关系。这里的人，当然毫无例外的应当包括老年人。老年教育肩负着老年个体发展的使命，这是不言自明的。

四、老年教育的文化使命

广义的文化，是经过人类手和脑作用过的精神财富和物质财富的总和。狭义的文化，或我们通常所说的文化，主要指的是其中的精神财富，是一种社会意识形态。文化的发展和社会本身的发展同样有着密切的关系，一种文化就是联结它所在社会各个组成部分的纽带，是维系这一社会存在和发展的本质性力量。文化又是国家、民族和人民生存、发展的一面镜子，它映照着他们的精神境界、思想道德面貌和文明程度。反映到一个具体的人、一个公民，包括反映到一位老年人身上，表现为他如何对待自己，又如何对待别人，以及如何对待自己所处的自然环境等。在一个文化底蕴深厚、进步的社会里，人懂得自尊，即使独处时也不苟且，因为不苟且，所以有品位；和人相处时，他也懂得尊重他人，不自己觉得高人一等，不霸道，有风度；他还懂得爱护环境，不掠夺，有保持世代存续和发展的意念和智慧。这样有品位、有风度、有智慧的人，不只是关心自己的升官发财，不只是关心个人的福、禄、寿、喜，他心中还有他人，还有社会，还有国家民族的前途和命运。对老年人来说，他虽然可能见识过正反两方面的许多事件，但可能还不会从文化的高度去进行分析和思考，或者他们可能对社会生活中的许多落后甚至腐朽的文化现象感到很担忧、很不满，但由于年岁不饶人，缺乏参与发展先进文化的方法、勇气和信心。这些，都应当在我们老年教育的视野之中，我们应当担当起向老年人普及文化、提高文化修养，进而使他们积极参与发展中国先进文化的使命。

我们要通过各种技巧性、技术性、艺术含量较高的文化技能的学习，让他们领略艺术的情趣，提高他们的生活品位，优化他们的人生追求。

更重要的是，我们应当通过自然科学课程和文学、历史、哲学、社会学、文化论、人口学、美学等人文课程的教育，启发和引导他们思考、研讨文化或文明社会的发展在时空上是如何展开的，使老年人更多更高更深地了解和认识客观世界和主观世界运动、变迁的规律，使他们心中的世界更宽、更大，使他们更具辩证唯物主义和历史唯物主义的智慧头脑，能站在较高的高度，审视现实社会文化生活中的各种现象，识别其中进步或先进的成分、落后乃至腐朽的成分等等。使他们有能力对文化生活包括新闻媒体中报道的不健康因素，进行识别和批判，对现实生活中那些扰乱社会、腐蚀心灵、浪费生命、无端消耗生产力的封建迷信活动、赌博活动、吸毒及卖淫嫖娼活动进行批判和抵制。这是我们文化使命的较高的境界。这就是笔者在拙文[5]中提出的，增开一些可以让老年学员选修的文化或文明论一类的课程，使我们现行的老年大学再前进一步的主题之一。

五、老年教育的教育使命

这里的标题中有两个"教育",似有同义反复之嫌,需要解释几句。其中的第一个"教育",是专指对老年人施加的教育,这已明白地写在标题之中;第二个"教育",包括了整个社会各个层面的教育,还包括我们的教育学家的专著、论文中的教育,包括了他们教育理念中的教育。目前,我国的教育家很多,专著和论文很多很多,但只有极少的人,如叶澜老师,在他们的论著中,论述过老年教育。有一本由赵中建先生编录的 UNESCO 的教育文献,虽然其书名就是教育的使命,[6]但要将其内容用于老年教育,也需要进一步演绎。

老年教育的教育使命,当然可以是指它对其他各个层面的教育起良好的试验作用和示范作用。事实上,我国的老年教育特别是老年大学的教育,历史虽然不算长,但在管理上和教学上的自主性和主动性的发挥、师生之间的相互激励和交流、学生之间和师友之间的友谊、理论和实践相结合的教育过程、对因材施教理念的践行等等,所有这些并未完全罗列的初步特点和优点,已可以成为教育家视野里研究、分析和思考的素材。

除此之外,我们的老年人通过教育,提高了科学文化水平,提高了道德认知和修养,提高了对社会、人生、世事的认识和理解,加上对自己厚实的人生际遇的反思和总结,可以成为其他人、其他层面教育的非常有价值的和独特的教育资源,包括成为非常有价值的教育人力资源。我国老年教育的教育使命,还可以包括对这些教育资源的开发和利用。笔者的这些认识已经在前面引用过的拙文[2] 和 [5] 中,作过较明确的表述。包括使老年文化人以自己所学在社区宣讲时事、政策;以老年人自己的所学、所思和所历的心得,从教育学的高度,去"洗涤"我们的已经不那么清净的教育环境,等等。为此,我曾建议,要给老年人进行"教育学"的义务教育,以便使老年教育的教育"富矿"能得到积极而合理的开发。当今的中国,社会的物质文明提高了,但精神文明特别是人的素质却不见明显提高,有些方面还有倒退。虽然我们素质教育的口号喊了许多年,但文件和著作中的文字提法是一回事,现实的实践又是一回事。许多有识之士,对此非常忧虑,不时发出惊呼,但始终未能引起我们权威的教育家、教育学家和领导的真正重视。笔者虽然无力,还是想通过本文附和他们的呼吁。我们要充分利用提升后的老年人对道德的认知和修为,充分利用他们的经验资源,投入到不仅是文字和"提法"上的而且主要是行为表现上的、不仅是学校里的而且应该是全民的、不仅是对普通老百姓的而且还有官员的、不仅是对下层的官员而且还包括高层领导的素质教育中去。首先在全体公民中,其次在各级学校中,开展有说服力的人格教育,进行理论联系实际的精神和道德教育,纠正现行教育中只重考试成绩、只重学习技术、只重学习发财致富本领,而轻视优良人伦道德养成的各种缺失。[7]这有点理想主义,中国老年教育使命中的理想主义,但成人、家长、家长的"家长"——老年人、干部、领导的素质,是孩子和青年人素质的样板。抓好了这一样板,学校里的素质教育就会事半功倍;不愿意为这些"百姓"的素质改善而努力,学校里的素质教育注定会事倍功半,整个国家民族素质也会每况愈下。从这个意义上看老年教育的教育使命,它的价值真的不同凡响。我们都应当为开发这一教育"富矿"贡献出最大的努力。

在这一点上,中国老年教育有一个寻求创新和突破之点。它的思想和模式受西方人的启发,它在中国的发展应该具有更加不平凡的品质:搭建素质教育的平台,开展全民素质教育,从老年教育开始。让老年人自主进行素质教育,再用他们的成果去教育全社会和全民族、全中国。

六、结　尾

以上所作的肤浅论述,大约只不过表达了一种对老年教育的进一步关心,期望引起人们对它更多的注意、更多的支持、更多的爱护、更多的研究。这是全社会尊老敬老爱老养老良好风气的具体表现。老年人也是人,以人为本中的人,应该毫无例外地包括老年人。"我们全球社会所不能浪费的一种资源,就是人类的智力、创造力和想象力。"[8]其中,当然包括老年人的智力、创造力和想象力。实际上,中国老年教育的根本使命,就是要充分开发和利用我们的老年人力资源,首先是充分发展他们的这些能力。而且不能只关注这些资源的物理价值,更要关注它们的精神价值;不能只关注这些资源的政治价值,更要关注它们的社会价值。只有老年人也在全社会所关心的视野之中,才谈得上坚持了党的十六届三中全会提出的"坚持以人为本,树立全面、协调、可持续发展观,促进经济社会和人的全面发展"的科学发展观。

敬请各位同道批评、指正。

参考文献

[1] 叶　澜著,《教育概论》,人民教育出版社,1999年版,第291页。

[2] 杜作润,《老年教育目标刍议》,载《上海老年教育研究》,2004年第一期,第5页。

[3] 恩格斯,《反杜林论》,载《马克思恩格斯选集》第三卷,人民出版社,1972年版,第332页。

[4] 扈中平著,《人的全面发展——历史、现实、未来》,四川教育出版

社，1988年版，第1页。

［5］杜作润，《老年大学在课程建设上能否再前进一步?》，载《上海老年教育研究》，2005年第二、三期合刊，第84—85页。

［6］赵中建编，《教育的使命——面向二十一世纪的教育宣言和行动纲领》，教育科学出版社，1996年版。

［7］解思忠著，《国民素质忧思录》，三联书店（香港）有限公司，1998年版，第229—268页。

［8］同［6］，科林N.鲍尔的"序：教育的使命"，第3页。

本文原载《上海老年教育研究》，
2006年第3、4期合刊，第14—17页

再说广义大学——人类文明化的视阈

摘 要 本文以讨论广义大学为由,在高速发展的经济和快速的高等教育大众化背景下,面对各种对我国高等教育的评判意见,放宽视野,看看我们如何认识社会大课堂。探究社会大课堂的存在事实和原由,感性地解说它的价值和意义,猜测了一个未来社会进化的可操作性阶梯:广义大学、学习型社会、文明化社会。

关键词 广义大学 社会大课堂 人类文明化 教育素质

以广义大学为题,笔者已经写过两篇文稿了。它们基本上都是从大学发展的历史进程开始,从历史文本中杰出人才的成长案例展示,从学术观念的泛化,来证实我们必须承认广义大学存在的事实[1]。面对当今的现实,是我们快速发展的社会经济,我们高速扩展的教育规模,我们的许多对今天大学教育的不同感受,特别是面对各种不同的评判意见,更有许多不同的另类新案例的纷纷呈现,笔者感到广义大学之说,似乎还可以延续,因此就又有了本文的立意。

一

以"广义"一词来扩展一个概念的内涵，在社会生活特别是社会科学和自然科学、工程技术领域，例子已经很多了。如与大学、教育相关的，就有广义大学语文、广义大学体育、广义大学文化、广义大学城等，与之相近的就有社会教育、教育社会化、社会大课堂等；在经济学方面，就有广义货币、广义财政论、广义价值论等；在科学技术方面，如物理学里的广义相对论，数学里的广义函数、广义坐标、广义积分，自动化技术里的广义例行程序、广义机构综合法、广义预测控制等，生物学里，还有广义神经网络等。

请读者注意，从客观事实的发展历程或实践来看，本文所说的广义大学，就等同于社会教育，等同于我们几十年前就听说过的社会大学、社会大课堂，社会大学还在 1970 年被美国人用新词 Communiversity 来表达。因此，请容忍在本文中，不时出现的、也是习惯性的这些词语的彼此替代。

称它为大学，就像我们称呼在我国已经蓬勃发展起来的"大人之学"——老年大学一样，是为了尊重我们的文化传统中对"大"或"高"特别喜爱的称谓习惯。大学，就是一个学习、追求知识的场所，也可以就是从事高等教育的机构，甚至可以是高等教育的代名词，是培养人才的摇篮。只是，笔者提议这个并不新的广义大学，是因为我们都能看见它已经存在的事实，它也可以培养人才，也可以从事高等教育或研究，这是它的一种价值，也是一个特点；它的另一个特点是：可以不必仅仅从事高等教育，可以在任何教育层次上行动，并且都可能有所作为；它的第三个特点是：可以没有校园，可以没有具体的地域位置，人人可以学，时时可以学，处处可以学,而且可以没有专任教师,可以没有系统的课程教学计划。当然也可以是有专任教师和课程计划的,例如网络学校或网上的学习和培训等。

我希望,也相信,这个完全是自发生成的客观事实和观念,能够走向自觉,成为永恒。

二

有一种担忧,我国高中毕业生高考弃考的人越来越多,大约每年有10%,其中包括许多高中名校的尖子生,这些尖子生普遍"外流",而且,许多精英去而不返。担忧者说,这表示了中国家长和学生在用足投票,表达了对中国高等教育的现状不太满意,当然也说明了人们对别的地方优质教育的向往。这确实是令人酸楚的事。这样的事实,可以督促我们自我反思,反思我国大学乃至整个教育的软肋。但我们不能因此自卑,而要将之变成敦促我国教育有效改革的推动力和促进剂,还要我们扩展自己的教育视野,包括看看我们随意就能看到的广义大学,看看它还不露声色的成就。

有个我倾向于赞成的命题:中国教育要有海纳百川的气度。其内容之一,说的是要吸引海外资本,以补充我们教育投入的不足。我想补充的另一个内容,是要容纳这样的事实和信念:社会这个大课堂也能够教育人、培养人。有了这种气度,即接受广义大学的气度,承认它的原生态性质和教育价值,其意义是,我们的传统大学多了一个可以相互促进、齐头并进的兄弟或伴侣,我们的社会就多了一个合情合理的出人才的渠道;更大的意义还在于,可以和世界的新思潮——建设学习型社会接轨。

有个诉求说:要重视"海龟"但不要忽视"土鳖"。对此,我也倾向于附议。这个诉求的意思,大家都明白。我把它平移到这里,就是要我们的传统大学,我们的教育行政领导部门,我们的招聘、用人单位,还包括我们的求学者、我们的家长,当然要继续重视传统大学、有校园的大学,重视他们培养人、教育人的作用;但是不要轻视广义大学的类似的作用,不要轻视从广义大学里培育出来的、真的学有所长的人才。

三

在广义大学里,学而有成的人,到底整体状况如何?现在还说不出,需要在一定的教育统计计算分析基础上作出回答。可惜,现在还没有人来做这个有点另类的工作。现在,我们还只能说些个别的案例。只要留心,这样的案例随处都有。

有一位非常普通的农民养鸡专业户,他名叫牛政斌,是山西大同广灵县人,在该县的一片干旱又贫瘠的土地上,他自己反复实验出了一套"狐狸帮忙养鸡,而狐狸养得好又靠鸡来帮忙"的养殖逻辑。这个真人真事很精彩。局外人乍听起来,可能是怎么也想不通的,因为我们都知道鸡是狐狸的美食。但现在广灵县科学技术协会,已经把牛政斌当成了依靠科学技术致富的典型。但他的科学技术,他的致富经,不是在传统大学课堂上学来的,而是在劳动生产过程中,在这个无形大课堂悟出来的,主要是通过自己以研究、试验为主的学习。我猜想,我们现在的正规大学课堂里,恐怕还没有这样的教学内容。请留意,这位养鸡专业户还有更精彩的研究和试验内容,他还要在这片土地上,试行发展他的鸡、狐狸和中草药共生的立体经济模式。[2]

还有一位,名叫王永强,中专毕业,在高尔夫球场上做保洁工。下班之后就学打球,还学习和研究打球规则,居然通过考试拿到了教练员证,居然还真刀实枪打起了高尔夫球,而且在 2010 年全国高尔夫球巡回比赛中，获得了一个职业组冠军。据称，他还有未来的奋斗目标：希望有一天能够代表国家参赛。[3]

人们只要上网搜索一下"郭长富"，就知道他原来是浴池的搓澡工，通过自强、自学，直到40岁的时候，才考上了黑龙江大学的马克思主义哲学专业的硕士研究生。有报道说，为了补救自己英语课的短板，他居然翻烂了好几本英语字典。

在股市中的人，都知道有个出了名的"中国第一股民"："杨百万"。他只是原上海铁合金厂的一名普通工人，自学炒股，纵横驰骋股市几十年，赢了钱，还赢得了股场和媒体的许多赞誉。他发财致富的经验性秘诀却是："克服人性的贪婪"。这真的是一种修炼啊！他现在还在炒股，并且认为，"这是预防老年痴呆症的良药"。

在我们的有围墙的大学校园，也有人视围墙似有若无，虽然可能没有通过高考，但在围墙里，经过校园环境耳濡目染，加之工作之余或结合工作自学自修不歇，居然可以正式进入大学的有形课堂，可以修习到新境界。毛泽东好像就有这样的在学校的工作和学习经历，但他没有去弄文凭、证书或学位之类的东西；还有，在去年曾经看到过的新闻中，一位北京名校的保安，也有这样的经历，他现在已经正式在攻读学位。

还可以列举的，就是一位已经出名的人物——韩寒。他在初中时就开始发表小说，在江苏版《少年文艺》1997年第9期发表了作品《书店》，并作为体育特长生升入上海市松江二中。高一时（1999年），以《杯中窥人》一文获得首届新概念作文大赛的一等奖，后因集中文学创作，轻视学校的考试，导致期末考试七科不及格而留级。他发表的首部长篇小说《三重门》成为其最畅销作品，并使韩寒一夜成名。为了创作《三重门》，韩寒再次挂科七门并最终在高一退学。退学后陆续出版了一系列畅销书：散文集《零下一度》、《通稿2003》、《就这么漂来漂去》和《杂的文》,小说《像少年啦飞驰》、《长安乱》、《一座城池》、《光荣日》、《他的国》和《1988,我想和这个世界谈谈》等作品。出于对驾车的热爱,韩寒成为一名职业车手,但仍然通过博客,继续发表了一系列的时评文章,他的博客成为中国点击率最高的博客,其中不少文章引起了很大的社会关注甚至论战。他还涉足了音乐创作,2006年9月底发行了个人首张唱片《十八禁》,担任其中所有歌词创作。2010年韩寒友情参演胡戈的短片《动物世界宅居动物》。此外韩寒还参加演出了贾樟柯导演的电影《海上传奇》。

香港名记者闾丘露薇曾撰文评点韩寒,文中说道:"有的香港媒体,给韩寒冠上异见分子的称号,我想这并不准确,对韩寒也不公平。事实上,韩寒是在他的能力所及的范围内,尽到了一个公民的责任,用他作为偶像的影响力,使得一批年轻人对公共事务产生兴趣。"

作家马原说:"韩寒的小说我读过,感觉挺好,确实是时代气息浓郁。"

新华网刊登的一篇文章则认为韩寒的真正价值在于:面对敏感话题和公共维权事件,他能不缺席,也不靠青春外表和包装,而用思想和内容与腐朽僵硬势力博弈。

也有不同的评论。台湾作家李敖认为:"韩寒不需要谈,没底蕴,长得帅,过几年就跟马英九一样,再美的男子不过如此,他的知识基础不够,他红了也好,不红也是理所当然。"这个评论有捧、有棒,很有趣味。

作家莫言评价韩寒时,说得很有趣:"最近几年,我也浏览韩寒的博客。他敢于跟大多数人的流行观点唱反调,在无数网民狂热、暴怒的时候,能从另外一个方向思考,说明他确实已经成熟了。我们过去老觉得他是另类，实际上他是当今青年的代表，很多人把他当作榜样。我们将来的国家领导会出现在这群人里。开玩笑地说，再过 10 年 20 年，韩寒应该竞选上海市长。克林顿当年是什么样一个人？吹吹萨克斯，唱唱摇滚，甚至还吸大麻，当时美国人哪里会想到这么个人若干年后会成为总统，而且还干了 8 年！应该说干得还不错，当然缺点是经常犯一点领导干部爱犯的小毛病。"[4]诺贝尔文学奖得主莫言本人的学历，更能发人省思：他的学历，可能只有小学毕业。可是，在斯德哥尔摩领奖时，没有人问他要学历、学位、文凭、证书之类。

笔者不是韩寒的粉丝，而且非常鄙视粉丝这种角色。阅读和展示以上这些材料和事实，只在于思考我的广义大学的理念。我只是一个观察者。从教育方面看，韩寒以身试法，轻视我们现行的讲求标准答案、正确答案、唯一答案，讲求各门功课齐头并进的考试制度，坚持一种批判态度。事实证明，他虽然考得不好，但他并非弱智，智力水平还很高，很有创作灵感。对我们现行的各种考试方法，我也不赞成，因为它本质上还是我国封建时代的那种选官制度的延伸，极端影响人的主观能动性和创造力的发挥，但我还没有把握说要彻底推翻这个制度。韩寒对它的批判性轻视，非常值得我们研究和思考。

他是现时代我们的民族中非常稀缺的有个性、有主见、能够独立思考的那样一类人，非常值得我们珍惜。创新，就要有这样的个性：钱学森之问，就要从这里开始解密。

言归正传。事实已经表明，广义大学、社会大学或社会大课堂，也确实在精神上，圆了许多普通人的成长、成人之梦；使他们在社会生活和物质生活方面，进入了自强、自立的人群。更大的意义还在于，这是全世界都在追求的学习型社会建设的巨大基石！

四

除了许多个人早已开始之外，我们今天的整个社会，由于经济的快速发展，为了满足人们越来越多的教育需求，各方面都在开始关注，关注社会这个大课堂的发育和发展的事实。

首先是新闻媒体的记者、编辑，还包括办报人和作家，他们都很注意对自学、自修、自练而取得成绩的人员和事迹的报道，让学习者得到鼓励，也让那一大群在大学高墙之外、无缘或无意走进传统课堂的人，增加了不断学习和成长的信心和行动。这个在总体上都是以独立自学为主的庞大群体，实际上是广义大学或社会大课堂的主体。我知道的许多案例，能够学习那些事迹和精神，都得益于新闻媒体的关注或报道。

教育行政部门和我们的高等院校，也在积极行动了。根据教育部网站消息，今年6月26日，首批120门中国大学资源共享课，正式通过授课网向社会公众免费开课。这是中国开放教育成果的又一次大规模亮相。此前的2011年11月开始上线的中国大学视频公开课，至今总共已开出266门相关课程。这是我们的国家和大学，在致力于提升包括广义大学在内的大学生们的科学文化水平方面所展现的努力，也是我们教育开放、有效促进教育资源共享、促进教育公平、建设学习型社会，努力推动早已存在的广义大学发展的一个令人振奋的亮点。

政府支持的老年大学，在全国已经有了几万所，这更使得我们开始了沟通为功利而学与为快乐、为修身养性而学的边界，开始了沟通教育上的年龄边界，开始了进一步的沟通有墙大学和无墙大学的边界。

一些社会公益机构和设施，也在为我们的社会大课堂添砖加瓦。

我进入其中并自习过的上海虹口区水电路上的虹口图书馆,它的活跃的学习场景,也表示了政府和普通老百姓对大学课堂之外的学习追求,虽然他们可能并不知道广义大学这个词汇。该图书馆有三个部分,其中之一,就是前面说的这个,实际上它是虹口图书馆的总馆,2010年12月建成并正式对外开放,建筑面积6784平方米,设计总藏书30万册,图书阅览室座位700多席。据工作人员讲,现在,仅仅成人阅览室,每天就有3000多人次进入和阅读,另外还有少儿阅览室、报刊阅览室、电脑室等,平时入馆阅读的,大多是老人,且以文学类书刊最受欢迎。另外的两部分,就是两个分馆,分别在曲阳路和乍浦路,已经建成和开放多年了,但上述的各种数字,不包括这两个分馆的情况。总共83万人口的虹口区,仅仅只有数千人进入图书馆去读书、学习,可能不算一个高"人学率",但仅仅在这个"社会大课堂"的一角,我们已经看到了它的效益和它的发展气度,看到我们对未来的学习型社会的追求和期望。

五

社会,其为政为官者,管人管民的事,可以适当做一些,有些事少做或不做可能更好,但一定要做育人的事,要思考育人的事,而且首先要自修、自育。学者易中天最近就说:"我感到很多官员更需要接受教育。"[5]要彻底改变今天只要有了官位,就可以对教育或对大学随意发指示、作重要讲话的现状。只有勤于自修、自学,心怀敬畏地看教育、思考教育,用良心去研究教育,才能真正看见教育,包括大学教育,包括广义大学教育的价值和意义,才能真正看得见它们的是非功过,才能找到它们如何去弊长优的战略和策略。即，他们自己必须首先进入广义大学，用心深造，学习、思考教育的许多大问题，自己有了正确的方向，才能提升我们的教育素质。[6]

还想重新说一次笔者在十年前曾经提过的建议，在我们这个一直以拥有优良的教育传统自慰、以具有全球最大的高等教育规模自豪的泱泱大国，设立一个教育孔仲尼奖，以奖励全世界的教育学者，如果他研究出了一条教育规律的话。[7]这是对我们是否想真的研究教育规律、真正想按教育规律施教的考验。这对提升和测验我们的领导的教育良知、教育意识、教育水平、教育胆略非常有意义，对提升我们国家的影响力、软实力也很有帮助。在十年后的最近，就在网上看到美国已经有民间人士设立教学诺贝尔奖了，他们的奖金设得很高，一个奖50万美元。对象就是为了奖励那些为求学者学习体验的改善做出突出贡献的教育者。这是一个名为纳尔逊的人组建的创业项目，其目的是他们要适应全球对精英教育的需求，建立一所面向全球的网络精英大学，而且明确不建设校园。他们又走在我们的前面了。没有围墙的广义大学，不仅有了，而且已经开始公然准备与传统大学叫板！

六

从科学技术发展的前景看，我们在本世纪初就已经认识到，在人类生活其间的新世纪，可能是一个人们可以以其掌握的非常先进的科技手段随心所欲地左右地球上万事万物的世纪；但从生态和环境的角度看，那可能是一个生态平衡严重破坏、有一半生物物种可能被消灭、人口爆炸、能源枯竭、淡水供应不足，因而导致发展迟滞甚至倒退的世纪；从社会学和文化人类学的角度看，那可能是世界各个强大的文明区域各展神威，相互较量，了无胜负的世纪；从经济学的角度看，那又可能是一个以区域经济组合发展，或某种形式的联合体利益代替国家民族局部利益的发展世纪，因而可能是一个生产更加集约化，但贫富悬殊更加扩大的世纪；从军备竞赛、宇航航空、天文学等角度看，那又可能是一个在杀人武器生产更趋精密和高效的同时，人类大规模进行宇宙开发、向宇宙深处进军并取得实际成效的世纪，等等。

在本文中，笔者无法跟进这些预言和考量其真实意义，只能面对着那些令人振奋的前景，同时又忧思着那些暗礁险滩，更愿意多思考人类自身。为了迎来美好、拒绝厄运，人类自身首先需要有一个明显的变化。所以，如果我从应用人类学的角度看，我们的这个世纪，应当是作为一个生物类的人更加文明化的世纪。

我的主张是，科学技术的进步，必须同时伴有人类自身秉性的进步：更加文明化！

文明化的表征是多方面的，粗略的罗列，应该包括：不要战争、侵略和破坏，要和平与建设；不要专制、奴役，要平等自由；不要掠夺和剥削，要创造和奉献；不要仇恨与争斗，要友善和谅解；不要自私自利和阴谋诡诈，要大公无私和以诚相待；不要铺张浪费，要勤俭节约；不要以主宰者的身份去征服自然，而要善待自然，保护自然环境，等等。人类经过数十万年的历练，已经远远超出了动物性的本能，其中包括发明了教育、创造了学校，其中包括创造了大学。今天，人类还必须继续发展、进化，必须要积累上述这许多优良基因，方能够进化到一个更新的境界。也只有自身意识到必须完成这种进化，才能挽救这个容积有限并已多方告急的地球；也只有初步完成这种进化，才能摆脱可能导致的险恶，并且最终拯救人类自身。包括孔夫子、马克思、孙中山在内的许多先贤所带头追求的理想社会，例如大同世界、天下为公、共产主义等等的实现，也都首先需要人类从个体到群体到整体，都进化到这种文明的新境界。

归纳起来说，人类文明化的主要特征就是：

1. 社会环境宽松和谐，普遍没有了极端交恶的言行，谦让、礼貌、互助的道德品位大幅度提升，金钱至上、官位至上、尔虞我诈、以强欺弱等现象，明显减少以至绝迹；2. 人们对自然和生态环境都有非常明确而强烈的保护意识，都能自觉地把自己的享受欲望、致富欲望、快乐欲望以致生殖繁衍欲望等，建筑在环境改善而不是破坏的基础之上；3. 绝大多数人都愿意学习、都愿意思考和交流认知心得，传统校园仍然蒸蒸日上，社会大课堂更加兴旺，广义大学成为了社会无处不在的学习处所，它和人类文明化共生共存；4. 因此可以说，最终，我们社会的所有人，也都要进入这个课堂里，只有自觉和未自觉的区分，而没有在其内和在其外的区分。

七

可以说，文明化的最主要的手段和方法，就是教育，就是学习型社会的建设，就是人人可以学、时时可以学、处处可以学的广义大学的完美发展。

广义大学、学习型社会、文明化社会，这是人类的一个从具体途径通达理想境界的伟大阶梯，非常值得我们的教育大贤和高手投身建设。

为增加文明的基因，迄今，人类已经经历过多次的文明化或革命运动，有文字记载的，就有：中国先秦诸子的百家争鸣，还有以后西方的希腊化运动、文艺复兴运动、宗教改革运动，以及中国和西方都经历过的反帝、反封建、反法西斯运动、工业化、科技革命运动等等。这些文明化运动，一次又一次地使人类的肉体和思想得到解放，一次又一次把人类自身的认识能力、创造能力、驾驭能力提升到一个新的高度。这些能力是人类新的文明基因积累的显现。

其中，还是学校、教育，特别是大学教育，起了很大的作用。但同时，可以毫不夸张地说，运动的现场，运动着的社会生活，运动的实际成果，以这些为标识的社会大课堂，也默默无闻地起了很大的教育作用。

在攀登这个伟大阶梯的途中，需要许多关爱，可能也需要领导，但领导必须就是大课堂里的一员，他也是在学习，学习自己所不知而又必须知道的一切。这里真的不需要不断的"加强领导"、"加强管理"，不需要一言九鼎的领导重要讲话或指示，需要的仅仅就只有领导身临其境地学习和体验，需要他们尽其所能建设良好的学习生态环境。我不希望广义大学变成谁的什么工具或手段，就像我们的一些有点变味的慈善组织、志愿者组织那样。

八

前面已经讨论过，社会是个大课堂。但没有讨论过的问题是，社会还是个大染缸。它还有许多没有被扫除干净的污泥浊水，包括传统的文化典籍或现代传媒中都有，现实生活更是千姿百态。这需要我们入学的人们常常相互提醒，只有非常重视识别和摒弃假、丑、恶，只有非常重视对真、善、美的德性修为，包括认知和实践，才有可能使我们学习所得和社会累积的永远是正能量，我们走的路才有可能是文明化的正路。

最后，在这个社会大课堂里，我们当然要非常注意学习习惯的养成，这是文明的最基本的基因，绝对不能忽视。在此，笔者还是想引一段美国教育家波耶尔的文字，作为拙文结束时与读者共勉的献言：

趋势是很明显的，教育史上曾经对大学生教育起过作用的时空设定，在我们的时代，可能已经走向末路。大学教育，按传统只是在课堂上面对面进行，所有学习都必须在教师正式指导下完成；而现在，已开始从这种传统的观点和方法中解脱出来。我们的大学正发现，大学校园，只取决于学生的精神状态，无论在什么地方，只要他们有学习的愿望，那里就是——至少可能是大学的校园。[8]

参考文献

[1] 杜作润，《再论广义大学——兼及大学改革种种》，《电子科技大学学报（社科版）》（四川，成都），1999年第一期，第101—105页。

[2] 佚名，综合稿，《良友》周报，2013年8月2日，第5版。

[3] 见《博爱》杂志，第387期。

[4] 选引自维基百科网，2013年8月5日修订的网页。

[5] 选引自新华网，2013年8月19日的网页。

[6] 杜作润，《浅论教育的素质》，《大学教育科学》（湖南大学），2006年第3期，第14—21页。

[7] 杜作润，《关于研究教育规律的附议》，《现代大学教育》，2003年第6期，第13—16页。

[8] Ernest L·Boyer, COLLEGE—— the Under Graduate Experience in America, Harper and Row, Publishers, New York, 1987., P. 232.

本文原载《现代大学教育》，2014年第三期

图书在版编目（CIP）数据

大学教育科学发展学思录/杜作润著．—5版．—成都：巴蜀书社，2015.1
ISBN 978-7-5531-0484-3

Ⅰ.①大… Ⅱ.①杜… Ⅲ.①高等教育－中国－文集
Ⅳ.①G649.2－53

中国版本图书馆CIP数据核字（2014）第300143号

大学教育科学发展学思录　　　　　　　　　杜作润　著

责任编辑	黄云生
出　　版	巴蜀书社
	成都市槐树街2号　邮编610031
	总编室电话：(028) 86259397
网　　址	www.bsbook.com
发　　行	巴蜀书社
	发行科电话：(028) 86259422　86259423
经　　销	新华书店
印　　刷	成都蜀通印务有限责任公司
	电话：(028) 86106170
版　　次	2015年1月第1版
印　　次	2015年1月第1次印刷
成品尺寸	210mm×148mm
印　　张	11.125
字　　数	280千
书　　号	ISBN 978-7-5531-0484-3
定　　价	25.00元

本书如有印装质量问题，请与发行科联系调换